# 墨人博士作品全集

【全60冊】

第二十三冊　娑婆世界 1

墨　人著



文史哲出版社印行

國家圖書館出版品預行編目資料

**墨人博士作品全集** / 墨人著 -- 初版 -- 臺北市：文史哲，民 100.12

頁：　公分

ISBN 978-957-549-987-7 (全套 60 冊：平裝)

1.現代文學 2. 中國文學 3.別集

848.6　　100022602

# 墨人博士作品全集【全60冊】

## 第二三～二四冊 娑婆世界

著　者：墨　人
出版者：文史哲出版社
http://www.lapen.com.tw
登記證字號：行政院新聞局版臺業字五三三七號
發行人：彭正雄
發行所：文史哲出版社
印刷者：文史哲出版社
臺北市羅斯福路一段七十二巷四號
郵政劃撥帳號：一六一八〇一七五
電話886-2-23511028・傳真886-2-23965656

**【全60冊】定價新臺幣 36,800 元**

中華民國一百年（2011）十二月初版



ISBN 978-957-549-987-7　　08992

# 墨人博士著作品全集 總目

## 一、散文類



## 二、長篇小說

## 三、中短篇小說散文合集



## 四、詩詞及論評



**附：外篇**

# 墨人的一部文學千秋史

張萬熙先生，筆名墨人，江西九江人，民國九年生。為一位享譽國內外名小說家、詩人、學者。歷任軍、公、教職。六十五歲始自從國民大會簡任一級加年功俸的資料組長兼圖書館長公職崗位退休，但已是中國文壇上一位閃亮的巨星。出版有：《全唐詩尋幽探微》、《紅樓夢的寫作技巧》、一百九十多萬字的大長篇小說《紅塵》、《白雪青山》、《春梅小史》；詩集：《哀祖國》；散文集：《小園昨夜又東風》……。民國五十年、五十一年連續以短篇小說，兩次入選維也納納富出版公司出版的《世界最佳小說選集》。七十歲時自東吳大學中文系教席二度退休，仍著述不輟，為國寶級文學家。墨人博士在臺勤於創作六十多年（在大陸時期已創作十年），並以其精通儒、釋、道之學養，綜理戎機、參贊政務、作育英才，更以其對傳統文學的精湛造詣，與對新文藝的創作，在國際上贏得無數榮譽，如：美國世界大學榮譽文學博士、美國馬奎士國際大學榮譽文學博士、美國艾因斯坦國際學院榮譽人文學博士（包括哲學、文學、藝術、語言四類）、英國劍橋國際傳記中心副總裁（代表亞洲）、英國莎士比亞詩、小說與人文學獎得主，現在出版《全集》中。

## 壹、家世．堂號

張萬熙先生，江西省德化人（今九江），先祖玉公，明末時以提督將軍身份鎮守雁門關，蒙古騎兵入侵，戰死於東昌，後封為「河間王」。其子輔公，進士出身，歷任文官。後亦奉召領兵「三定交趾」，因戰功而封為「定興王」。其子貞公亦有兵權，因受奸人陷害，自蘇州嘉定（即今上海市一區），謫居潯陽（今江西九江）。祖宗牌位對聯為：嘉定源流遠，潯陽歲月長；右書「清河郡」、左寫「百忍堂」。

## 貳、來臺灣的過程

民國三十八年，時局甚亂，張萬熙先生攜家帶眷，在兵荒馬亂人心惶惶時，張先生從湖南長沙火車站，先將一千多度的近視眼弱妻，與四個七歲以下子女，從車窗口塞進車廂，自己則擠在廁所內動彈不得，千辛萬苦的從湖南長沙搭火車南下廣州，從廣州登商輪來臺。七月三日抵基隆，由同學顧天一先生，接到臺北縣永和鎮鄉下暫住。

## 參、在臺灣一甲子奮鬥的過程

### 一、初到臺灣的生活

家小安頓妥後，張萬熙先生先到臺北萬華，一家新創刊的《經濟快報》擔任主編，但因財務不濟，四個月不到便草草結束。幸而另謀新職，舉家遷往左營擔任海軍總司令辦公室秘書，負責紀錄整理所有軍務會報紀錄。

民國四十六年，張先生自左營來臺北任職國防部史政局編纂《北伐戰史》（歷時五年多浩大工程，編成綠布面精裝本、封面燙金字《北伐戰史》叢書），完成後在「八二三」炮戰前夕又調任國防部總政治部，主管陸、海、空、聯勤文宣業務，四十七歲自軍中正式退役後轉任文官，在臺北市中山堂的國民大會主編研究世界各國憲法政治的十六開大本的《憲政思潮》，作者、譯者都是台灣大學、政治大學的教授、系主任，首開政治學術化先例。

張先生從左營遷到臺北大直海軍眷舍，只是由克難的甘蔗板隔間眷舍改爲磚牆眷舍，大小一般，但邊間有一片不小的空地，子女也大了，不能再擠在一間房屋內，因此，張先生加蓋了三間竹屋安頓他們。但眷舍右上方山上是一大片白色天主教公墓，在心理上有一種「與鬼爲鄰」的感覺。張夫人有一千多度的近視眼，她看不清楚，子女看見嘴裡不講，心裡都不舒服。張先生自軍中假退役後，只拿八成俸。

張先生因爲有稿費、版稅，還有些積蓄，除在左營被姓譚的同學騙走二百銀元外，剩下的積蓄還可以做點別的事。因爲住左營時在銀行裡存了不少舊臺幣，那時左營中學附近的土地只要三塊多錢一坪，張先生可以買一萬多坪。但那時政府的口號是「一年準備，兩年反攻，三年掃蕩，五年成功。」張先生信以爲真，三十歲左右的人還是「少不更事」，平時又忙著上班、寫作，實在不懂政治、經濟大事，以爲政府和「最高領袖」不會騙人，五年以內真的可以回大陸，張先生又有「戰士授田證」。沒想到一改用新臺幣，張先生就損失一半存款，呼天不應。但天理不容，姓譚的同學不但無后，也死了三十多年，更沒沒無聞。張先生作人、看人的準則是：無論幹什麼都是「誠信」第一，因果比法律更公平、更準。欺人不可欺心，否則自食其果。

## 二、退休後的寫作生活

張先生四十七歲自軍職退休後，轉任台北市中山堂國大會主編十六開大本研究各國憲法政治的《憲政思潮》十八年，時任簡任一級資料組長兼圖書館長。並在東吳大學兼任副教授二十年、香港廣大學院指導教授、講座教授、指導論文寫作、不必上課。六十四歲時即請求自公職提前退休，以業務重要不准，但取得國民大會秘書長（北京朝陽大學法律系畢業）何宜武先生的首肯，六十五歲依法退休。當時國民大會、立法院、監察院簡任一級主管多延至七十歲退休，因所主管業務富有政治性，與單純的行政工作不同，六十五歲時張先生雖達法定退休年齡，還是延長了四個月才正式退休，何秘書長宜武大惑不解地問張先生：「別人請求延長退休而不可得，你為什麼反而要求退休？」張先生答以「專心寫作」，何秘書長才坦然不疑。退休後日夜寫作，因胸有成竹，很快完成了一百九十多萬字的大長篇小說《紅塵》，在鼎盛時期的《臺灣新生報》連載四年多，開中國新聞史中報紙連載最大長篇小說先河。但報社還不敢出版，經讀者熱烈反映，才出版前三大冊。當年十二月即獲行政院新聞局「著作金鼎獎」與嘉新文化基金會「優良著作獎」，亦無前例。《台灣新生報》又出九十三章至一百二十二章，只好名為《續集》。墨人在書前題五言律詩一首：

浩劫未埋身，揮淚寫紅塵，非名非利客，孰晉孰秦人？
毀譽何清問？吉凶自有因。天心應可測，憂道不憂貧。

二〇〇四年初，巴黎 youfeng 書局出版豪華典雅的法文本《紅塵》，亦開「五四」以來中文作家大長篇小說進入西方文學世界重鎮先河。時為巴黎舉辦「中國文化年」期間，兩岸作家多由政府資助出席，張先生未獲任何資助，亦未出席，但法文本《紅塵》卻在會場展出，實爲一大諷刺。張先生一生「只問耕耘，不問收穫」的寫作態度，七十多年來始終如一，不受任何外在因素影響。

## 肆、特殊事蹟與貢獻

### 一、《紅塵》出版與中法文學交流

《紅塵》寫作時間跨度長達一世紀，由清朝末年的北京龍氏家族的翰林第開始，寫到八國聯軍、滿清覆亡、民國初建、八年抗日、國共分治下的大陸與臺灣，續談臺灣的建設發展、開放大陸探親等政策。空間廣度更遍及大陸、臺灣、日本、緬甸、印度，是一部中外罕見的當代文學鉅著。墨人五十七歲時應邀出席在西方文藝復興聖地佛羅倫斯所舉辦的首屆國際文藝交流大會，會後環遊地球一周。七十歲時應邀訪問中國大陸四十天，次年即出版《大陸文學之旅》。《紅塵》一書最早於臺灣新生報連載四年多，並由該報連出三版，臺灣新生報易主後，將版權交由昭明出版社出版定本六卷。由於本書以百年來外患內亂的血淚史爲背景，寫出中國人在歷史劇變下所顯露的生命態度、文化認知、人性的進取與沉淪，引起中外許多讀者極大共鳴與回響。

旅法學者王家煜博士是法國研究中國思想的權威，曾參與中國古典文學的法文百科全書翻譯工作，他認爲深入的文化交流仍必須透過文學，而其關鍵就在於翻譯工作。從五四運動以來，中西文化交流一直是西書中譯的單向發展。直到九十年代文建會提出「中書外譯」計畫，臺灣作家才逐漸被介紹到西方，如此文學鉅著的翻譯，算是一個開始。

王家煜在巴黎大學任教中國上古思想史，他指出《紅塵》一書中所引用的詩詞以及蘊含中國思想的博大精深，是翻譯過程中最費工夫的部分。爲此，他遍尋參考資料，並與學者、詩人討論，歷時十年終於完成《紅塵》的翻譯工作，本書得以出版，感到無比的欣慰。他笑著說，這可說是「十年寒窗」。

《紅塵》法文譯本分上下兩大冊，已由法國最重要的中法文書局「友豐書店」出版。友豐負責人潘立輝謙沖寡言，三十年多來，因對中法文化交流有重大貢獻而獲得法國授予文化「騎士勳章」的榮譽。他於五年前開始成立出版部，成爲歐洲一家以出版中國圖書法文譯著爲主業的華人出版社。

潘立輝表示，王家煜先生的法文譯筆典雅、優美而流暢，使他收到「紅塵」譯稿時，愛得不忍釋手，他以一星期的時間一口氣看完，經常讀到凌晨四點。他表示出版此書不惜成本，不太可能賺錢，卻感到十分驕傲，因爲本書能讓不懂中文的旅法華人子弟，更瞭解自己文化根源的可貴之處，同時，本書的寫作技巧必對法國文壇有極大影響。

## 二、不擅作生意

張先生在六十五歲退休之前，完全是公餘寫作，在軍人、公務員生活中，張先生遭遇的挫折不少。軍職方面，張先生只升到中校就不做了，因爲過去稱張先生爲前輩、老長官的人都成爲張先生的上司，張先生怎麼能做？因爲張先生的現職是軍聞社資料室主任（他在南京時即任國防部新創立的「軍事新聞總社」實際編輯主任，因言守元先生是軍校六期老大哥，未學新聞，不在編輯之列）。但張先生以不求官，只求假退役，不擋人官路，這才退了下來。那時養來亨雞風氣盛行，在南京軍聞總社任外勤記者的姚秉凡先生頭腦靈活，他即時養來亨雞，張先生也「東施效顰」，結果將過去稿費積蓄全都賠光。

## 三、家庭生活與運動養生

張先生大兒子考取中國廣播公司編譯，結婚生子，廿七年後才退休，長孫修明取得美國南加州大學電機碩士學位，之後即在美國任電機工程師。五個子女均各婚嫁，小兒子選良以獎學金取得美國華盛頓大學化學工程博士，媳蔡傳惠為伊利諾理工學院材料科學碩士，兩孫亦已大學畢業就業，落地生根。

張先生兩老活到九十一、九十二歲還能照顧自己。（近年以一印尼女「外勞」代做家事）張先生一伏案寫作四、五小時都不休息，與臺大外文系畢業的長子選翰兩人都信佛，六十五歲退休後即吃全素。低血壓十多年來都在五十五至五十九之間，高血壓則在一百一十左右，走路「行如風」，年輕人很多都跟不上張先生，比起初來臺灣時毫不遜色，這和張先生運動有關。因為張先生住大直後山海軍眷舍八年，眷舍右上方有一大片白色天主教公墓，諸事不順，公家宿舍小，又當西曬，張先生靠稿費維持七口之家和五個子女的教育費。三伏天右手墊墳著毛巾，背後電扇長吹，三年下來，得了風濕病，手都舉不起來，花了不少錢都未治好。後來章斗航教授告訴張先生，圓山飯店前五百完人塚廣場上，有一位山西省主席閻錫山的保鏢王延年先生在教太極拳，勸張先生天一亮就趕到那裡學拳，一定可以治好。張先生一向從善如流，第二天清早就向王延年先生報名請教，王先生有教無類，收張先生這個年已四十的學生，王先生先不教拳，只教基本軟身功攀腿，卻受益非淺。

## 四、耿直的公務員性格

張先生任職時向來是「不在其位，不謀其政」。後來升簡任一級組長，有一位「地下律師」的專員，平時鑽研六法全書，混吃混喝，與西門町混混都有來往，他的前任爲大畫家齊白石女婿，平日公私不分，是非不明，借錢不還，沒有口德，人緣太差，又常約那位「地下律師」專員到家中打牌。那專員平日不簽到，甚至將簽到簿撕毀他都不哼一聲，因爲爲他多報年齡，屆齡退休時想更改年齡，但是得罪人太多，金錢方面更不清楚，所以不准再改年齡，組長由張先生繼任。

張先生第一次主持組務會報時，那位地下律師就在會報中攻擊圖書科長，張先生立即申斥，並宣佈記過。簽報上去處長都不敢得罪那地下律師，又說這是小事，想馬虎過去，張先生以秘書處名譽紀律爲重，非記過不可，讓他去法院告張先生好了。何宜武祕書長是學法的，他看了張先生簽呈同意記過，那位地下律師「專員」不但不敢告，只暗中找一位不明事理的國大「代表」來找張先生的麻煩。因事先有人告訴他，張先生完全不理那位代表，他站在張先生辦公室門口不敢進來，幾分鐘後悄然而退。人不怕鬼，鬼就怕人。諺云：「一正壓三邪」，這是經驗之談。直到張先生退休，那位專員都不敢惹事生非，西門町流氓也沒有找張先生的麻煩，當年的代表十之八九已上「西天」，張先生活到九十二歲還走路「行如風」，一坐到書桌，能連續寫作四、五小時而不倦，不然張先生怎麼能在兩岸出版約三千萬字的作品？

原載新文豐《紮根台灣六十年》，墨人民國一百年十一月十三日校正）

墨人博士作品全集

文學是千秋藝業
秦皇漢武今何在
李白杜甫仍風流

全集共分四大類
一、散文類 二、小說類
三、文學理論類
四、新詩古典詩詞類

我出生於一個「萬般皆下品，惟有讀書高」的傳統文化家庭，且深受佛家思想影響，因祖母信佛，兩個姑母先後出家，大姑母是帶著賠嫁的錢購買依山傍水風景很好，上名山廬山的必經之地的「天后宮」出家的，小姑母的廟則在鬧中取靜的市區。我是父母求神拜佛後出生的男子，並寄名佛下，乳名聖保，上有二姊下有一妹都夭折了，在那個重男輕女的時代！我自然水漲船高了。我記得四、五歲時一位面目清秀，三十來歲文質彬彬的李瞎子替我算命，母親問李瞎子，我的命根穩不穩？能不能養大成人？李瞎子說我十歲行運，幼年難免多病，可以養大成人，但是會遠走高飛。母親聽了憂喜交集，在那個時代不但妻以夫貴。也以子貴，有兒子在身邊就多了一層保障。母親的心理壓力很大，李瞎子的「遠走高飛」那句話可不是一句好話。

到現在八十多年了，我還記得十分清楚。母親暗自憂心。何況科舉已經廢了，不必「進京趕考」，更不會「當兵吃糧」，安安穩穩作個太平紳士或是教書先生不是很好嗎？我們張家又是大族，人多勢眾，不會受人欺侮，何況二伯父的話比法律更有權威，人人敬仰，去外地「打流」又有什麼好處？因此我剛滿六歲就正式拜孔夫子入學啓蒙，從《三字經》、《百家姓》、《千字文》、《千家詩》、《論語》、《大學》、《中庸》……《孟子》、《詩經》、《左傳》讀完了都要整本背，在十幾位學生中，也只有我一人能背，我背書如唱歌，窗外還有人偷聽，他們實在缺少娛樂。除了我父親下雨天會吹吹笛子、簫，消遣之外，沒有別的娛樂，我自幼歡喜絲竹之音，但是很少聽到。讀書的人也只有我們三房、二房兩兄弟，二伯父在城裡當紳士，偶爾下鄉排難解紛，他是一族之長，更受人尊敬，因爲他大公無私，又有一百八十公分左右的身高，眉眼自有威嚴，能言善道，他的話比法律更有效力，加之民性純樸，真是「夜不閉戶，道不失遺」。只有「夏都」盧山才有這麼好的治安。我十二歲前就讀完了四書、詩經、左傳、千家詩。我最喜歡的是《千家詩》和《詩經》。

關關雎鳩，在河之洲，

窈窕淑女，君子好逑。

我覺得這種詩和講話差不多，可是更有韻味。我就喜歡這個調調。《千家詩》我也喜歡，我背得更熟。開頭那首七言絕句詩就很好懂：

雲淡風清近午天，傍花隨柳過前川。

時人不識余心樂，將謂偷閒學少年。

老師不會作詩，也不講解，只教學生背，我覺得這種詩和講話差不多，但是更有韻味。我也了解大意，我以讀書爲樂，不以爲苦。這時老師方教我四聲平仄，他所知也止於此。

我也喜歡《詩經》，這是中國最古老的詩歌文學，是集中國北方詩歌的大成。可惜三千多首被孔子刪得只剩三百首。孔子的目的是：「詩三百，一言以蔽之，曰思無邪。」孔老夫子將《詩經》當作教條。詩是人的思想情感的自然流露，是最可以表現人性的。先民質樸，孔子既然知道「食色性也」，對先民的集體創作的詩歌就不必要求太嚴，以免喪失許多文學遺產和地域特性。楚辭和詩經不同，就是地域特性和風俗民情的不同。文學藝術不是求其同，而是求其異。這樣才會多彩多姿。文學不應成爲政治工具，但可以移風易俗，亦可淨化人心。我十二歲以前所受的基礎教育，獲益良多，但也出現了一大危機，沒有老師能再教下玄。幸而有一位年近二十歲的姓王的學生在盧山一未立案的國學院求學，他問我想不想去？我自然想去，但廬山夏涼，冬天太冷，父親知道我的心意，並不反對，他對新式的人手是刀尺的教育沒有興趣，我便在飄雪的寒冬同姓王的爬上廬山，我生在平原，這是第一次爬上高山。

在廬山我有幸遇到一位湖南岳陽籍的閻毅字任之的好老師，他只有三十二歲，飽讀詩書，與民國初期的江西大詩人散原老人唱和，他的王字也寫的好。有一天他要六七十位年齡大小不一的學生各寫一首絕句給他看，我寫了一首五絕交上去，廬山松樹不少，我生在平原是看不到松樹的，我是即景生情，信手寫來，想不到閻老師特別將我從大教室調到他的書房去，在他右邊靠牆壁另加一桌一椅，教我讀書寫字，並且將我的名字「熹」改爲「熙」，視我如子。原來是他很欣賞我那首五絕中的「疏松月影亂」這一句。我只有十二歲，不懂人情世故，也不了解他的深意。時任漢口市長張群的侄子張繼文還小我一歲，卻是個天不怕、地不怕的小太保，江西省主席熊式輝的兩個小舅子大我幾歲，閻老師的侄子卻高齡二十八歲。學歷也很懸殊，有上過大學的、高中的，多是對國學有興趣，支持學校的袞袞諸公也都是有心人士，新式學校教育日漸西化，國粹將難傳承，所以創辦了這樣一個尚未立案的國學院，也未大張旗鼓正式掛牌招生，但聞風而至的要人子弟不少，校方也本著「有教無類」的原則施教，閻老師也是義務施教，他與隱居廬山的要人嚴立三先生也有交往。（抗日戰爭一開始嚴立三即出山任湖北省主席，諸閻老師任省政府秘書，此是後話。）同學中權貴子弟亦多，我雖不是當代權貴子弟，但九江先組玉公以提督將軍身分抵抗蒙古騎兵入侵雁門關戰死東昌（雁門關內北京以西縣名，一九九〇年我應邀訪問大陸四十天時去過。）而封河間王；其子輔公。

以進士身分出仕，後亦應昭領兵三定交趾而封定興王；其子貞公亦有兵權，因受政客讒害而自嘉定謫居潯陽。大詩人白居易亦曾謫爲江州司馬，我另一筆名即用江州司馬。我是黃帝第五子揮的後裔，他因善造弓箭而賜姓張。遠祖張良是推薦韓信爲劉邦擊敗楚霸王項羽的漢初三傑之首。他有知人之明，深知劉邦可以共患難，不能共安樂，所以悄然引退，作逍遙遊，不像韓信爲劉邦拚命打天下，立下汗馬功勞，雖封三齊王卻死於未央宮呂后之手。這就是不知進退的後果。我很敬佩張良這位遠祖，抗日戰爭初期（一九三八）我爲不作「亡國奴」，即輾轉赴臨時首都武昌以優異成績考取軍校，一位落榜的姓熊的同學帶我們過江去漢口。中共未公開招生的「抗日大學」（當時國共合作抗日，中共在漢口以「抗大」名義吸收人才。）辦事處參觀，接待我們的是一位讀完大學二年級才貌雙全，口才奇佳的女生獨對我說負責保送我免試進「抗大」一期，因未提其他同學，我不去。一年後我又在軍校提前一個月畢業，因我又考取陪都重慶中央政府培養高級軍政幹部的中央訓練團，而特設的新聞「新聞研究班」第一期，與我同期的有爲新詩奉獻心力的覃子豪兄（可惜五十二歲早逝）和中央社東京分社主任兼國際記者協會主席的李嘉兄。他在我訪問東京時曾與我合影留念，並親贈我精裝《日本專欄》三本。他七十歲時過世，這兩張照片我都編入「全集」一百九十多萬字的空前大長篇小說（紅塵）照片類中。而今在台同學只有兩位了。

民國二十八年（一九三九）九月我以軍官、記者雙重身分，奉派到第三戰區最前線的第三十二集團軍上官雲相總部所在地，唐宋八大家之一，又是大政治家王安石，尊稱王荊公的家鄉臨川，（屬撫州市）作軍事記者，時年十九歲，因第一篇戰地特寫《臨川新貌》經第三戰區長官都主辦的行銷甚廣的《前線日報》發表，隨即由淪陷區上海市美國人經營的《大美晚報》轉載，而轉為文學創作，因我已意識到新聞性的作品易成「明日黃花」，文學創作則可大可久，我為了寫大長篇《紅塵》、六十四歲時就請求提前退休，學法出身的秘書長何宜武先生大惑不解，他對我說：

「別人想幹你這個工作我都不給他，你為什麼要退？」我幹了十幾年他只知道我是個奉公守法的張萬熙，不知道我是「作家」墨人，有一次國立師範大學校長劉真先生告訴他張萬熙就是墨人，劉校長看了我在當時的「中國時報」發表的幾篇有關中國文化的理論文章，他希望我繼續寫，劉校長真是有心人。沒想到他在何宜武秘書長面前過獎，使我不能提前退休，要我幹到六十五歲多四個月才退了下來。現在事隔二十多年我才提這件事。鼎盛時期的(台灣新生報)連載四年多的拙作《紅塵》出版前三冊時就同時獲得新聞局著作金鼎獎和嘉新文化基金會「優良著作獎」，劉真校長也是嘉新文化基金會的評審委員之一，他一定也是投贊成票的。「世有伯樂而後有千里馬」。我九十二歲了，現在經濟雖不景氣，但我還是重讀重校了拙作「全集」我一向只問耕耘，不問收穫，我歷任軍、公、教三種性質不同的職務，經過重重考核關卡，寫作七十三年，經過編者的考核更多，我自己從來不辦出版社。我重視分工合作。我頭腦清醒，是非分明，歷史人物中我更敬佩遠祖張良，不是劉邦。張良的進退自如我更歎服。在政治角力場中要保持頭腦清醒，人性尊嚴並非易事。我們張姓歷代名人甚多，我對遠祖張良的進退自如尤為歎服，因此我將民國四十年在台灣出生的幼子依譜序取名選良。他早年留美取得化學工程博士學位，雖有獎學金，但生活仍然艱苦，美國地方大，出入非有汽車不可，這就不是獎學金所能應付的，我不能不額外支持，他取得化學工程博士學位與取得材料科學碩士學位的媳婦蔡傳惠雙雙回台北探親，且各有所成，幼子曾研究生產了飛機太空船用的抗高溫的纖維，媳婦則是一家公司的經理，下屬多是白人，兩孫亦各有專長，在台北出生的長孫是美國南加州大學的電機碩士，在經濟不景氣中亦獲任工程師，我不要第三代走這條文學小徑，是現實客觀環境的教訓，我何必讓第三代跟我一樣忍受生活的煎熬，這會使有文學良心的人精神崩潰的。我因經常運動，又吃全素二十多年，九十二歲還能連寫四、五小時而不倦。我寫作了七十多年，也苦中有樂，但心臟強，又無高血壓，一是得天獨厚，二是生活自我節制，我到現在血壓還是60－110之間，沒有變動，寫作也少戴老花眼鏡，走路仍然「行如風」，十分輕快，我在國民大會主編《憲政思潮》十八年，看到不少在大陸選出來的老代表，走路兩腳在地上蹉跎，這就來日不多了。個人的健康與否看他走路就可以判斷，作家寫作如在八十歲以後還不戴老花眼鏡，沒有高血壓，長命百歲絕無問題。如再能看輕名利，不在意得失，自然是仙翁了。健康長壽對任何人都很重要，對詩人作家更重要。

一九九〇年我七十歲應邀訪問大陸四十天作「文學之旅」時，首站北京，我先看望已九十高齡的老前輩散文作家，大家閨秀型的風範，平易近人，不慍不火的冰心，她也「勞改」過，但仍心平氣和。本來我也想看看老舍，但老舍已投湖而死，他的公子舒乙是中國現代文學館的副館長，他也出面接待我，還送了我一本他編寫的《老舍之死》，隨後又出席了北京詩人作家與我的座談會，參加七十賤辰的慶生宴，彈指之間卻已二十多年了。我訪問大陸四十天，次年即由台北「文史哲出版社」出版照片文字俱備的四二五頁的《大陸文學之旅》。不虛此行。大陸文友看了這本書的無不驚異，他們想不到我七十一高齡還有這樣的快筆，而又公正詳實。他們不知我行前的準備工作花了多少時間，也不知道我一開筆就很快。

我拜會的第二位是跌斷了右臂的詩人艾青，他住協和醫院，我們一見如故，他是浙江金華人，卻體格高大，性情直爽如燕趙之士，完全不像南方金華人。我們一見面他就緊握著我的手不放，侃侃而談，我不知道他編《詩刊》時選過我的新詩。在此之前我交往過的詩人作家不少，沒有像他如此豪放真誠，我告別時他突然放聲大哭，陪我去看他的北京新華社社長族侄張選國先生，陪我四十天作《大陸文學之旅》的廣州電視台深圳站站長高麗華女士，文字攝影記者譚海屏先生等多人，不但我為艾青感傷，陪同我去看艾青的人也心有戚戚焉，所幸他去世後安葬在八寶山中共要人公墓，他是大陸唯一的詩人作家有此殊榮。台灣單身詩人同上校軍文黃仲琮先生，死後屍臭才有人知道，他小我二歲，如我不生前買好八坪墓地，連子女也只好將我兩老草草火化，這是與我共患難一生的老伴死也不甘心的，抗日戰爭時她父親就是我單獨送上江西南城北門外義山土葬的。這是中國人「入土為安」的共識。也許有讀者會問這和文學創作有什麼關係？但文學創作不是單純的文字工作，而是作者整個文化觀、文學觀，人生觀的具體表現，不可分離。詩人作家不能「瞎子摸象」，還要有「舉一反三」的能力。我做人很低調，寫作也不唱高調，但也會作不平之鳴、仗義直言。我不鄉愿，我重視一步一個腳印，「打高空」可以譁眾邀寵於一時，但「旁觀者清」，讀者中藏龍臥虎，那些不輕易表態的多是高人。高人一旦直言不隱，會使洋洋自得者現出原形。作品一旦公諸於世，一切後果都要由作者自己負責，這也是天經地義的事。

我寫作七十多年無功無祿，我因熬夜寫作頭暈住馬偕醫院一個星期也沒有人知道，更不像大陸的當代作家、詩人是有給制，有同教授的待過，而稿費、版稅都歸作者所有。依據民國九十八年一月十日「中國時報」A十四版「二〇〇八年中國作家富豪榜單」二十五名收入人民幣的數字統計，第一高的郭敬明一年是一千三百萬人民幣，第二名鄭淵潔是一千一百萬人民幣，第三名楊紅櫻是九百八十萬人民幣。最少的第二十五名的李西閩也有一百萬人民幣，以人民幣與台幣最近的匯率近一比四・五而言，現在大陸作家一年的收入就如此之多，是我一九九〇年應邀訪問大陸四十天作文學之旅時所未想像到的，而現在的台灣作家與我年紀相近的二十年前即已停筆，原因之一是發表出版兩難，二是年齡太大了。民國九十八年（二〇〇九）以前就有張漱菡（本名欣禾）、尹雪曼、劉枋、王書川、艾雯、嚴友梅六位去世，嚴友梅還小我四、五歲，小我兩歲的小說家楊念慈則行動不便，鬍鬚相當長，可以賣老了。我托天佑，又自我節制，二十多年來吃全素，又未停止運動，也未停筆，最近在台北榮民總醫院驗血檢查，健康正常。我也有我的養生之道，每天吃枸杞子明目，吃南瓜子抑制攝護腺肥大，多走路、少坐車，伏案寫作四、五小時而不疲倦，此非一日之功。

民國九十八（二〇〇九）己丑，是我來台六十周年，這六十年來只搬過兩次家，第一次從左營搬到台北大直海軍眷舍，在那一大片天主教白色公墓之下，我原先不重視風水，也無錢自購住宅，想不到鄰居的子女有得神經病的，有在金門車禍死亡的，大人有坐牢的，有槍斃的，也有得神經病的，我退役養雞也賠光了過去稿費的積蓄，讀台大外文系的大兒子也生病，我則諸事不順，直到搬到大屯山下坐北朝南的兩層樓的獨門獨院自宅後，自然諸事順遂，我退休後更能安心寫作，遠離台北市區，真是「市遠無兼味，地僻客來稀。」同里鄰的多是市井小民，但治安很好，誰也不知道我是爬格子的，連警察先生也不光顧舍下，除了近十年常有人打電話來騙我，幸未上大當外，我安心過自己的生活。當年「移民潮」去不了美國的也會去加拿大，我是「美國人」的祖父，我不移民美國，更別說去加拿大了。娑婆世界無常，早年即移民美國的琦君（本名潘希真）、彭歌，最後還是回到台灣來了，這不能說台灣是「天堂」，以我的體驗而言是台北市氣候宜人，夏天三十四度以上的日子少，冬天十度以下的日子也很少，老年人更不能適應零度以下的氣溫，我只有冬天上大屯山、七星山頂才能見雪。有高血壓、心臟病的老人更不能適應。我不想做美國公民，做台灣平民六十多年，也沒有自卑感。

娑婆世界是一個無常的世界，天有不測風雲，人有旦夕禍福，老子早說過：「福兮禍所倚，禍兮福所伏。」禍福無門，唯人自招。我一生不起歪念，更不損人利己，與人爲善。雖常吃暗虧，只當作上了一課。這個花花世界是我學不完的大教室，萬丈紅塵其中也有黑洞，我心存善念，更不造文字孽，不投機取巧，不違背良知，蒼天自有公斷，我本著文學良心寫作，盡其在我而已，讀者是最好的裁判。

民國一〇〇年（二〇一一）辛卯七月二十九日下午六時二十三分於紅塵寄廬

1951 年墨人 31 歲與夫人曾麗春女士（30 歲）結婚十周年紀念合影於左營

墨人博士七十壽辰與夫人曾麗春女士合影。此照為大翻譯家、文學理論家黃文範先生所攝，並在照片背後題「南山北海惟仁者壽」。

民國二十九年(1940)作者
墨人在江西南城戎裝照。

1939 年墨人即自戰時陪都四川重慶奉派至江西臨川王安石家鄉，第三戰區前線任軍事記者創辦軍報，提供抗日官兵精神食糧。時年 19 歲。

2010 年「五四」作者墨人 91 歲在花蓮和南寺家人合影

2003 年 8 月 26 日作者墨人（中）在含鄱口觀山景點與
作者長女韻華、長子選翰、三女韻湘、二女韻真合影。

2005 年 2 月作者次子選良（右一）回台北與父（右二）及
作者夫人（中）三女韻湘（左二）二女韻真（左一）合影。

作者墨人在書房留影，時年八十五歲。

《墨人博士大長篇小說〈紅塵〉法文譯本封面照片》

小說家朱夜（左一）移民巴拉圭多年後，返台北探望墨人夫婦合影，後歿於巴拉圭。

1978 年 8 月 26 日墨人夫婦（前排右）與高育仁夫婦（中）左為墨人親家公蔡先生與墨人次孫修齡，後排右二、三為國大代表作家后希鎧、沈慧芬夫婦、袁睽九（應未遲）夫婦等文友合影

1990 年 5 月墨人博士（右一）應大陸黃河文化實業公司邀請作四十天的「大陸文學之旅」在北京與時年九十高齡的作家冰心（右二）及詩人雁翼（左二）、雪冬（左）合影。冰心手中書籍為大陸版《紅塵》。

詩人王祿松（左）與香港詩人藍海文（右）在墨人書房（中坐者）合影

墨人（左二）出席第三次文藝會談與袁睽九（應未遲左一）夏鐵肩、涂靜怡、吳詠九（宋瑞）汪洋萍合影。

墨人（前排右一）與「抗日戰爭」初期在重慶中央訓練團新開研究班一、二期同學在台北聚會合影。大多在新聞界工作。以在中央日報者較多，如邵德潤（聞見思）（中）張煦本（左二）自立晚報副社長兼總編輯（左二）郭衣洞柏揚即其屬下」墨人則為唯一以文學創作為終身志業者。且老而彌堅，九十多歲仍繼續寫作。

1992 年 1 月 2 日墨人博士應邀出席美國中文新聞通訊電視台記者協會講演，墨人是由新聞記者轉為文學創作的，乃以「新聞與文學」為題，提出他兩全其美的看法。（右起第五位為墨人博士）

墨人在四川、重慶、沙坪壩中央訓練團新聞研究班第一期同學詩人覃子豪墓園石像後（右一）與詩人蓉子等祭弔後合影。1983.10.29

沈恩攝影

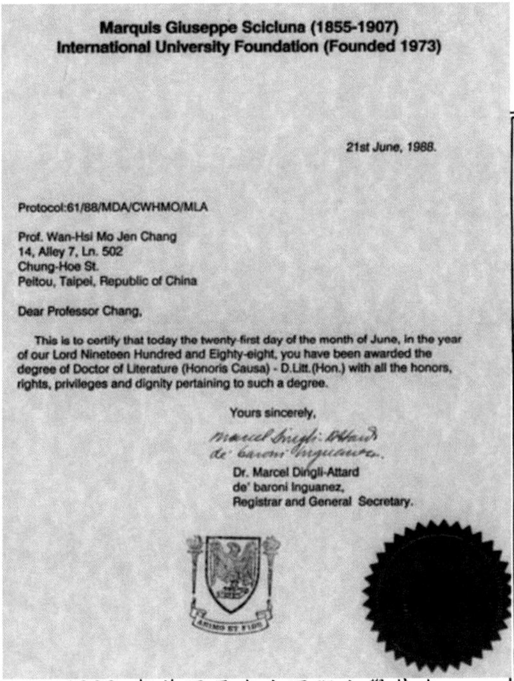

**Marquis Giuseppe Scicluna (1855-1907)**
**International University Foundation (Founded 1973)**

21st June, 1988.

Protocol:61/88/MDA/CWHMO/MLA

Prof. Wan-Hsi Mo Jen Chang
14, Alley 7, Ln. 502
Chung-Hoe St.
Peitou, Taipei, Republic of China

Dear Professor Chang,

This is to certify that today the twenty-first day of the month of June, in the year of our Lord Nineteen Hundred and Eighty-eight, you have been awarded the degree of Doctor of Literature (Honoris Causa) - D.Litt.(Hon.) with all the honors, rights, privileges and dignity pertaining to such a degree.

Yours sincerely,

Dr. Marcel Dingli-Attard
de' baroni Inguanez,
Registrar and General Secretary.

1988 年美國馬奎士國際大學基金會，授予張萬熙墨人教授榮譽文學博士學位證書。

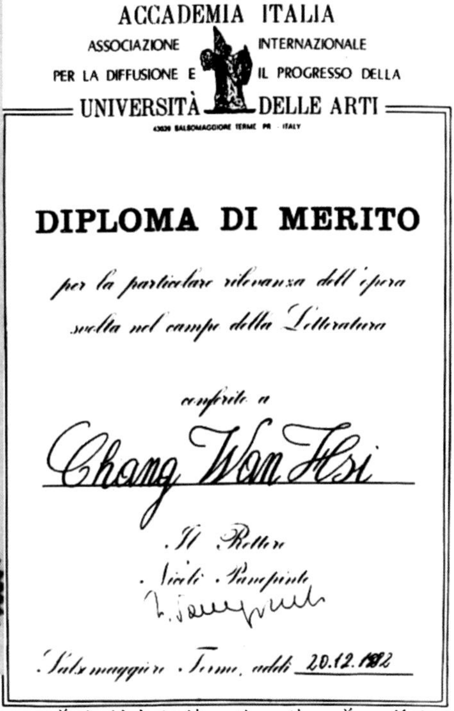

ACCADEMIA ITALIA
ASSOCIAZIONE INTERNAZIONALE
PER LA DIFFUSIONE E IL PROGRESSO DELLA
UNIVERSITÀ DELLE ARTI
43039 SALSOMAGGIORE TERME PR - ITALY

**DIPLOMA DI MERITO**

*per la particolare rilevanza dell'opera svolta nel campo della Letteratura*

*conferito a*

*Chang Wan Hsi*

*Il Rettore*
*Nicolò Pampinato*

*Salsomaggiore Terme, addì 20.12.1982*

義大利出版英、法、德、義四種文字的「國際文學史」的 ACCADEMIA ITALIA, 1982 年授予墨人的文學功績證書。

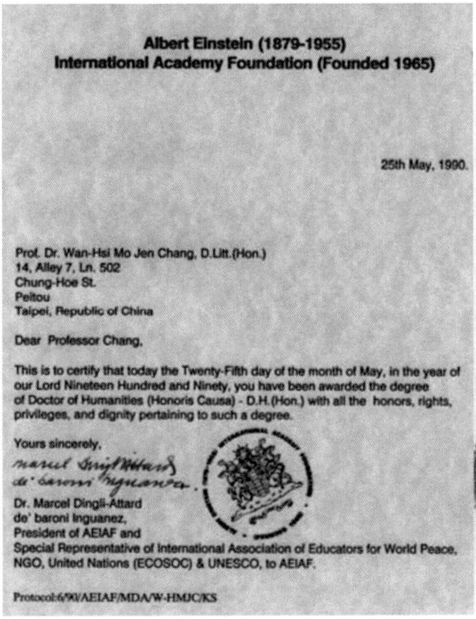

**Albert Einstein (1879-1955)**
**International Academy Foundation (Founded 1965)**

25th May, 1990.

Prof. Dr. Wan-Hsi Mo Jen Chang, D.Litt.(Hon.)
14, Alley 7, Ln. 502
Chung-Hoe St.
Peitou
Taipei, Republic of China

Dear Professor Chang,

This is to certify that today the Twenty-Fifth day of the month of May, in the year of our Lord Nineteen Hundred and Ninety, you have been awarded the degree of Doctor of Humanities (Honoris Causa) - D.H.(Hon.) with all the honors, rights, privileges, and dignity pertaining to such a degree.

Yours sincerely,

Dr. Marcel Dingli-Attard
de' baroni Inguanez,
President of AEIAF and
Special Representative of International Association of Educators for World Peace, NGO, United Nations (ECOSOC) & UNESCO, to AEIAF.

Protocol:6/90/AEIAF/MDA/W-HMJC/KS

1990 年美國愛因斯坦國際學院基金會授予張萬熙墨人教授榮譽人文學（含哲學文學藝術語言四種）博士學位

WORLD UNIVERSITY ROUNDTABLE
In Corporate Affiliation with the World University

Greetings

In recognition of Distinguished Achievement within the principles and purposes of the World University development, the Trustees of the Corporation, upon the nomination of the Secretariat, confer doctoral membership and this honorary award upon

Chang Wan-Hsi (Mo Jen)

The Cultural Doctorate in Literature

with all rights and privileges there to pertaining.

Witness our hand and seal at the International Secretariat Regional Campus, Benson, Arizona
April 17, 1989

President of the Board of Trustees
Secretary of the Board of Trustees

1989 年美國世界大學授予張萬熙墨人榮譽文學博士學位，文化大學創辦人張其昀（曉峰）先生亦獲此榮譽。

THIS PICTORIAL TESTIMONIAL OF ACHIEVEMENT AND DISTINCTION
proclaims throughout the world that
DR. CHANG WAN-HSI (MO JEN)
is the recipient of the above-mentioned Honour, granted by the Board of Editors of the
2000 OUTSTANDING SCHOLARS OF THE 20TH CENTURY
meeting in Cambridge, England, on the date set out below,
AND that the Board also resolves that a portrait photograph of
DR. CHANG WAN-HSI (MO JEN)
be attached to this Testimonial as verification of the Honour bestowed.
2000 OUTSTANDING SCHOLARS OF THE 20TH CENTURY
First Edition
Signed and sealed on the
14th December 1999
Authorized Officer

1999 年 10 月張萬熙墨人博士榮登英國劍橋國際傳記中心《二十世二千位傑出學者》第一版證書。

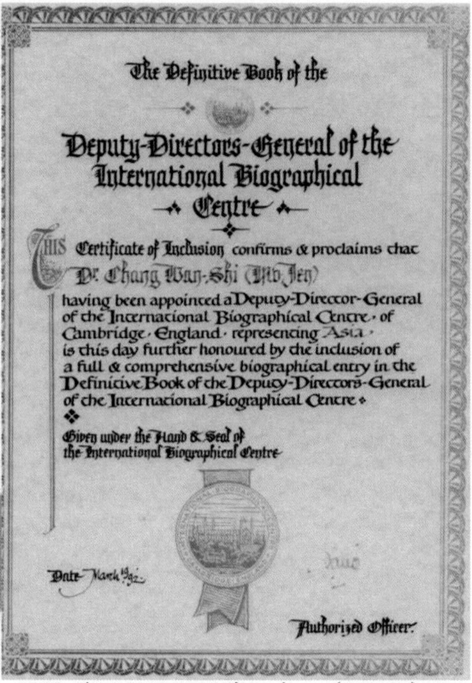
The Definitive Book of the
Deputy-Directors-General of the International Biographical Centre
THIS Certificate of Inclusion confirms & proclaims that
Dr. Chang Wan-Shi (Mo Jen)
having been appointed a Deputy-Director-General of the International Biographical Centre, of Cambridge, England, representing Asia, is this day further honoured by the inclusion of a full & comprehensive biographical entry in the Definitive Book of the Deputy-Directors-General of the International Biographical Centre.
Given under the Hand & Seal of the International Biographical Centre
Date March 1992
Authorized Officer

1992 英國劍橋國際傳記中心（I.B.C.）任張萬熙墨人博士為代表亞洲的副總裁。

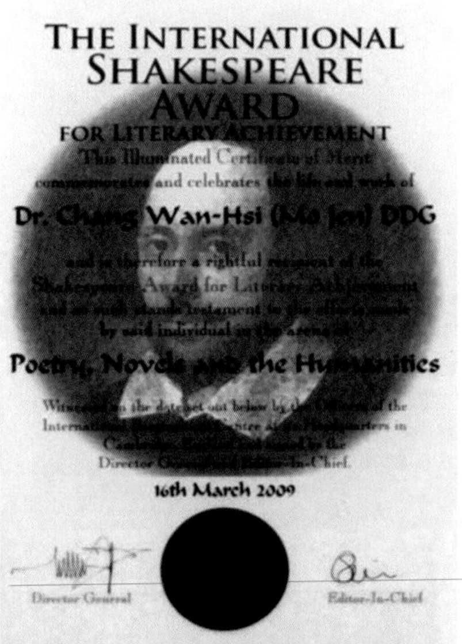
THE INTERNATIONAL SHAKESPEARE AWARD
FOR LITERARY ACHIEVEMENT
This Illuminated Certificate of Merit commemorates and celebrates the life and work of
Dr. Chang Wan-Hsi (Mo Jen) DDG
and is therefore a rightful recipient of the Shakespeare Award for Literary Achievement
by said individual in the arena of
Poetry, Novels and the Humanities
Director General and Editor-In-Chief.
16th March 2009
Director General
Editor-In-Chief

2009 年 3 月 16 日英國劍橋國傳記中心總裁與總編輯聯合授予張萬熙墨人博士國際莎士比亞文學成就獎。

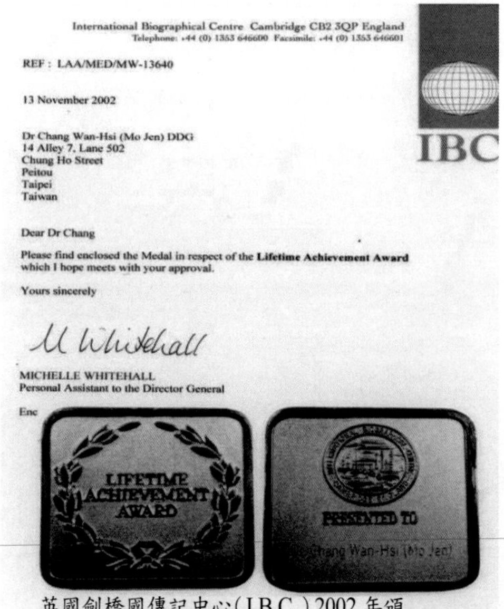
International Biographical Centre Cambridge CB2 3QP England
Telephone: +44 (0) 1353 646600 Facsimile: +44 (0) 1353 646601

IBC

REF : LAA/MED/MW-13640

13 November 2002

Dr Chang Wan-Hsi (Mo Jen) DDG
14 Alley 7, Lane 502
Chung Ho Street
Peitou
Taipei
Taiwan

Dear Dr Chang

Please find enclosed the Medal in respect of the **Lifetime Achievement Award** which I hope meets with your approval.

Yours sincerely

M Whitehall

MICHELLE WHITEHALL
Personal Assistant to the Director General

Enc

LIFETIME ACHIEVEMENT AWARD
PRESENTED TO
Chang Wan-Hsi (Mo Jen)

英國劍橋國傳記中心(I.B.C.)2002 年頒發詩人作家張萬熙（墨人）博士終身成就獎，英文信及金牌正反面照片墨人早年即被 I.B.C.推選為副總裁。

# 娑婆世界目次

附錄

# 《娑婆世界》的心靈世界（自序一）

民國八十一年六月十日我完成手稿一百六十萬字（以出書版面計則近兩百萬字）的大長篇《紅塵》之後，即開始構思另一長篇《娑婆世界》，經過六年的長考，才開始動筆。「娑婆」梵語為SAHA，堪忍之義，中譯為「忍土」，為三千大千世界之總名，稱為「娑婆世界」。此世界眾生有貪、瞋、癡三毒，為一切亂源、禍首。現在祇要一打開報紙、電視，就使我們到了忍無可忍的地步。

世界三大聖人、思想家：老子、釋迦牟尼佛、孔子，他們都或多或少地對貪、瞋、癡三毒，下過針砭。

孔子思想是以人類行為法則為主軸，對社會安定起過很多的正面作用。由於其宇宙觀稍嫌不足，偏重人類行為法則，往往流於專制君主的護身符、「祿蠹」的進身之階。孔子吃了兩千多年的冷豬肉，未能維繫社會均勢於不墜，一遇上「貪」字掛帥的西方功利主義思想與好萊塢「流行文化」的衝擊，似乎又陷入「在陳絕糧」的窘境。

老子思想是以宇宙自然法則為主軸，人類行為法則處於從屬地位，而又相輔相成，思想境界很高，活潑無比，想像發展的空間很大，但常人不易深入體會，統治者亦難以御用，因此遭到劉徹的罷黜，不但吃不到冷豬肉，且不得不潛入地下。一方面成為志行高潔的知識分子的避風港，以之歸隱山林，笑傲王侯；一方面又被中下層社會人士，以宗教的外衣包裝，反而扭曲、矮化了其形象。因為老子祇留下五千言《道德經》飄然而去，不像孔子那樣有弟子三千。不但老子的「治大國若烹小鮮」的高才不能施展，劉徹那一記悶棍又將他打入地下近兩千年，宗教外衣則無異「佛頭著糞」，反而使他矮了半截。一些所謂學者又摸不著他的邊兒，曲解連連，使這位偉大的聖人、思想家，雖「歿世而名不稱焉」！

釋迦牟尼佛的思想則是以宇宙自然法則為依歸，與老子的「為無為」思想息息相通，而又有超凡入聖的實踐方法和守則，他且親自弘法四十多年，弟子甚多，法脈不斷。從之者既可逍遙世外，亦可造福人間。禪宗六祖惠能更無形中吸收了老子思想，又巧妙地運用其相對論，因而使禪宗登峰造極。禪詩更大大地提升了中國文學的思想境界。因此釋迦牟尼佛的思想，無論上智下愚，均可作為精神寄託，帝王亦可附庸風雅。所以釋迦牟尼佛一脈，至今香火鼎盛，不過現在已有捨本逐末的現象產生。

我由儒入道，由道入釋，深感要去貪、瞋、癡三毒，杜絕亂源，祇有洗心革面，先從戒、定、慧三無漏學入手，這也是我處理長篇《娑婆世界》的文學手法，下筆更是戒慎恐懼，以免謗佛。

將佛家經典精義化為文學，是比寫大長篇《紅塵》難度更高的挑戰。但提升人生觀為宇宙觀是很重要的指標。我有此願心，並未因為當前種種困難而絲毫動搖。在重重障礙之下，我終於完成了《娑婆世界》。

以文學的《娑婆世界》作為較易為人接受的另一形式的「經典」，是我的一點期望。因為佛學經典浩如煙海，博大精深，即使是高級知識分子，乃至文學作家，亦多望而卻步，更非人人能懂。《娑婆世界》是我的「方便法」。

最後我要說明的是我寫《娑婆世界》不是光憑理念、信仰而向壁虛構，我是以我學道學佛先後三十年的修行心得，與臺灣的一位禪淨雙修的高僧、一位密宗比丘尼都修成肉身菩薩，一位大陸河北虔誠的優婆夷（佛門在家女弟子）也修成全身舍利，還有一位臺灣的道姑羽化登仙（也修成全身舍利）四個真實的故事印證，以示成佛得道，說難不難，一切唯心造。這四個真實的故事都先後上過電視、報紙，不是我憑空杜撰的。《娑婆世界》是以文學手段反映人生，展現更高層次的心靈世界。我寫此長篇既不為名，亦不為利，但我願與有緣人同出火宅，同登彼岸。

己卯（民國八十八）年六月三十日，定稿於北投紅塵寄廬

# 長篇章目如畫龍點睛（自序二）

中國古典小說都有回目，如《三國演義》、《水滸傳》、《金瓶梅》、《儒林外史》、《紅樓夢》、《西遊記》、《鏡花緣》等等，莫不如此。而以《紅樓夢》的回目作得最好。回目不但可以暗示作品內容，更有畫龍點睛之妙。回目本身也是中國文學中特有的「對聯文學」。對聯作不好，絕對寫不好律詩，不論是五律、七律。唐宋詩人無一不長於此道。作詩最難的就是律詩，寫不好律詩就算不上是好詩人、大詩人。詩聖杜甫就以律詩見長。他的〈蜀相〉七律、〈登樓〉七律、〈秋興〉八首都是膾炙人口的作品。為了了解他的律詩對仗的工穩，我且引他的〈春望〉五律和〈聞官軍收河南河北〉七律稍作說明：

國破山河在，春城草木深。
感時花濺淚，恨別鳥驚心。
烽火連三月，家書抵萬金。
白頭搔更短，渾欲不勝簪。

劍外忽傳收薊北，初聞涕淚滿衣裳。
卻看妻子愁何在？漫卷詩書喜欲狂。
白日放歌須縱酒，青春作伴好還鄉。
即從巴峽穿巫峽，便下襄陽向洛陽。

這兩首律詩都是寫作者心情的，心情是抽象的，很不好寫，更不好對，但杜甫不論五律、七律，中間兩聯都對的十分工穩，絲絲入扣，可謂天衣無縫。所以這兩首都是好律詩，如果對仗不好，律詩就好不起來。

人稱小杜的杜牧，本來是絕句高手，可是他的〈題宣州開元寺水閣閣下宛溪夾溪居人〉七律中間的兩聯也是功力才情兼而有之。請看：

鳥去鳥來山色裏，人歌人哭水聲中。
深秋簾幕千家雨，落日樓臺一笛風。

這真是絕對，無一字不妙。

李商隱是中國的象徵派大詩人，抒情詩高手，請看他的〈錦瑟〉七律兩聯：

莊生曉夢迷蝴蝶，望帝春心託杜鵑。
滄海月明珠有淚，藍田日暖玉生煙。

這兩聯也是工穩之至，妙到毫顛。還有他的最著名的《無題》詩中的「神女生涯原是夢，小姑居處本無郎。」更是經常被人引用。這種對聯只有中國文字、文學才能辦到。多音節的西洋文字、文學是辦不到的。

可是中國自庚子年被八國聯軍打敗以後，我們完全喪失了民族自信心、自尊心。「五四」以後，所謂新派作家，在文學方面也完全學習西方，詩多學法國象徵派，小說也模倣西方作家作品，不用章回，不用對聯作章回題目，只用一、二、三、四……數字分章分回，少了對作品內容的暗示，少了標題的魅力、詩聯的韻味。其原因之一是趕西洋時髦，原因之二是作者不會作對聯、不會寫律詩。即以三十年代的老作家而言，魯迅、郭沫若、田漢是會寫絕律詩的，而以郁達夫的才情，功力最高，其他作家則少見其絕律詩作。倒是木匠大畫家齊白石的絕句意境很高，有大家風範，毫無匠氣。三十年代以後的作家，會作對聯，會寫絕律詩的更少之又少了！由於不會寫，就更加否定、排斥。所以長篇小說就一直看不到章回回目了。再加上一些「評論家」推波助瀾，更增加了否定的力量。《紅塵》研討會時，還有一位半吊子「評論家」，事先安排好了似的說新文學小說裏面不應有舊詩詞。恰好有一位行家，當場打了回去。還有一位書法家當場送了我一首用大宣紙寫的七絕，我和他並不熟識。長篇小說如果沒有章目回目，讀者初拿在手中便如墮五里霧中，只有聽廣告亂吹了！沒有打廣告的作品就更吃虧。如有章目回目，明眼人一看，便知作者有幾斤幾兩了。

本來拙作《紅塵》前九十二章上中下三卷出版前，我寫好了對聯章目，打算排在書前。我將這個意思在電話告訴一位副刊老編老友，他是會寫絕律詩的，可是他卻說：

「你不能這麼作，不然人家會將你看成張恨水那一類的舊式章回小說家。」其實他也愛看張恨水的長篇小說。

我並不看輕張恨水，他的中國文學修養、才情，實在比他同輩的一般新派小說家高。我倒是有點怕新生報賠本。我又問老友知不知道一般讀者的反應會怎樣？對銷路有沒有影響？他說：

「現在年輕的讀者多不懂對聯，分不出上下聯，更分不出好壞，只看表面形式，愈新奇、愈淺的愈好賣，你要好好考慮。」

我考慮的還是怕新生報賠老本，這是一部大書，新生報又沒有適當的發行管道，發表《紅塵》時就佔了副刊一千多天時間，幸好讀者反應甚佳。出書前報社主管開會，都反對出版，生怕賠錢，只有邱勝安社長一人堅持出版，一肩承擔風險，我不能陷他於不義，所以我沒有將影印好的章目交給出版部陳小姐編進去。由於報社小心謹慎，書出後都不敢交給已經簽約的「建忠」書報社發出去，生怕倒帳，完全由讀者直接郵購、面購。報社很多人說已經銷得很不錯，報社同仁就買的不算少，其他的書沒有這種情形。後來葉建麗兄接長報社，他知道這種情形，決定交給

「建忠」書報社發給台北金石堂少數書店，想不到第一版很快銷完了，經銷的「建忠」和報社都賺了不少錢，於是印第二版，葉社長又要我趕寫九十三章至一百二十章，我成竹在胸也很快就交稿了，報社也很快發表出版了，但出版部只好名為《紅塵續集》。本來出版部前年在蘇玉珍社長任內就簽准了出版第三版，因為凍省等等原因而中途擱置下來。我這才和報社商量，解除出版合約，自行處理，報社同意了。這是新生報與我的一段《紅塵》好因緣。同時新生報也在中國新聞史上開創了一個連載出版大文學長篇的先例。

最近新成立的綜合出版社「昭明出版社」總編輯吳明興先生，是一位有二十年以上的寫作、編輯經驗的新詩人，而且有佛學修養。他的「昭明」事業伙伴又是一群有理想、有抱負、有編輯、出版、發行經驗的文化生力軍。他任圓明出版社總編輯時，出版過我的散文集《紅塵心語》、編輯考究，有些篇章還加了小標題，給讀者作了適當的啟示。但那本散文集是我在新生報寫的專欄，每篇不過千字左右。我的新長篇《娑婆世界》，卻是[redacted]五十萬字的長篇，他將初樣寄給我時，多達七百七十三頁，這也算是一部大書，一點不輕、薄、短、小，但我沒有擬訂章目，他在信中請我「思量看看每一章是否要加題目？」我知道他這位新詩人並不排斥古典詩詞，因為《紅塵心語》中就多的是古典詩詞和佛理。我知道這是他提醒我的一番好意。因此我校對時就逐章寫好對聯章目，使它更能發揮良好的文學效應。不過他和讀者並沒有看到我擬訂的《紅塵》上、中、下三卷九十二章的章目，如今因緣成熟，昭明即將出版《紅塵》的新版定本了，屆時大家便都可以看到一百二十章的《紅塵》章目了。

《娑婆世界》章目讀者看後可以省去一點尋思本書內容的時間，也增加了判斷的著力點。同時也可以提供反對章目的人一個比較機會。其實古今中外所有文學作品只分好壞，不論「新」、「舊」。《紅樓夢》是「舊」了，莎士比亞的所有作品也「舊」了，但誰能否定那些作品的文學價值？英國人至今還是以頂著莎士比亞這頂鑽石桂冠為榮。好酒是愈陳愈醇愈香，作者的文學修養、思想境界才是判斷作品好壞的標準，而不是形式上的標新立異，或作品年代的先後。中國三、四十年代的作家就沒有一部作品足以與《紅樓夢》等量齊觀。不論他們的名氣多大？「背景」如何？這是一個不爭的事實。而嚴格說來，有些作家還未必能讀懂《紅樓夢》呢！因為那不僅是文學問題，而是哲學思想、修行境界問題；不僅是人生觀問題，而是宇宙觀問題。其他方面我就不再辭費了。

己卯（民國八十八）年八月十八日於北投紅塵寄廬

# 卷首詩詞

墨人

靈山會上早相逢，今日相逢非夢中。
去去來來因大事，祇園精舍證圓通。
來時空空去亦空，輪迴流轉大江東。
達摩一點西來意，無量光中無始終。

成人不自在，自在不成人。
花開又花落，開落總是塵。

一住清涼四十春，悠悠歲月化貪瞋。
白雲一去無消息，青鳥忽來作比鄰。
三月煙花迷望眼，四時風雨阻騷人。

清涼山上清涼寺，誰識清涼自在身？

## 望江南

江南春，柳綠又花紅。柳絮如綿花似錦，
花飛花落柳搖風，人在畫圖中。
江南燕，剪水更凌空。細語呢喃畫樑上，
出雙入對彩樓東，鶼鰈情正濃。

## 《娑婆世界》二校後感賦

色即是空空是色，無中生有有還無。
陰陽因果何所似？天理循環道不孤。
種瓜種豆隨人種，收豆收瓜各自收。
種豆收瓜如夢幻，起心動念是根由。

修羅面目最難分，舌燦蓮花可亂真。
包藏禍心人不識，慈悲一念化貪瞋。

摩詰文殊與惠能，在家出世一般僧。
直心一點無分別，念念慈悲即大乘。

修道修心不在名，住家住廟在無生。
紫衣金綬著色相，究竟涅槃宇宙平。

附註：右感賦五首成於己卯年十月二十一日
凌晨五時三十分。時年八十於紅塵寄廬。

# 第一章　明月入懷增福報

## 祖孫同體好因緣

如是我聞。

林明月是閻浮提三千洲中一個小洲上的Y大高材生，也是大企業家正大工業集團董事長林如海的么女。林如海在娑婆世界一百位大富豪中排名第二十五位，只比同是洲上的首富搞房地產起家的吳旺財落後五名。但在這個洲上，他僅次於吳旺財，一直穩居次序。但林如海的聲望一直高於吳旺財，因為林如海從事工業生產，不炒地皮、不炒股票，人也正派。他們兩人都是白手起家，由於一個天翻地覆的大機會，也讓他們大翻身了。

林如海兩歲喪父，家貧如洗，但他有一位難得的賢母，他母親陳珠靠替人洗衣、打零工，在山邊畸零地種點空心菜、地瓜度日。在異族統治的日子裏，他們母子兩人不但沒有嘗過又軟又黏的蓬萊米，連在來米也只過年時才吃過一兩頓。在這種艱苦的日子裏，陳珠還送林如海上小學。別的孩子穿鞋上學，獨他打赤腳。因為陳珠的父親在一大批文盲中算得上是個讀書人，在鄉村教漢學。很有骨氣，不替異族做傳聲筒、狗腿子，也注重子女的教養，所以他也教陳珠讀《女兒經》、《百家姓》、《人之初》、《四書》、《賢文》，因此，陳珠也特別重視獨子林如海的教育。但她畢竟是個婦道人家，只有兩間破屋，和門前的一泓清水，實在沒有能力供兒子上中學。林如海也很孝順，當他小學畢業後，他就不再上學，決心去當學徒，陳珠卻傷心地對他說：

「兒，只要你肯上進，娘討飯也要供你上中學，小學畢業是派不上什麼用場的。」

「娘，人只要努力，自然會有出息。可不一定要上中學、大學。」林如海說：「何況您就是把自己賣掉，也供不起我上中學、大學。」

陳珠聽兒子這樣說，不禁雙淚直流。她知道這是實話，也知道兒子有志氣、孝順，又轉悲為喜地說：

「兒，你說的也是，『將相本無種，男兒當自強』，只要你肯努力上進，自然會出頭，娘也就放心了。娘會天天求觀世音菩薩保佑你。」

「娘，您放心好了，一株草，一滴露，天公疼好人，我會好好做事，好好做人，不會使您失望的。」

陳珠看著十三歲的兒子長得和自己一般高，說起話來也和大人一樣，她就破涕為笑，便勉勵兒子：

「萬一日後你果真發達起來了，你可千萬不能忘記我們母子吃空心菜、地瓜度日的苦日子。人就怕忘本。」

「娘，兒子怎麼會忘記您的教訓？」林如海扶著陳珠說：「您該知道我還讀過《賢文》。」

陳珠聽了滿面含笑，她想起林如海讀五年級時曾向一位讀漢學的同學借了一本《賢文》自己讀。她還問他懂不懂？他說：

「娘，也不完全是鴨公聽打雷，不懂的地方我曾經請教過比我大的同學，當下也就明白了。」

就這樣，陳珠讓兒子去當學徒了。由於林如海勤奮，做事認真，而且能把握機會，失敗了又再接再勵，像一隻打不死的九命貓，因此，三十歲時他就當起小企業的老闆了。三十五歲時，又遇到大貴人的協助，他當起時興的大工業「正大」集團的董事長了。他的長處是：眼光敏銳、遠大；敢用比自己高的人才，而且用人不疑；與人相處，言而有信；御下嚴而不苛，賞罰分明。處事最重原則、制度、職掌分明。雖是私人企業，他訂好的規章，自己也一樣遵守。因此，上上下下都安心工作。他的事業便蒸蒸日上，工廠生產規模一天天擴大，管理部門，有條不紊。加上景氣好，外銷旺，品管嚴，「正大」標記很快就成了金字招牌。

他不但事業順利，又一連生了四個兒子。而且他都按照自己的計畫教育他們。大兒子明仁出生較早，他那時還是為人作嫁，不敢好高騖遠，讓他不切實際地受通才教育。他讓大兒子讀工專，一畢業就讓他到工廠實習，從工人幹起，幹了三年才讓兒子當領班。他計畫將大兒子培訓成為工人出身的廠長。其他三個兒子他也有培植計畫。

最小的是個女兒，是他四十四歲時才生的。這個女兒出生時，林如海的母親陳珠做了一個夢，夢見明月入懷，滿室清光，還有一陣陣似桂如蘭的香味，充滿空氣中。她從來沒有做過這種夢。以前做夢時多半是吃空心菜、地瓜，替人洗衣之類的苦日子的連串噩夢，醒後眼中還有淚，枕上冰涼。一般人常說：「日有所思，夜有所夢。」但這是一個她從來沒有想過的夢，卻又是最清清楚楚的夢。其實她在夢中並不知道這是夢，以為這是實景，直到林如海敲她的房門時，她才突然醒來，聽見林如海高興地在門外說：

「娘，報告您老人家一個好消息：您想要一個孫女兒終於想到了！」

陳珠雖然已經六十多歲了，身體還很好，非常靈活，她一翻身就坐了起來，一疊連聲地說：

「快！趕快替我在觀世音菩薩座前上香，我要拜拜。」

陳珠自小信佛，以前窮苦時連觀世音菩薩的瓷像和香爐都買不起，只好在心裏念「阿彌陀佛、觀世音菩薩」，或是望空拜拜。林如海現在發達了，三年前就給她在臥室隔壁佈置了一個佛堂，請老師父精雕了一座三尺高的紫檀香木的觀世音菩薩立像，她白天多在佛堂念經拜拜。

她打開房門第一句話就問兒子：

「是幾點生的？」

「十二點十分。」林如海一面扶著她一面回答，「不知道女兒的八字好不好？」

「你剛才敲門時我正在夢中。」陳珠說。

「娘，您夢見什麼？」林如海急著問。

「說也奇怪，我從來沒有做過這種夢？也從來沒有記得這麼清楚。」

林如海心中有些忐忑，又有些急，不知是吉是凶？又不好問。陳珠吩咐他先去佛堂上香，林如海轉身要走，陳珠又叫住他問：

「你的手乾不乾淨？」

林如海遲疑了一下，又自解地說：

「倒也沒有什麼不乾淨，唯恐褻瀆了觀世音菩薩，娘，我就在您這邊再洗一下好了。」

房間裏面就有一個洗臉盆，老太太指指淡綠色的進口臉盆說：

「你先洗先過去上香，我洗了臉，換了衣服再過去。」

林如海用香皂洗了手，又和母親打了一個招呼，隨即走到佛堂上香。三盤供果還很新鮮，不必更換。

陳珠漱洗之後，又換了一件乾淨的海青，這才過來。她一進佛堂，就看見三炷大香香煙嫋嫋，香爐裏還飄著一陣陣檀香味，然後又問兒子：

「你磕過頭沒有？」

「娘，我怎敢不磕頭？」林如海一笑：「兒子能有今天，未嘗不是觀世音菩薩暗中庇佑。」

「你能吃果子拜樹頭就好。」老太太也安慰地一笑。

她隨即走近絳色絲絨布大蒲團，恭恭敬敬地站在觀世音菩薩像前，深深下拜，額頭伏在雙手中，手背貼地，嘴中念念有詞，別人卻聽不清楚。過了一會，她再抬起頭來，雙手合十，放在胸前，這才念出聲音：

觀音菩薩妙難酬，清淨莊嚴累劫修。
三十二應遍塵剎，百千萬劫化閻浮。
瓶中甘露常遍灑，手內楊枝不計秋。
千處祈求千處應，苦海常作度人舟。

隨後又深深磕了三個頭。起來時林如海連忙走過去攙扶。母子兩人這才在沙發上坐下。老太太先前說的那個夢並沒有講明。林如海不禁急著問：

「娘，您老人家那個夢先前並沒有說清楚，究竟是怎麼一回事兒？」

「我看這孩子有點兒來歷？」老太太捉摸地說。

「娘，您真把我搞糊塗了！究竟是個什麼夢嘛？」林如海摸摸頭一笑。

「說不定她是嫦娥投胎呢？」老太太笑咪咪地說。

「娘，那她將來豈不是個大美人兒？」林如海高興地一笑。

「也許是？但決不會是個醜八怪。」

「娘，那又要托您的福了！」

「娘沒有這麼大的福報，還是應該感謝觀世音菩薩。我自媳婦懷孕起，就一直祈求觀世音菩薩賜我一個好孫女兒。」

林如海抓抓頭一笑，望著老太太的臉上輕輕地說：

「娘，您兜了一個大圈兒，現在總該打開悶葫蘆吧？」

老太太也不禁好笑，這才將那個明月入懷的夢境說了出來。

「天下真有這種巧事兒？」林如海又抓抓頭笑著說：「看她那小模樣兒倒是不醜，不過現在月球上已經沒有嫦娥了。」

「那我就跟你說正經的好了。」老太太正色地說。

她隨即說了一個十四祖龍樹尊者到南天竺說法的故事：

南天竺的人多信福業，未見佛性，尊者便現自在身，形如滿月，聽眾看不見他，仍然存疑。其中有一位名迦那提婆的人說：「無相三昧，形如滿月，佛性虛明，這就是佛性的體相。」

他一說完，一輪滿月就消失了，尊者同時復座，而且說了一首偈：「身現圓月相，以表諸佛體。說法與其形，用辨非身色。」聽眾聽了這首偈，恍然大悟，都願意出家，以求解脫。龍樹尊者便為他們剃度。

林如海聽了這個故事之後笑說：

「娘，我不懂經典。您老人家自幼信佛，早年即皈依印空師公，自己又讀了不少經典。您講的故事一定有根有據的，兒子自然相信。」

「所以我認為孫女兒出生時我做的那個夢是個吉兆，這孩子是有來歷的，你不要重男輕女，小看了她。」

「娘，我有四個兒子已經夠多了。」林如海向老太太一笑：「俗話說：『物以稀為貴。』即使您老人家沒有做那個吉祥好夢，兒子也會將他當鳳凰蛋似的捧著不放手。」

「現在您什麼都不缺，四個孫子將來也可以接您的腳，她一個女孩兒家，日後她愛學什麼就讓她學什麼，要走那條路就讓她自己走，您不必像對四個孫子一樣，先畫好圈兒，讓他們在圈兒裏頭打轉。」

「娘，說來慚愧！只怪我早年失學，沒有一技之長。現在事業卻愈搞愈大，但是在這個一切向錢看的工商業社會，沒有專門知識，還真搞不過人家，所以明仁、明義、明禮、明智四兄弟，我不得不先計畫教育，否則這個『正大』招牌，日後便不容易撐下去了。」

「你說的也是。」老太太點點頭，「當初我真沒有想到你會搞出這麼大的場面來？也真虧了你。」

老太太當初讓林如海去當學徒，不過是為了餬口，頂多是成個小康之家，衣食不愁就行了。怎麼想得到，現在他手下員工就有上萬人呢？

「娘，這一半是兒子為了爭一口氣，比別人付出更多心血、力氣；另一半也靠運氣。」林如海平心靜氣地說：「我自己也沒有想到，往往歪打正著，像滾雪球一樣，愈滾愈大了！」

「你說的不錯。」老太太又點點頭。「俗話說：『運氣來了，門板也擋不住。』人要發達是要靠一點兒運氣的。不過金子也不會從天下掉下來，遍地金子也要人去撿，在家中睡倒頭覺，金子是不會自己送上門的。」

「娘，當年我當學徒吃的苦頭可沒有人知道，連在您面前我也不敢講，現在事過境遷，人家只看到我風風光光的一面，沒有人看到我半夜挑燈苦讀，也不知道我一個饅頭分兩頓吃，一天只靠一個饅頭度命……冬天在大雪山砍樹木，差點兒凍死在山上……」說著、說著，林如海竟雙手蒙臉哭了起來。

老太太想起孤立無援，遭人白眼的傷心往事，更泣不成聲，抬不起頭來。

林如海連忙擦乾眼淚，扶著母親坐好，抱歉地對母親說：

「娘，恕兒子失態，兒子真不該向您老人家說出瞞了二三十年的古話。」

「應該說，應該說！」老太太擦擦眼淚連連點頭：「你說給娘聽娘還聽得懂，你要是說給你的兒子聽，他們還真聽不懂，也不會相信，以為你是故意尋他們開心。」

「娘，我現在就有點兒耽心，生怕他們日後守不住？」林如海不免惶恐地說。

「富貴都難過三代，那就要看他們自己的造化了！」老太太也無可奈何地說。

「娘，我真想寫一本回憶錄。」林如海忽然興起地說：「可是我忙得團團轉，現在我的文筆也不夠火候。」

「你不是有兩三位博士祕書嗎？」老太太笑問。

「娘，他們認識的豆芽菜是很多，陰溝裏流水（English）呱呱叫。不過我的回憶錄他們寫不好。」

「為什麼？」老太太有些奇怪。

「娘，隔靴搔癢撩不到癢處。」林如海搖搖頭。「我不是要他們打廣告吹牛，我要寫出我夜深人靜時躲在被子裏哭泣、肚子餓得咕咕叫，在大雪山砍樹差點凍死的滋味，他們是一碗飯長大的，風不吹、雨不打，十個博士也寫不出我的回憶錄來。」

老太太聽著兒子說，眼圈兒又不禁泛紅，眼淚差點兒掉了下來，隨即以手抆抆淚說：

「真個是飽人不知餓人飢，你說的不錯。」

「再說，他們的方塊文字還未必趕得上我。」

「你說這話兒就離譜了！」老太太盯著兒子說：「你不是官大會吟詩吧？」

「娘，兒子不是瞎說。」林如海搖搖頭。

「你別忘記了你只是小學畢業？人家是喝過洋水兒的博士呀，怎麼會趕不上你呢？」

「娘，不是因為我當了正大董事長，就瞧不起下屬。」林如海連忙搖頭。「是兒子看多了，但一直不敢開口，現在難得只有我們母子兩個，兒子才敢在老娘面前說真話。要是在別人面前說這種話，人家不罵我忘了我姓什麼才怪呢！」

「這我確實沒有想到！」老太太搖頭苦笑。

「娘，現在時代變得太快，西風壓倒了東風。不但有很多事兒您老人家想不到，連兒子也想不到。所以兒子一直戰戰兢兢，生怕一著錯，滿盤輸。」

「這年頭兒是有些人一丟掉討飯棍，就忘記叫街時。」老太太慨歎地說：「幸好你還醒著說話。」

「娘，當初我離家時光桿兒一條，無親無故，熱臉貼人家的冷屁股，早晚都得看人家的臉色吃飯。俗話說：『端人家的碗，服人家的管。』三更天滾釘板，滾了十幾年，才脫離了苦海，冲出頭來。現在我還是隨時提心吊膽，豈敢大意失荊州？」

「不錯，關雲長那樣的英雄好漢，就是因為大意才失掉荊州，走麥城斷送了性命、人頭。」

老太太看過戲，也看過《三國演義》，她知道這段故事，但一直沒有機會和林如海講。「你今天的成就雖然不小，但總難比關雲長。」

「娘，我知道自己有幾斤幾兩，別說充老大，我連老二都不敢當，怎敢比五虎上將關雲長？」

「古話說：『滿招損，謙受益。』弓也不能拉得太滿。做人做事留點兒餘地總是好的。」

「娘，剛才是我說溜了嘴，好在沒有別人聽見。其實我隨時隨地都在學習。我好像是一個餓鬼，頭腦永遠填不滿。」

「這倒是個好兆頭，人就怕自滿。」老太太點點頭說。

「娘，我一直記著您往日的教訓，只是這些年來我沒有時間陪您閒話家常，難得今夜趁生女兒的機會，把您老人家吵起來，不知不覺話就說多了。」

「我知道你忙，所以我也不找你窮聊。」老太太忽然笑著說：「聽說什麼外國人，找人聊天還要付錢！可有這回事兒？」

「是有這回事兒。」林如海笑著點頭。

「那今兒晚上我該付你多少錢呢？」老太太笑問。

林如海也高興地笑了起來，拍拍母親說：

「娘，看您老人家身體這麼硬朗，頭腦這麼清楚，還把兒子當開心果兒，兒子這二三十年來也真沒有此刻這麼開心過，兒子應該好好地孝敬您老人家才是，還敢向您收費？」

老太太也笑著說：

「你給我生了一個我想了很久的孫女兒，這就是最好的孝敬，我們兩免好了。」

林如海望著母親笑，也覺得她從來沒有這麼開心過。看來更不像六十多歲的人，氣色比他當年離開她去當學徒時好得多，那時她面有菜色，臉很瘦削，簡直像皮包骨，兩眼憂鬱無神，含著淚水，強忍著沒有滴下來。藍布上衣還打了兩塊補釘。現在她臉色紅潤白皙，豐潤而不胖，看來更像個同字臉，兩眼神采奕奕，溫和慈祥而不銳利。一身衣服素雅乾淨，她不肯穿綾羅綢緞，天藍色尼隆料子穿在她身上也和綢緞一般，她不穿綾羅綢緞毛料衣服一方面是不忘貧寒，另一方面是出於慈悲心。當年她皈依印空老法師時就受了五戒，一直嚴格遵守，林如海看母親似乎愈來愈年輕，不免高興地說：

「娘，說真的，怎麼看您也不像是坐六望七的人，依兒子看來，比一般五十歲的人還年輕。」

「那豈不是歲月倒流起來？那有這回事兒？」老太太搖搖頭。

「娘，說真的，我原先耽心您老人家吃素營養不夠，真想勸您開齋，但又不敢啟齒，現在兒子是放心了。」

「你不要洋迷信，吃素怎麼會營養不夠？」老太太問兒子：「五穀雜糧青菜裏面什麼營養都有，我吃的薏仁、蕎麥飯，不但營養好，醫生還說薏仁可以防癌，蕎麥可以防糖尿病、高血壓，降低什麼醇的？……」老太太一下子想不起來，望著兒子說不下去。林如海立即接嘴，「娘，是不是膽固醇？」

老太太用力點點頭，又自嘲地說：

「對、對、對！不過這些稀奇古怪的詞兒還真不好記，彷彿是專門為難我這個土包子似的？」

「娘，這些醫學上的專門名詞兒子也搞不清楚，湊巧，我瞎貓碰上死老鼠，剛好就記住這一個。」林如海笑著說。

老太太知道兒子是故意給她打圓場，也笑著說：

「我知道你的學問比我大，不但記得許多洋名詞，還有人悄悄告訴我，說你還和洋人比手畫腳聊天呢！」

林如海笑了起來，也自嘲地說：

「娘，幸好現在只有我們母子兩人，要是被別人聽見，那真會笑掉大牙啦！」

「娘可不這麼想！」老太太搖頭一笑：「好漢不怕出身低，人只要肯努力上進就行。俗話說：『大丈夫能屈能伸。』這你是做到了，以後更要活到老學到老，人不是一生下來什麼都會的。連我也一直在學，那怕是八十歲學吹鼓手，也比腰裏別個死老鼠，冒充打獵的好。」

「娘說的是，娘說的是。」林如海連連點頭。

「就以我的飲食來說吧！以您現在的經濟情況而言，我天天要吃人參燕窩，你也供養得起，我為什麼還要吃空心菜、地瓜葉、青菜、豆腐，和以薏仁、蕎麥當飯吃呢？就是因為我平日注意報紙雜誌上的那些醫藥、健康的文字，我就照做，果然得了不少益處，還省掉不少醫藥費呢！」

「娘，您花甲大慶那一年不肯做壽，我送您住院做全身健康檢查，果然沒有發現任何老人病，醫生還說您比三十歲的人還年輕，現在隔了這麼多年，要不要再去檢查一下？」林如海說。

「不必。」老太太搖搖頭。「青菜、豆腐保平安，我吃下什麼東西我自己清楚，如果我天天大魚大肉的話，自然百病叢生了。」

「不錯，醫生還說吃肉容易致癌呢！」

「既然如此，我看你也吃素好了。」老太太順水推舟。

「娘，我應酬太多，尤其是在國外很不方便。不過我會注意，決不貪口福，平時我也吃得清淡，又很注意運動。」

「這樣就好，一分健康，一分事業，你正是壯年，及時保養，十分重要，吃藥不是好事兒。」

「娘說的對，我的身體也和其他的大腹便便的董事長不一樣，甚至還有人背後數落我說：『怎麼看林如海也沒有董事長的福相，怎麼會發這麼大的財呢？』」

「這可不一定。」老太太笑說：「富貴人固然有富貴相，但也不能專看外表。最要緊的還是精、氣、神。以前我也不大懂這一套，後來我看了一兩本《麻衣》、《柳莊》，再加上現在年紀大了，看的人也多了，自然也有一點兒心得。你雖然瘦，但是精、氣、神很旺，不像你老子，一陣春風都吹得倒，加上兩眼無神，所以他又窮又短壽。」

「娘，要是父親能活到現在，兒子也可以多盡一分孝心。」

「大概是他前世未修？沒有這個福報。」老太太沉吟地說：「你的成就也得來不易，因此，你要惜福，多行方便，多做好事，絕對不可以損人利己。」

「娘，我的競爭對手雖然不少，但我從來不打歪主意。我靠的是金字招牌。」

「恐怕也難免樹大招風？」

「娘，所以兒子一向不做出頭的柱子，吃香喝辣的事兒讓別人去，我躲都怕來不及。」

「這才是做人處世的道理。」老太太點點頭。「不但你應該如此，四個孫兒也不能張牙舞爪，現在就要告訴他們這些大道理，免得以後惹禍，光憑知識是不行的，洋人知進不知退的那一套，千萬不可學。」

林如海覺得母親這幾句話很有深意，想不到她什麼事都不過問，心裏卻明白得很，因此感歎地說：

「娘，您真是秀才不出門，能知天下事！」

「你以為我看電視只看披頭散髮、男不男、女不女、窮吼亂叫，又摟又抱，蹦蹦跳跳，狗顛屁股的大紅星歌舞是不是？」老太太反問兒子。

「娘，您怎麼會看那種歌舞呢？」林如海也反問一句。

「因為我怕小孫子罵我老古板、老化石，跟不上時代，所以我也偶爾看看。」老太太自嘲地一笑。「尤其是文化界的名人，花了大把美金，請他們來文化交流，我不能親自去捧場，坐在家中看看，也算湊個熱鬧。」

「娘，上次有人買了三萬塊錢一張的頭排座位票送我看，我沒有去。如果早知您老人家也愛此道，我就陪您去交流了。」林如海打趣地說。

「那個叫做什麼遜的？戴著一副黑眼鏡、前額上拖著一綹黑頭髮、皮膚黑不黑、白不白、肚臍眼兒露在外面，走路扭扭捏捏，包著飛機飛來飛去的大紅星，下次要是再來的時候，你倒不妨請我一次？」老太太望著兒子笑說。

「娘，那個叫著什麼『遜』的大紅星，就是來了兒子也買不到票。」林如海也笑著回答。

「怎麼？你的名氣還沒有他大？身價還沒有他高？」老太太故作驚訝。

「娘，這也叫作西風壓倒東風呀。」

「我不知道他叫作什麼『遜』，難道你也不知道？」

「娘，兒子只有小學畢業，那有那麼大的學問呢？」

母子兩人一問一答，說著，說著，突然爆笑起來，又都笑出了眼淚，老太太用手絹拭拭眼淚說：

「過去的窮日子固然不好過，現在大家這樣紙醉金迷、醉生夢死，不知道自己姓什麼？拉著何仙姑叫二姨，佛頭上著糞，造孽太多，共業太重，我真怕遭到天譴。」

「娘，說來說去，『好濫污』的流行文化，像陰溝裏的臭水一樣，四處橫流，實在可怕！我真耽心兒子們也會學壞！」

「不管怎麼變？這個孫女兒你就交給我帶好了。」老太太語重心長地說：「我決不會讓她將來也披頭散髮，露著肚臍眼兒，在舞臺上狗顛屁股！」

「娘，您年紀大了，修行更需要精神，怎麼能勞您的神？」林如海有些惶恐。

「你不妨在員工中挑一個好保姆照顧她，我以身教、言教不就得了？」老太太胸有成竹地說：「她跟著我經常在觀世音菩薩蓮座下轉轉，只會增福增慧，不會隨波逐流。」

「娘，這倒是個好主意，怎麼我沒有想到？」林如海拍拍腦袋。

「你想到給她取個什麼名字沒有？」老太太問。

「兒子正要請教老娘，如果照譜取名，她是明字輩，她四個哥哥是依仁、義、禮、智、次序取的，輪到她就該叫明信了。」

「明信固然順理成章，」老太太又胸有成竹地說：「不過她是個女兒身，我又做了那個夢，如果取名明月，你看怎樣？」

林如海雙手一拍，頭一點說：

「娘，您老人家真是福至心靈，這名字既符合您的夢境，又有女兒味，真是再好沒有了。」

「我們母子兩人談了半天，我還沒有見她一面，我真想去看看她。」

「娘，不急，明天就是中秋節，一定要將她從醫院接回來，女兒一定會抱給您老人家看看。」

「也好，你現在可以去休息休息，天都快亮了。」老太太站起來說。

「娘，自兒子當學徒以來，我們母子一直沒有這麼深談過。今夜聽娘一席話，真是勝讀十年書。」林如海也站起來說：「我扶您進房去睡一會兒吧？」

「不睡了，我正好念經、打坐。」老太太邊說邊把兒子送出佛堂。

# 第二章　董事長義助弱者
# 賢淑女幸脫狼牙

中秋節這天上午，林如海帶著他辦公室的工友陳素素，像捧鳳凰蛋似的雙手捧著么女兒明月到佛堂來看母親，老太太眉開眼笑地連忙伸手來接，隨即匆匆走到觀世音菩薩蓮座前跪下，抱著孫女兒明月向觀世音菩薩拜拜，同時說：

「大慈大悲、千處祈求千處應的觀世音菩薩，感謝您賜給我這個孫女兒，請您再賜給她福慧，讓她來日好好做人，皈依三寶，護法弘法，饒益眾生。」

老太太的那分虔誠，使陳素素也大為感動。她跟著林如海一起走過去，雙手把她扶了起來，老太太還抱著孫女兒捨不得放手，一直走到佛堂牆邊大窗口最光亮的地方仔細端詳孫女兒一番。想不到這時小孫女兒明月突然睜開一對明亮的眼睛看著她。老太太又驚又喜，嘖嘖連聲地對兒子說：

「你看，你看，她似曾相識地睜著眼睛看我呢？」

陳素素連忙跟著林如海湊過來看，不禁一疊連聲地說：

「真奇、真奇，出生還不到兩天，居然會像大人一樣地看人？」

林如海則對老太太說：

「娘，醫生說她一出娘胎就睜開兩眼看世界，產房裏引為奇談，所以兒子也不敢冒冒失失地告訴您老人家，想不到她現在又睜大眼睛了。」

「不過這並不算什麼稀奇事兒。」老太太笑著說。

「娘，難道還有更稀奇的事兒？」林如海連忙問。

老太太便像講故事一樣地對林如海和陳素素兩人說：

「當年釋迦牟尼佛出世，放大智光明，照十方世界，地湧金蓮花，自然捧雙足，一手指天，一手指地，周行七步，眼看四方說：『天上天下，唯我獨尊。』孫女兒只是望著我，還沒有說話呢！」

「娘，真有這種希奇事兒？」林如海將信將疑地說。

「娘還會捏造個故事哄你們不成？」老太太笑著反問。

「釋迦牟尼佛要是生在我們這兒，那真會滿城風雨呢！」

「我們這地方沒有這種大福報，所以釋迦牟尼佛不會降生到這邊來。」老太太說：「兩千多年前，我們這邊還是蠻荒呢！我們祖先移到這兒才不過三四百年。當初就有不少先人被獵頭族出草殺掉。雖然釋迦牟尼佛的父親是淨飯王，他一出生就是太子，但有眼不識泰山的人多，誰保得住呢？」

陳素素不知道釋迦牟尼佛原來是太子，聽了肅然起敬，林如海卻欣慰地說：

「照娘這麼說來，女兒一出生就睜開眼睛看世界，現在又看您，這就不足為怪了？」

「這是喜事一樁，有什麼好奇怪的？」老太太笑說。

「娘，那她是像您說的有些宿慧了？」

「看她這模樣兒，是有些來歷，決不是初世為人。」老太太肯定地說。又指指孫女兒的兩眼，「你看她的眼睛像朗星明月，又清如秋水……」

老太太還沒有說完，林如海就搶著說：

「娘，您看她的雙眼皮兒還真像您呢！」

「娘老了！」老太太淡然一笑：「她的眼神比我的好，又是一雙鳳目。」

「娘，好在她現在還不懂事，您也不要把她捧得太高了。」

「我何曾捧她？」老太太望著兒子一笑：「她生來就是如此，連她的鼻子也比我的高。」

林如海又湊近些看，老太太指著孫女兒的鼻子說：

「鼻樑雖然還沒有拱起來，但已經成形，自山根下來，氣勢很壯，準頭、蘭臺、廷尉都很豐滿，一脈相連，承接得很穩，說不一定日後還會長成一個通天鼻呢！有這樣的鼻子的人，至少一身錦繡，吃香的、喝辣的。」

「娘，照您老人家這樣說來，鼻子是主衣食的了？」林如海看看女兒又望著母親說。

「不錯！」老太太點點頭，「鼻子不但主衣食，更主貴賤和人品高低。」

林如海從來沒有聽過這種說法，自己也不明白個中道理，不禁輕輕一笑說：

「娘，那怎麼看得出來？」

「江湖術士看形，高人看心。」

「娘，您老人家真是愈說愈玄了！」林如海笑了出來。「心怎麼看得到？」

「不玄，不玄。」老太太親親孫女兒的鼻子笑說：「從外表看，如果山根隆起，鼻樑挺直，準頭、蘭臺、廷尉豐滿，不但身體健康，很少疾病，而且富貴雙全、婚姻美滿。」

「娘，那心又是怎麼看呢？」

「相書上說：『有諸內必形諸外。』內外是一致的。如果有這種鼻子的人，也必然心地善良、人品高尚，福自天來，人生自然美滿。」老太太一邊說又一邊指指孫女兒兩眉之間的部位給林如海看：「這叫做印堂，你看看，她的印堂好寬廣好飽滿，這孩子一定心胸寬廣、仁慈、度量大，決不會小心眼兒。」

「那就好！」林如海頭一點：「娘，我最怕男人女人小心眼兒。」

老太太又翻翻孫女兒的兩耳來看，她一看到兩耳垂珠不禁連說：「難得！難得！」

林如海不禁笑問：「娘，難道這又有文章？」

「你看，她兩耳既長，耳珠又厚又大，福、壽、名望、智慧，盡在其中。」

「娘，」林如海高興地叫了起來：「她這兩隻耳朵更像您老人家的了，起先我怎麼沒有注意到呢？」

「你可看走了眼了，她的耳朵也比我的好。」老太太笑說。

「娘，我分不出來。」林如海搖搖頭：「好在那裏？」

「我的耳肉沒有她的厚，耳珠兒也沒有她的這麼大、這麼圓。她將來成人了，那氣象會更不一樣。」老太太輕輕抖幌著孫女兒，笑著對兒子說：「你看廟裏的許多佛像，有那一尊不是兩耳垂珠的？再看看社會上福壽雙全、名揚四海的人，又有那一位是耳小無珠的？所以整體看來，孫女兒真是難得的好相。」

「娘，當年釋迦牟尼佛既然一生下地就能走路，就能說那種大話，有沒有人替他看過相呢？」林如海問。

「怎麼沒有看過？」老太太大聲說：「他父親淨飯王特別請了一位仙人阿私陀來看太子的相，仙人看後說太子悉達多身具三十二相。如果不出家，就會統治全印度。若是出家，一定是三界的導師。」

「太子的口氣很大，很顯然是真命天子，後來又怎麼出家呢？」

「太子在五百世前就是忍辱仙人，也就是如來佛。」老太太解釋，林如海從她手上接過女兒交給陳素素抱。「他這次降世是乘願下來度眾生的，所以看相的仙人說他可以當三界的導師。不過要當三界的導師談何容易？還是要苦修一番才行。」

「娘，我真不明白，既然太子五百世前就是忍辱仙人、如來佛，再降世度人，為什麼還要苦修呢？」林如海問。

「因為娑婆世界和淨土不同，娑婆世界是穢土，縱然是佛、菩薩轉世為人，也會像一朵鮮花掉進垃圾坑裏一樣。修行就是清洗這個身心，使它慢慢恢復本來面目。所以悉達多太子苦修十六年，得道後知道人人都有佛性，不修行就會退轉、就會淪為眾生，那怎麼能度人呢？」

「娘，您這樣說我就懂了！」林如海點點頭。

「你看那些大富大貴甚至當皇帝、總統的人，大多只知道在娑婆世界享受福報，盡情揮霍，甚至作惡造孽。一旦福報享受完了，自然墮入下三道輪迴，很難再世為人了。」

「娘，這樣說來，做人已經很不容易了？」

「真的是人身難得，佛法難聞。」老太太點點頭。

「娘，我們這個社會真像個大糞坑，不知道坑了多本性很好的人？」

「所以輪迴很可怕。」老太太歎口氣說：「我們應該好好地珍惜這一生。」

「娘，您說明月有些來歷，顯然她的造化比我好，我真怕糟踏了她？」

老太太首先在沙發上坐下，緩緩地說：

「現在她還小，來日方長，我們可以好好考量。」

林如海也輕鬆許多，便對陳素素說：

「您先抱她走，我還有事兒和老太太商量。」

陳素素走後，老太太才問兒子，媳婦怎麼沒有一道過來？林如海回答：

「她身體有些不舒服，醫生要她住院幾天看看，還沒有回來。我怕掃了娘的興，所以沒有提起，請娘包涵包涵。」

「她這是第五胎，怎麼會不舒服？」老太太沉吟起來：「是不是產後熱？」

「醫生還不能確定。」

「產前檢查有沒有其他徵兆？」老太太小心地問。

「醫生說一切正常，產後她覺得精神不好，所以醫生要她住院觀察，我想不會有什麼大問題。」

老太太也以為不會有什麼問題，林如海便對母親說：

「娘，靈鷲山的慈恩山莊昨天裝修好了，您那天搬過去？」

老太太現在住的是市中心「正大」工業集團總公司二十層大樓的十九樓，設備雖然是第一流的，但她喜歡大自然、青山綠水，不喜歡車水馬龍的鬧市，住在大樓裏曬不到陽光，呼吸不到新鮮的空間，房間再寬敞也像住鴿子籠一樣，她甚至懷念過去苦日子裏在山邊種空心菜、地瓜的生活。林如海自己也覺得童年那種打赤腳到處跑的日子自由自在，在污泥裏抓泥鰍也很好玩。他很能體會母親的心情，所以在她六十歲那一年便在靈鷲山買了一塊兩千多坪土地，興建慈恩山莊奉養母親，自己空閒時也可以度度假，輕鬆一下。地點老太太也看過，周圍樹木多，風景不錯。雖然沒有綠水，但設計了一座小型游泳池。建築、庭園都是請專家設計的，四周還有圍牆，安全由萬全保全公司負責。「正大」總公司和他們簽了合約，慈恩山莊也抱括在內，由萬全公司負責警衛。十天前老太太還去看過，十分滿意，尤其是佛堂比大樓裏的寬敞，格局、氣氛都莊嚴。老太太聽說內部都裝修好了，便對兒子說：

「只要你選好了日子，隨時都可以搬過去。那些人跟我過去？你安排好了沒有？」

「遵照娘的意思，我讓明月隨您老人家一起去，那邊環境好。陳素素細心、文靜，兒子也是信得過的，就讓她當明月的保姆，娘看怎樣？」

老太太知道陳素素是兒子辦公室的老工友，林如海也時常打發她送東西來。她對陳素素的印象也很好，自然點頭。不過她又關心地問：

「那她的工資怎麼算呢？」

「和她在公司的待遇一樣，我另外再加她五成津貼。」

「這樣會更貼心。」老太太點點頭：「照顧明月比侍候你費心。」

「娘，不止是照顧明月，我也請她一道照顧您老人家。」

「我不必別人照顧，我自己會照顧自己。」老太太搖頭，她住在大樓裏除了飲食是大餐廳弄好了另外送來，衣服由洗衣房收送外，她不用人侍候。

「娘，住在這座大樓裏是一切方便，什麼都有。住在山上是過家庭生活，洗衣、弄飯、打掃都要用人，您怎麼能再做粗事？」

「人不動不行。」老太太搖搖頭：「我住大樓不習慣，這也是一個原因。搬過去以後，我還想在花園裏闢一塊小地方種種空心菜和地瓜呢！」

林如海笑了起來，邊笑邊說：

「娘，那麼貴的土地，您種空心菜和地瓜，要賠老本啦！」

「我想這個本你還賠得起。」老太太向兒子一笑：「我看到空心菜和地瓜就像看到老朋友，感覺和別人不一樣。住在大樓裏上不巴天，下不巴地，我除了供奉觀世音菩薩念念經之外，什麼也不能做，老骨頭都快僵了。」

「娘，您老人家既然這麼說，兒子只好由您。不過我還是要派一個男工友去住，裏裏外外打掃打掃，修剪修剪花木，這些粗事陳素素是做不了的。」

「你問過陳素素沒有？她願不願意去？」

「我已經問過她了，她十分願意去。」

「只是她還年輕，也不好誤了她的終身大事？」老太太說。

「娘，她是一旦被蛇咬，十年怕井繩，我好不容易才替她解決那個難題。」

原來陳素素二十歲時就結了婚，丈夫叫冷森，是一個既未好好讀書，初中都沒有畢業，又好吃懶做，只想不費力氣發大財的狂人，漸漸地他還交上了一些和他一般口嚼檳榔，抽煙喝酒，偷雞摸狗的朋友，起初是在綠燈戶當保鑣，後來轉到卡拉ＯＫ、ＫＴＶ這些地方吃喝玩樂，胃口愈來愈大。陳素素的工資全部交給他，他還不滿足，又逼陳素素去那些地方犧牲色相，供他揮霍。陳素素不肯，有一次他對陳素素拳足交加，她本來有三四個月的身孕，結果流產了，害她好幾天不能上班，差點被開除。林如海親自找她問過，知道實情後，很同情她，將她留下來，她卻對林如海說要離婚。

「妳丈夫同意嗎？」林如海問。

「他同是同意了。但是要我給他一百萬贍養費！」陳素素哭了起來。

「竟有這樣無恥的男人！」林如海罵了一句，「妳又怎麼拿得出來一百萬呢？」

「董事長！請您可憐我！」陳素素哭著跪在林如海的面前：「我情願將自己押給公司，請您開恩替我墊這筆錢，我只要有飯吃就行，其他的工資，全部照扣，十幾年大概可以扣完吧？」

林如海沒想到會遇上這個麻煩。他正在沉吟時，陳素素卻磕頭如搗蒜地哭說：

「董事長，如果您不開大恩救我，我真活不下去了，縱然不被那個沒良心的賣掉，也會被他打死……」

林如海叫她起來，要她照常上班。陳素素走後，他將公關主任王培林找來，將陳素素的困難告訴他，同時徵詢他的意見。王主任說：

「如果站在公司的立場來說，這純屬個人私事，公司不必插手。如果董事長另有考慮，那又當別論。」

「我覺得陳素素是個弱女子，在公司幹了十來年，現在遇到這麼大的困難，也不宜袖手旁觀，您說對不對？」

王主任反應很快，連忙說：

「如果董事長願意伸出援手，那當然是一件大好事兒。俗話說：『救人一命，勝造七級浮圖。』何況老夫人又信佛，慈悲為懷，如果能夠擺平，自然兩全其美。」

「那就麻煩您去同梁顧問梁律師商量一下，他是內行，交遊也廣，我相信他能擺平。不過陳素素的丈夫是個無賴、小混混和黑道也一定有些瓜葛。離婚一定要經過法院公證，最少也要梁律師正式簽字，不能私了。萬一非錢不可，最好也請梁律師討價還價。」

「錢的事兒董事長能不能說個上限？」王主任望著林如海說。

「王主任，您看呢？」林如海反問一句。

「以陳素素的情況來看，她還不起錢。因此，不管多少，都變成董事長個人的負擔。依屬下的淺見，最好不超過三十萬。」

「那就麻煩您去和梁顧問商酌商酌好了。」

這種事對梁律師來說不是什麼大案子。他依據王培林提供的陳素素的夫妻戶籍資料，要陳素素在公立醫院驗了傷，寫了委託書。但他不直接提起訴訟，他先透過「堂主」級的朋友關係，告訴冷森，冷森一看是他鬼混地段的老大，就矮了一截，願意將贍養費減半，最後梁律師真的殺到三十萬。王培林將經情形報告林如海，隨後又告訴陳素素，叫她和丈夫去地方法院或梁律師事務所辦離婚手續，錢存在梁律師那邊，要她丈夫簽好字才能給。最後還特別囑咐她：

「千萬不能說出錢是董事長給的，只能說是你自己打會、借債湊給他的。」

「梁律師知不知道內情？」陳素素小心地問。

「我已經關照過他了。」王培林說，「你照梁律師的指示做就好了。」

陳素素的丈夫冷森這幾年來已經作奸犯科不少，她約他去法院他不敢去，她也料到這一著，便和他一道去梁律師事務所，梁律師已事先和陳素素說好，一切由他安排。

他們一到梁律師事務所，梁律師便拿出已經在事務所的正式信紙上打好字的離婚協議書兩張，交給他們兩人。他們看過之後，陳素素先在她那一張上簽字蓋章，隨即交給冷森，冷森看過之後還嬉皮笑臉地說：

「妳的字寫得比我好，我正好留作紀念。」

陳素素隨即將他簽了字蓋了章的那一張離婚協議書搶過來，他又笑嘻嘻地說：

「何必這麼急？我的贍養費還沒有拿到手呢！」

梁律師也笑著對他說：

「老弟，你放心，錢在我這兒。」

「梁律師，我量她也不敢少我分文。」冷森冷笑一聲。

梁律師看他們兩人都在離婚協議書簽好字蓋好章，便對他們說：

「你們兩位各自保存好，這是有法律效力的，可別忘了到戶政事務所登記。」最後一句是看著陳素素說的。

冷森可聽不進這些話，他不問什麼法律，他心裏只想到錢，他伸手向梁律師要錢，梁律師笑著對他說：

「老弟，別急，少不了你的。」

梁律師隨即打開保險櫃，取出一個牛皮紙的大封袋，錢在封袋裏，收據也在裏面，他還將一大疊鈔票故意亮給冷森看，同時將打好字的收據遞給冷森說：

「請你簽個大名，蓋個章。」

冷森看了收據一眼，又歪過頭來看看陳素素冷笑說：

「妳給我的錢還要我簽字蓋章？」

「這可不是我每月的工錢。」陳素素生氣地回答：「這些年來，我的工錢都一五一十地交給你了，你既不給收據，也不說一個謝字，這次是我給你的贍養費，你一定要簽字蓋章，不然你不認帳。」

冷森卻嬉皮笑臉地說：

「我拿人家的錢從來不簽字蓋章的，這算是破天荒第一次。」

梁律師看他簽字蓋章之後，便將收據交給陳素素，又吩咐她好好保存，然後將錢點交給冷森，冷森放進一個小皮箱裏，梁律師笑著對冷森說：

「老弟，這三十萬塊錢是陳小姐打會借債湊給你的，得之不易，你可別三把兩把花光了，以後恐怕沒有這麼好的事兒？」

「梁律師，您別替我操心。」冷森吊兒郎當地向他一笑：「我倒要請教您：您和我們老大楊堂主是什麼關係？」

「老弟，這您就不必問了。」梁律師笑著回答：「你不知道的事兒還多著呢。」

冷森看看梁律師簡直像隻老狐狸，摸不著他的底兒，單是楊堂主就吃定他了，他自忖更翻不出梁律師的手掌心。但他拿到了錢，心裏就有說不出來的高興。他要陳素素和他一道出去。陳素素怕他搞鬼，便將離婚協議書和冷森的收據一迸交給梁律師說：

「梁律師，拜託您暫時保管一下，過兩天我有空再來拿去戶政事務所登記。」

梁律師隨即放進保險箱，她才和冷森一道出來。

他們兩人肩並肩走在一塊，分不出高矮。冷森大約三十四五歲，身高看來不過一六五公分，但身體很壯，一臉橫肉，一副滿不在乎，又透著幾分邪氣的樣子。陳素素身材比一般女性高，看來十分窈窕，一臉秀氣，透著七分善良，三分柔弱。

對面街角正好有一家不大不小的旅館，冷森突然握著陳素素的手，嬉皮笑臉地說：

「我們好幾天沒有親熱了！這時旅館的客人少，我們去休息一下。」

「你做夢？」陳素素手一甩，沒有甩掉，瞪著他說：「現在我們已經不是夫妻了！」

「俗話說：『一夜夫妻百夜恩。』去休息一下妳也不會少一塊肉，何必這麼吝？」

「少無聊！快點放手！」陳素素看到一輛公車開來，急得跺腳。

他不但不放手，反而握得更緊，而且想擁抱她、親她，她突然大聲哭叫起來，他自然手一鬆，她這才跑開，但這輛公車剛好開走，他卻在她身後大聲地嘲笑說：

「素素，妳正是虎狼之年，憋不住的，想的時候打個電話給我，我會隨傳隨到！」

陳素素又羞又氣又恨，幸好另一輛公車開到，她快步跑過去，一頭鑽進車內，鑽進人堆裏去。冷森也隨後趕來，但他上不了車，只好在車窗外面拍拍，向她拋個飛吻。她氣得雙淚直流。

陳素素回到公司之後，立即向林如海報告經過情形，但對冷森的輕薄調戲卻隻字不提。林如海替她擺平了這件事心中也很高興。囑咐她安心工作。最後還說了兩句：

「以後婚姻大事要特別小心，不要再誤上賊船。」

「董事長，這次不幸的婚姻是父母上了媒人的當，以後我不會自找苦吃、自投羅網！謝謝董事長的大恩大德！」說著她哭著跪了下去。林如海連忙把她扶起來。

但這已經是三年前的事了，林如海將這段經過告訴母親，老太太這才安心而且同情，便對兒子說：

「其實我也很喜歡陳素素，一筆難寫一個陳字，我會把她當做娘家人看待，何況你也知道，娘舅家已經沒有什麼親人了！」

# 第三章 母子相機說因果
# 傭僕有意上山莊

林如海的太太黃冬梅生了女兒明月之後，沒有同女兒一道出院，林如海起初不大介意，老太太也以為沒有什麼大問題，因為五個孩子都是順產，她也只有三十九歲，平時身體不錯，一個星期還沒有出院，母子兩人心裏不免起疑，林如海親自問婦產科王主任，王主任說他也有些奇怪，要徹底檢查一下，因此將老太太搬家的事兒也就延了下來。幸好明月的生活一點未受影響，因為她上面四位哥哥都是餵牛奶長大的，她當然也吃牛奶，而且食量大，消化很好，小臉蛋兒又紅又白，十分可愛。陳素素小心照顧，除了老太太念經、打坐、睡覺的時間之外，都要她抱在自己身邊，老太太彷彿百看不厭。陳素素看在眼裏，也喜在心裏，不禁笑著對老太太說：

「老夫人，我看明月真成了您老人家的心肝寶貝兒，連向觀世音菩薩拜拜時也抱著她一起拜拜。」

「素素，我希望觀世音菩薩多給她一些加持，多賜給她一些福慧。」老太太說：「俗話說：

明，近朱者赤，近墨者黑。』環境對人的影響很大。我上輩人都很注重胎教、家教，現在的社會文明這麼糟，電視上的一些狗顛屁股、披頭散髮、窮吼亂叫、露胸露肚、打情罵俏的男男女女的惡形惡狀，把小孩子都教壞了……」

「老夫人，您老人家不知道還有很多更壞的事情呢！」陳素素欲言又止。

「我住在大樓裏面，足不出戶，不知道的事兒自然很多。」老太太坦然一笑。

「老夫人，現在的人心太壞！」陳素素吞吞吐吐。「恐怕您老人家想也想不到。」

「素素，妳不妨說說看？」

「老夫人，我真怕褻瀆了觀世音菩薩，說出來罪過？」

「素素，觀世音菩薩無所不在，無所不知。人在做，他在看，這個娑婆世界有什麼事兒瞞得過他的？」

「老夫人，我說出來罪過，恐怕大慈大悲的觀世音菩薩也救不了這個世界？」

「素素，佛度有緣人，觀世音菩薩更會救好人。那些罪孽太重，不肯懺悔的人，自然會有報應。」

「老夫人，說起報應，有很多人一直懷疑？」陳素素望著老太太的臉上說。

「這有什麼好懷疑的？」老太太也望著陳素素的臉上說。

「老夫人，您老人家有所不知。」陳素素向老太太一笑：「外面是個人吃人的社會。臉皮愈厚，心愈黑的人，愈有辦法，錢愈來愈多，頭家愈當愈大；臉皮薄，良心好的人，處處吃虧，不少好人都走投無路，呼天不應。……」

「素素，妳是親眼所見？還是馬路新聞？」老太太向她笑笑。

「老夫人，我親眼所見的也有，報紙上登的也有，不過報紙也不敢得罪那些大頭頭，往往不指名道姓，但我們一看，便知道是誰？不過像我們這種苦哈哈，吃再大的虧也是上不了報的。反而是那些唱歌跳舞的，雞毛蒜皮的事兒全挖出來寫一大篇，還登照片呢！」

「素素，我倒是不看這種新聞的。」

「老夫人，您不看這種報紙新聞，電視您總逃不過吧？」

「自從看了那個什麼『逐』以後，我一遇上這類的節目，就會關掉。」

「老夫人，您就是關掉電視也沒有用，壞事還是愈來愈多，每天的新聞不是燒，就是搶、就是殺、就是強暴，甚至毀屍滅跡……」

「好了，好了，素素。」老太太笑著搖搖手：「幸好明月還小，不懂事，我真怕她將來長大了，這些壞事會影響她。」

「老夫人，您老人家總不能把她關在房子裏，不讓她出去？何況她還要上學呢？」

「素素，環境對於一個什麼都想知道、又似懂非懂的青少年實在太重要了。」老太太感慨地說：「從前孟母三遷，就是為了讓孟子在一個好環境中教育成人。悉達多太子為了好好修行，才在十九歲那年夜深人靜時逃出王宮，在正覺山的樹林中就苦修了六年。這還不夠，後來又在菩提迦耶地方的畢波羅樹下發誓苦修，靜坐冥想，直到三十五歲那年十二月初八午夜忽見天上明星，才豁然大徹大悟成道了。妳想想看，孟子和悉達多太子是何等樣的人？何況普通人呢？」

「老夫人，您老人家不是說明月很有慧根嗎？」

「話是這樣說，但玉不琢不成器。悉達多太子如果不在山林中苦修十六年，他怎能得道成佛呢？」

「老夫人，您老人家也希望明月將來得道成佛嗎？」素素看著明月，又望著老太太說。

「素素，世界無常，人總難逃生、老、病、死。得道成佛雖然不易，但我很珍惜她那一點慧根。我會盡量引她向善，皈依三寶，也希望她上學時遇上好老師，出淤泥而不染。」老太太一面看著孫女兒一面對陳素素說。

「老夫人，聽您老人家的話，我覺得您老人家的學問好大，我從來沒有聽別人這麼說過。我想您老人家一定遇過好老師的。」陳素素以前沒有和老太太這麼親近過，更沒有談過多少話，今天老太太完全沒有把她當做外人、下人，彷彿一家人閒話家常似的，她不免好奇地問。

「素素，我沒有受過什麼新教育，『豆芽菜』一根也認不得，只認識幾個方塊漢字而已，那有學問？」老太太淡然一笑：「不過我父親倒是一位好老師，他還教我怎樣做人做事？如海的父親過世之後，我就皈依了印空老法師，他對我的開示教誨，使我在茫茫大海中找到了正確的方向。觀世音菩薩也暗中給我很多加持，增長了不少智慧。此外我自己讀佛經也開悟不少，如此而已。」

「老夫人，以後我可不可以和您一道拜觀世音菩薩？」陳素素看了觀世音菩薩立像一眼，笑問老太太。

「當然可以！」老太太笑著點頭。「觀世音菩薩又不是我一個人的。妳能信觀世音菩薩那是妳的福報。」

「老夫人，大概我前世造了不少孽？這輩子才受許多罪。」陳素素感慨地說：「要不是董事長開大恩，我不被那個沒良心的賣給綠燈戶，也會被他逼死、打死，不知道董事長跟您老人家講過我的事情沒有？」

「董事長說妳很好。」老太太一語帶過。

林如海突然走了進來，有點頹喪地對老太太說：

「娘，剛才我接到醫院的電話。」

老太太看看兒子的臉色，稍後才問：

「是不是冬梅的事兒？」

「是。」林如海連忙點頭：「娘，事情不大妙，這真沒有想到！」

「你直說好了，不要吞吞吐吐。」老太太鎮靜地說。

「醫生說，可能是癌。」

老太太不免一怔。隨後又問：

「在什麼部位？」

「胰臟。」林如海回答。

「怎麼事先沒有一點徵兆？」

「醫生說胰臟癌不容易發現，一發現了就相當危險。」林如海一臉愁雲：「我有一個朋友，平日好好的，看來十分健康，偶爾有兩天不大舒服，去醫院看病，醫生就要他住院檢查，一檢查，才知道是胰臟癌，不到兩個月就去世了！家人朋友到現在都不肯相信。」

老太太半天不作聲。林如海望望女兒對母親說：

「娘，您既然說明月有福慧，照理她不該這麼小就失掉娘？」

「生死大事是各人的因果，這與明月的福慧無關。」老太太說。

「娘，這我就不大明白了？」林如海望著母親一臉惶惑。

「萬一冬梅不幸，也不足為奇。」老太太向兒子解釋：「釋迦牟尼佛出生十七天，他母親摩耶夫人就去世了。我們不能說釋迦牟尼沒有福慧是不是？」

林如海和陳素素完全不知道這個故事。林如海聽了母親的話，立刻解開了疑團，又看了女兒明月一眼，老太太接著說：

「萬一冬梅不幸，對明月也毫無影響。你會照顧她，我這個祖母也會照顧她，何況還有素素日夜照顧，她比你幼年喪父、完全依靠我這個苦守寒窯的寡母，不知道要幸福多少倍呢？」

林如海聽了悲喜交集，立刻站起來向母親一鞠躬說：

「娘，真虧了您，兒子能有今天，全是您的恩賜。」

「這也是你自己的造化，前世修來的。」老太太坦然一笑。又轉身對陳素素說：「素素，董事長白手起家，大概妳也知道吧？我也不必瞞著你說話。人只要良心好，肯努力，必有好報。俗話說：『天公疼憨人。』妳知不知道這句話？」

「老夫人，我自幼就聽過，只是心裏總有些懷疑。」陳素素說。

「沒有什麼好懷疑的。」老太太笑說，又指指兒子：「他可不是我揑造出來的。」

陳素素看著他們母子兩人肅然起敬，又感激地說：

「老夫人，我也不知道您們是幾世修來的，如果不是我在公司裏工作了十來年，又承董事長親自解決了我的困難，我還真難相信呢！」

「素素，人與人之間無非因緣，大家在一個屋簷下就很難得。」老太太對陳素素說：「不但明月和我們有祖孫父女因緣，連妳也不是無緣無故和我們相聚在一起的。」

「老夫人，我還不明白這些道理，以後我要好好地跟著您老人家學學。」陳素素恭敬地說。

林如海從她手中抱過女兒看看，又對老太太說：

「娘，她和老大明仁相差十八歲，和老四明智也相差十歲。本來我以為冬梅不會再生，真沒想到她突然闖進我們林家來了？」

這時明月又突然睜開眼睛望著他，他高興地對母親說：

「娘，她是不是聽懂了我的話？」

老太太看她那模樣兒也好笑，用手指摸摸她的小臉蛋說：

「不管她懂不懂？你們這父女緣是解不開了。」

「娘，那您老人家以後真不寂寞了！」

「這就是人生！」老太太笑說：「我們既然來到這個娑婆世界，就不能不扮演各種角色，不論角色好壞，我們只要各盡本分，把自己的角色演好就行。」

「娘，照您老人家這樣說來，人生就是個大舞臺了？」

「不錯。」老太太點點頭。「本來人生如戲，不可太執著。最要緊的是我們各盡本分，不可亂來。演頭家的一定要像個頭家，演伙計的一定要像個伙計，如果自己的角色沒有演好，又搶別人的角色來演，一定天下大亂，官兵強盜不分，那怎麼成？」

「娘，您說的有理！」林如海連忙點頭：「不過我有一位頭家朋友並不是這樣的。」

「他是怎樣當頭家的？」老太太笑問。

「娘，我也說不清楚。」林如海搖頭苦笑：「他的心思誰也猜不透，說話做事完全是憑個人好惡和興之所至，不按牌理出牌。不該他做的他做，不該他說的話他說。」

「那豈不鬧笑話？」老太太望著兒子說。

「笑話是鬧過不少，但他會要公關否認，不承認那是他自己說的話。」

「那誰會相信他呢？」

「因為他也是伙計出身，大家都希望他能為伙計們爭點面子。」

「這也是人之常情，現在怎樣？」

「他自己是風光了。」林如海笑笑：「不但面子十足，口袋裏更麥克麥克了。」

「什麼麥克、麥克?」老太太不懂，不禁笑著白了兒子一眼。

「娘，恕我又說溜了嘴!」林如海也自責地一笑：「您老人家不懂就裝糊塗好了。」

陳素素念過初中，他知道這個拼音字是什麼意思?看著林如海和母親打啞謎，那樣子很好笑，她忍不住笑了起來。老太太覺得有點蹊蹺，不禁笑著問她：

「素素，妳笑什麼?」

老太太歪著頭這一問，那樣子有些滑稽幽默，素素更忍不住笑，捧著肚子跑出去了。幸好明月在林如海手中。

老太太看陳素素捧著肚子笑得喘不過氣兒，也笑了起來。林如海心裏清楚，嘴裏卻不便說出來，怕一說出來母親會取笑他，因此悶在心裏笑。

陳素素笑出了眼淚，一邊擦眼淚一邊走進來，老太太笑著問她：

「素素，妳和董事長拉什麼西洋片兒?要我老太婆是不是?」

陳素素正想解釋，林如海故意向她搖手，又向母親說：

「反正這是人家的事兒，和我們三人無關，打個啞謎兒豈不更好?免得褻瀆了觀世音菩薩。」

「你說的也是。」老太太笑著順水推舟：「觀世音菩薩是瞞不住的，反正我還沒有修成六通，糊塗一下也少些煩惱。」

陳素素看看老太太那副自在的神情，幽默的態度和話語，覺得真是一位高人，以前一點也看不出來。只是她說的「六通」她不懂，因此好奇地問。

「老夫人，您老人家真是真人不露相，恕我以前有眼無珠。剛才您老人家說的『六通』我不懂，可不可以教我一下。」

老太太笑而不答，林如海也連忙說：

「娘，我也不懂，您可不可以解釋一下？」

「你剛才和我打啞謎，現在我也只好有樣學樣了。」老太太向兒子笑笑。

陳素素看老太太那副貓兒戲老鼠的樣兒又想笑。林如海連忙止住她說：

「妳可別再笑，不然她老人家不會講。」

「她笑我不會講，哭我也不會講，不講就是不講。」老太太的語氣和模樣兒又逗得陳素素笑了起來。林如海也止不住笑，老太太卻冷眼旁觀，一點不笑。

「娘，您今天是存心要猴子了？」林如海笑著對母親說。

「人生苦多樂少，娘年紀大了，就怕看苦瓜臉，倒不是耍猴子。」老太太笑著說。

「老夫人，那您老人家就行個方便，解釋一下好了，也讓我開開竅。」

「素素，這恐怕比董事長的『麥克、麥克』難解釋多了，董事長都留一手，我更不能隨便露。」

陳素素想笑沒有笑出來，林如海卻先笑了。隨後又止住笑說：

「娘，您剛才還說不是耍猴子，怎麼又耍起兒子來了？」

陳素素終於又笑了一聲。老太太輕輕地對她說：

「董事長手上的籌碼多，我只有這一個法寶，我們女人又是弱者，妳說我怎麼能獻出來？」

陳素素又噗哧一聲笑彎了腰，笑得全身直抖。林如海看了也忍不住笑說：

「娘，猴子不要再耍了，以後我不再和您老人家打啞謎兒就是。」

老太太從兒子手上接過孫女兒明月，在她的小臉蛋上親了兩下說：

「我還是留著日後和明月當悄悄話講，不讓別人知道。」

林如海和陳素素看了都好笑。林如海突然想起印空老法師。他一直住在深山古廟裏，交通不便，汽車不能進去，摩托車也很難走，林如海本來想供養他，他又不接受供養，要他捐給窮人，多做善事。他生活簡單，頂多一天吃兩餐，每餐一小碗，有時一入定，幾天都不吃東西，只有一位徒弟覺圓跟著他苦修，一直不肯離開，其他兩位徒弟覺海、覺性都先後離開了。在佛教界他還有幾位師侄，知道他是高僧，但他從不化緣蓋廟，更不當什麼理監事、會長。和那些愛收達官貴人做弟子，又常在大都市舉辦祈福大會，弘法大會的大和尚天天上電視、上報紙的很不一樣，因此他的名氣反而不如那些晚輩響亮。

有一次一位有錢的土財主，想捐一筆香火錢，在寺裏設長生祿位，他卻對那位土財主說：

「施主，救濟苦難的人比設長生祿位好。善有善報。」

那位土財主心裏不高興，香火錢沒有捐出來，拿去蓋了一座土地廟。印空無奈地對徒弟說：

「求福報的人多，求解脫的人少！」

陳珠是在丈夫過世不到兩個月，還有熱孝在身，在生死兩難的情況下揹著林如海走進深山，在廟前更是一步一拜拜進廟裏，印空已先盤坐在破蒲團上等她。陳珠一看到他更是雙淚直流，連連叩頭，印空要徒弟扶起她，她哭著說：

「請求師父慈悲，讓弱女皈依師父，弱女情願追隨師父在深山修行，早日解脫。」

他答應她皈依，但是不讓她在深山修行，他對陳珠說：

「你塵緣未了，日後還有大福報，不必在深山跟我苦修。從現在起，你要吃全素、守五戒、每天打坐、供奉觀世音菩薩、多念《阿彌陀經》、《心經》、《金剛經》。」

他隨即領她拜佛，給她灌頂，教她如何打坐，又告訴她五戒，教她照念：「不殺生、不偷盜、不邪淫、不妄語、不飲酒。」

她念熟了，他又對她說：「記住我給妳取的法號是覺慧。我承認妳是我的在家弟子。山路不好走，時間不早，妳早點回去，好好地教導兒子。」然後又摸摸林如海的頭，林如海什麼都不知道，他早伏在陳珠的背上睡著了。

印空吩咐徒弟覺圓取了淨土五經、《金剛般若波羅蜜經》和《般若波羅蜜多心經》交給陳珠，陳珠跪著接受。他叫她起來，又囑咐她：

「修行重在修心，身、口、意最要乾淨，切不可有貪、瞋、癡心！」

然後鄭重吩咐覺圓送她們母子下山。陳珠走了十幾步突然回過頭來望了一眼，看見印空瘦乾乾的身體站在斑剝的菩提寺門口，彷彿未食人間煙火似的，和城市裏的一些胖和尚完全不一樣，她不由自主地掉下淚來。

她回家後心情安定下來，和林如海相依為命，彷彿有一股無形的力量加強了她求生奮鬥的勇氣和教養兒子的信心。

林如海八歲時曾和母親去看過印空法師一次，印空的樣子他還記得，但他不明白母親為什麼要去深山皈依他？印空法師看起來反而沒有城裏的法師神氣，菩提寺也比別的佛寺小得多，他更瘦，袈裟還打了補釘，因此他不禁懷疑地問：

「娘，您說您還沒有六通，印空師公應該早六通了吧？」

「印空師父是真正的出家人，他苦修了一輩子，比釋迦牟尼佛苦修更久，自然六通了。」老太太點點頭：「不然那些大法師怎麼會看得起他呢？」

「他多大年紀了？」

「如果我記得不錯，他住世應該九十五年了。」

「哇！好長的壽！」陳素素驚歎地說。

「印空師父真的修到心無罣礙，無執無染。」老太太說：「我希望他多住世一段時間，日後我好帶明月去皈依他。」

「娘，城裏的大法師不少，萬一印空師公圓寂，明月也可以皈依別的大法師。」林如海說。

「你不知道，大法師雖然多，但是明師難得。」老太太說：「修行不是趕大伴兒，明師有自己的體驗、證悟，還有加持力，不是幾百上千人一道皈依、剃度就行的。」老太太說。

「娘，我記得八歲那年您帶我去看印空師公時，他那樣子很瘦、很土，一身破舊的灰袈裟，那有城裏穿黃袈裟、紫衣金綬的大法師們那樣神氣？」林如海說。那年他已經上小學了，比從前懂事。

「人不可以貌相，何況法師？」老太太嚴肅地說；「娘有今天，就是印空師父給我開了竅。」

「娘，可惜我太忙，心也靜不下來，不然我也想皈依。」林如海說。

「你雖然還沒有皈依，當年我皈依時你也一道受了加持。」

「娘，那我真是托您的福了。」

「多少也是你自己的因緣，不然白手起家真不容易。」

大餐廳的廚司趙燕民送飯過來，他是一位年齡最長的廚司，四十多歲，是一位「榮民」，一口京片子，很有禮貌，據說家世很好。他當廚司是半路出家的，並未拜師習藝，他的手藝完全是在自己家中吃出來的，而且葷素不拘。當年他倉卒跟著部隊跑出來時，隨便補了一個伙頭軍的缺，長官很喜歡吃他弄的菜，他便成為「小灶」中不可或缺的高手。直到那位長官官運不通，因案撤職，凡是跟隨那位長官的人也都退的退、遣的遣，有的還吃了大虧，脫不了身。他幸好只補了一個伙頭軍的缺，便借機會平安下來，自謀生活。起初在一個外地人開的小吃店裏掌廚，幾個月後才有人介紹他到林如海總公司的大餐廳裏工作，這邊工作安定，有吃有住，待遇比伙頭軍高出十幾倍。反正一時回不了老家，他就安分守己地工作。他的手藝不錯，林如海也喜歡吃他弄的飯菜，並指定他負責老太太的素食。

他將四菜一湯擺上漆得發亮的絳色小圓桌，四菜是：

香菰竹筍燒腐竹

海帶焖素火腿

糖醋炒嫩藕

葫蘿蔔焖草菰

湯是蘆筍豆腐湯。另外還有一小盤削好的水果黑珍珠蓮霧。菜是用四個中盤盛的，湯也用中碗。林如海看看菜色配得不錯，也顧到了母親的營養和牙齒。飯是薏仁蕎麥混合煮的，用的是兩人份的小電鍋。

林如海看了飯菜後又問母親：

「娘，這份飯菜合不合您的口味？」

「老趙的手藝很好，我還弄不出來呢！」老太太誇獎老趙說。

「娘，那就請他隨您到慈恩山莊去怎樣？」林如海問。

「大餐廳裏少得了他嗎？」老太太反問一句。

「娘，這您放心，我會要總務科調配安排。」

「你也得問問老趙自己？看他願不願意？」老太太說。

「老夫人，只要您老人家看得起，我有什麼不願意的？」老趙不待林如海發問，便先接嘴。

「老趙，你真是個爽快人！」林如海拍拍他的肩說：「我就喜歡你這種北方漢子的性格。」

「董事長，我在公司也有不少年了，我雖是下人，也很敬佩您一是一，二是二，不拐彎抹角兒。」老趙爽直地說。

「老趙，我知道你幹這份工作，不免有些委屈，但是從來沒有人聽見你抱怨過一句，更沒有過摔盤子砸碗筷的事兒。這真難得！」

「董事長，那樣作成何體統呢？」老趙反而向林如海一笑：「人應該安分，好漢不提當年勇，何況時代變了，我早已不是當年趙家的大少爺了，有什麼好抱怨的？」

林如海想到電視上那些大大小小的民代打架，掀桌子的鏡頭，真不知說什麼好？老太太卻說：

「老趙，你平日少說話，我也不清楚你的身世，你這幾句話好令人起敬！」

「老夫人，您過獎了！」老趙向老太太哈哈腰說：「我能侍候您老人家也算是我的造化。」

「老趙，您這樣說我就不敢當了！」老太太連忙笑著看向他搖手。

林如海連忙打岔，又拍拍老趙的肩說：

「那我們就這樣一言為定好了！你的薪資照舊，另外再加百分之五十的津貼。陳素素也去。

老太太生活簡單，你們三四個人的伙食不算麻煩，院子裏的花花草草就麻煩你三兩個禮拜修剪一下，落葉打掃打掃，慈恩山莊就是你們幾位的天地了。你看怎樣？」

「董事長，您和夫人不去住？」老趙問。

「我的事情多，又常出國，只能偶爾去看看老太太，我還沒有到退休的年齡，怎能在山上享福呢？」林如海稍帶感慨地說。

「董事長，您這樣說來，倒是我這個下人陪老夫人在山上享福了！」老趙不禁向林如海一笑：「怎麼好意思再要您津貼百分之五十呢？」

林如海也高興地一笑，又拍拍老趙說：

「這你就別客氣了！只要『正大』的金字招牌不跨，豈在乎加你百分之五十？」

老太太聽了他們的話，心裏十分高興，連陳素素也很開心，她和老趙不熟，真沒有想到娑婆世界還有這樣的人？那以後就好相處了。

「董事長，但願『正大』的金字招牌天長地久，恕我剛才放肆，我先走一步，等老太太用完了，我待會兒再來收拾。」他向林如海母子一鞠躬，轉身走了出去。

林如海本來想走，又高興又感慨地坐了下來。笑著對母親說：

「娘，這我就放心了！原先我還不清楚老趙究竟是怎樣的人？我首先考慮本鄉本土的廚子，剛才我只是見機而作地試探一下，想不到是這樣的圓滿。」

「我也沒有想到？」老太太也高興地坐下說。「平日他送飯菜來，雖然很有禮貌，可是很少說話。我也不便多問。看來人與人之間，不能先有成見。」

「老夫人，連我也放了心。」陳素素乘興插嘴：「我真怕遇到一個不通氣不搭調的人，那就不大好相處了。」

「看來老趙的家世真的不錯，教養也很好，他安分守己地當了這麼多年廚司，我真有些替他抱屈，也很佩服他這分涵養。」林如海又感慨地說。

「世界無常，人生無常，看得透的人，才能隨緣、隨遇而安。看不透的人，才會怨天尤人，才不會安分，甚至不擇手段，去偷去搶。那些有知識、有能力的人，更會巧取豪奪。弄得年輕人都說什麼『只要我喜歡，有什麼不可以』？『愛拚才會贏』。這個娑婆世界怎麼不亂？」老太太忍不住說。「他們怎麼一點也不反省？」

「娘，我聽過孟真如教授說：『反省也要靠學問和良心。』沒有真學問，又沒有良心的人，就缺少反省能力。他們念念在權和錢，怎麼會像曾子那樣『吾日三省吾身』呢？」林如海近年來常請學者到公司講演，每次他都注意聽講，那次孟真如的講演他還記得很清楚，別人卻不大在意。

「這種說法很有學問。」老太太幼年背過四書，到現在她還記得曾子說的那句話，她自己也常這樣反省。「只是現在的人大多把過錯推給別人，將功勞歸給自己。」

「娘，這就是沒有良心！」林如海的手在茶几上不輕不重地一拍。

「當年印空師父要我每天打坐，我猜一方面是要我反省，一方面是消除業障。」老太太說：「所以修行人犯錯就少了，即使犯錯，每天都可以懺悔，比反省更進一步。」

「老夫人，以前我那個沒良心的丈夫就從來不知道什麼是反省？」半天沒說話的陳素素，終於忍不住說：「這種人一旦當道，那就官兵強盜難分了。」

「素素，妳真是一日被蛇咬，十年怕井繩。」林如海向她一笑：「現在他就找不上你了。」

他們只顧談話，老太太也忘了吃飯，直到趙燕民再來收拾碗筷，林如海才警覺地站起來對母親說：

「娘，飯菜都快冷了，要不要重新熱一下？」

老太太笑著搖搖頭說：

「我不是金枝玉葉兒的，熱的怕燙了，冷的怕冰了，我這一身老骨頭還夠撐呢！」

大家聽了都很高興，林如海更高興，他又笑著對趙燕民說：

「老趙，我們就一言為定了。」

「董事長，聽您的吩咐。我也一言既出，駟馬難追。請問那天搬上山去？」

「快了，快了！」林如海笑著走出去，素素抱著明月緊緊跟著。

# 第四章　素女誠心詢淨土
# 孝男順口說觀音

林如海原配黃冬梅，在女兒明月滿兩個月的次日，病逝醫院。林如海的母親要去見最後一面，他覺得太太只剩皮包骨，不是原來的模樣，看了徒增感傷，何況老太太年紀大了，不宜看死人。因此，委婉地懇求母親不要去，由他和陳素素帶女兒明月去見最後一面，老太太只好同意。林如海帶領陳素素和女兒看過遺體之後，讓陳素素先帶著明月回來，他和兒子們一道護送遺體至太平間暫停，然後冷藏，以便擇日家祭、公祭、出殯。

陳素素帶明月回來之後，就到佛堂來看老太太。老太太先抱著明月向觀世音菩薩拜拜，又跪著念〈往生淨土咒〉：

南無阿彌多婆夜　哆他伽多夜

哆地夜他　阿彌利都婆毗

阿彌唎哆　悉耽婆毗　阿彌唎哆　毗迦蘭帝
阿彌唎哆　毗迦蘭多　伽彌膩　伽伽那
枳多迦隸　娑婆訶

其實陳素素帶明月去醫院時，老太太就一直跪在觀世音菩薩聖像前替媳婦念〈往生淨土咒〉，念了無數遍，希望她早些往生淨土。

陳素素不知道老太太念的是什麼經？她聽得出聲音，但一句也不懂。老太太抱著明月念了好多遍，起來之後，才把明月交給她。她笑問老太太：

「老夫人，您剛才念的是什麼經？我一句也聽不懂？」

「素素，這不是經，這是〈往生淨土咒〉。」老太太搖搖頭坐下。

陳素素聽老太太這一解釋，才明白她念〈往生淨土咒〉的意思。因此試探地問：

「那老夫人是希望少夫人早些往生淨土了？」

老太太點點頭。陳素素又好奇怪地問：

「老夫人，淨土在什麼地方？」

「淨土就是西方極樂世界。」老太太回答。

「老夫人，我也聽人家說過極樂世界，但一問起極樂世界是怎樣的世界？說的人也搞不清楚。極樂世界對我好像是個悶葫蘆？」

「這是因為妳沒有讀《阿彌陀經》的關係。妳要是讀過自然就明白了。」

「老夫人，聽說佛經很難懂，所以我碰都不敢碰。」陳素素縐縐眉說。

「素素，《阿彌陀經》倒不怎麼難懂。」老太太向她笑笑：「尤其是極樂世界，是釋迦牟尼佛告訴長老舍利弗，說他從西方經過極樂世界，看到的種種情形，就像妳在這座大樓裏這麼多年，告訴別人大樓裏的情形，欄杆是什麼材料做的？地上和走道是什麼材料舖的？水池是怎樣的？……這不是修行的問題，有什麼難懂的？」

「老夫人，您老人家修行了幾十年，又讀了許多佛經，還讀過四書，見多識廣，您過的橋比我走的路還多。請恕我沒有讀幾句書，又坐井觀天，孤陋寡聞，就請您老人家三言兩語，講一點點極樂世界的情形，我也好發發願心。……」

老太太聽她這麼說，滿心歡喜，不禁打趣地說：

「素素，妳剛才這幾句話，倒很有學問，我聽了也格外高興。妳要是真有願心，那可是大好事兒。」

「老夫人，以前我真是無知無識，這兩個月來在老夫人身邊轉轉，我也彷彿脫胎換骨似的？」陳素素也高興地說。

「這得感謝觀世音菩薩的加持，他有不可思議的力量。不然我寡婦孤兒，那會有今天？」

「老夫人說的也是。」陳素素用力點頭：「我聽說觀世音菩薩是西方三聖之一，因此，我更想知道一點極樂世界的情形。」

老太太立刻起身走到觀世音菩薩蓮花座下的抽屜裏拿出一個小本子的《阿彌陀經》來，向觀世音菩薩雙手合十作了三個揖，翻開來看了一遍才說：

「說錯了一個字都有罪過，我只敢照著經念幾句妳先聽聽，妳看如何？」

「老夫人，我洗耳恭聽。」陳素素把明月抱好，明月和一般嬰兒不一樣，很少哭，她總是安靜地躺在陳素素的懷裏。

「極樂國土七重欄楯、七重羅網、七重行樹，皆是四寶周匝圍繞，是故彼國名為極樂。」

老太太在這裏停了一下，看看陳素素，陳素素似乎懂了，她再接著念：

「極樂國土有七寶池、八功德水，充滿其中。池底純以金沙布地，四邊階道、金、銀、琉璃、玻璃合成。上有樓閣，亦以金、銀、琉璃、硨磲、赤珠、瑪瑙、而嚴飾之。池中蓮華，大如車輪……」

陳素素聽到這裏突然輕叫一聲，老太太望了她一眼，跳過一段再念：

「彼佛國土，常作天樂，黃金為地……」

陳素素又啊了一聲，老太太向她一笑，輕輕將《阿彌陀經》合起，放回原處，再坐下來對她說：

「以後妳有空時可以自己看。功德莊嚴之處還多。總而言之，極樂世界眾生『無有眾苦，但受諸樂，故名極樂』。」

「想必這就是老夫人朝如斯、夕如斯修行幾十年的原因了？」

老太太點點頭。又感慨地說：

「當年如海父親過世，家裏什麼都沒有，只留下我們孤兒寡婦，那時正是異族騎在頭上，緊箍咒兒箍得喘不過氣來的時候，我真撐不下去，實在不想活了，但又不忍心拋下兒子，因此，我才去山裏懇求印空法師收我為徒，想跟他在山上修行，早日解脫。」

「老夫人，您又怎麼沒有留在山上呢？」

「印空師父說我塵緣未盡，日後還有大福報，是他要我下山的。」

「哦！那現在是真應驗了！」陳素素高興得叫了起來。

「素素，所以我常懷感恩之心，不敢忘本。」

「印空法師簡直就是活菩薩嘛！」

「他真是我的救命恩師！」老太太點點頭：「可是他又不要我們供養，我只好努力修行來報答他。」

林如海護送太太的遺體到太平間，太平間和三等病房一般擁擠，他安排好後又匆匆趕回來，向老太太報告。老太太聽後，忽然問他：

「你先前匆匆忙忙去醫院時我忘記問你，媳婦臨終時頭腦清不清醒？」

「娘，她人是瘦成皮包骨，頭腦倒很清醒。」林如海回答。

「你事先有沒有告訴她要念阿彌陀佛？」

「當我知道她患了胰臟癌時，我就遵照娘的囑咐，要她隨時念阿彌陀佛。」

「如果她不顛倒糊塗，應該能往生極樂淨土。」老太太沉吟地說。

「娘，照冬梅平日的為人來看，雖然算不上是大善人，但絕對不是惡人。何況她受了您老人家的影響，也信佛、信因果，吃花齋，照理她可以往生西天。」

「我也給她念了不少〈往生淨土咒〉，上極樂淨土享受一段時間福報應該沒有問題。不過福報享受完了還是要再輪迴。」老太太說。

「娘，以後輪迴又不知輪到那一道了？」

「再世為人應該沒有問題。」老太太說：「也許還能遇上明師？如果能好好修行就更好。她沒有把握住這一世好好修行的機會，很可惜。」

「娘，一般癌症病人臨終時都很痛苦，但冬梅倒是很平安地走了。」

「這是她的福報，那些臨終痛苦掙扎的人，多半是既不信佛，又謗僧謗道，不孝順父母，心術不正，作惡多端的人。臨終時就有黑白無常來將他們的靈魂押到地獄審判定刑，所以他們不斷掙扎，看來很痛苦。」

「娘，如果臨終時頭腦不清醒，不知道阿彌陀佛，又會怎樣？」

「如果既不是惡人，又不是善人，就不會下地獄，當然也上不了極樂淨土。」

「老夫人，那又怎樣？」陳素素急著問。

「那就會成為無所依歸的遊魂。這就是密教所謂的中陰身。」

「那不是鬼了？」陳素素衝口而出。

老太太點點頭，又接著說：

「所以人身難得，只有人才能修行到很高的果位，超出三界，不再輪迴，不受生、老、病、死五濁惡世之苦。但是很多人都以為自己很聰明，不相信這一套，便為所欲為，不怕因果報應，最後兩腿一伸，自作自受，誰也幫不上忙，什麼也帶不走。」

「娘，人活著時要是能多到醫院太平間看看，到殯儀館走走，我看倒也是一件好事，恐怕比苦口婆心勸人修行為善還有效？」

「對了！」老太太突然問林如海：「你有沒有跟太平間的負責人說，七十二小時之內，千萬不可以將冬梅的遺體冷藏？」

「娘，太平間也在排隊，我和副院長打了招呼，他不答應。」林如海回答。「娘，怎麼要隔七十二小時才能冷藏？」

「因為人斷氣以後意識活動還未立刻停止，如果西方三聖來接引，靈魂才會跟著上西天，太早冷藏，會妨礙超生。」

「現在太平間擠得很，很難停放三天。」

「那真是病不得，也死不得！」老太太輕輕一歎。

「娘，您這話一點不錯！」林如海連忙點頭：「醫院的床位要排隊，太平間也要排隊，墓地不但少，一般人也買不起，連靈骨塔也難找到一格空位，真不知道如何是好？」

「最好是像觀世音菩薩在《般若波羅蜜多心經》中說的『……不生不滅，不垢不淨，不增不滅……』」

「娘，那又談何容易？」林如海向她苦笑。

「只要誠心苦修，像印空師父那樣，就不難達到。釋迦牟尼佛、觀世音菩薩也都是修成的。阿彌陀佛原是法藏比丘，他發了四十八大願，終於成佛，成就極樂淨土。」

「娘，我倒要請教，極樂淨土到底和我們娑婆世界有什麼不同？」

「你回來之前，我先和素素講了一點點，既然你又問起，我就再講一點。」

陳素素先前沒有聽完，現在聽老太太說要再講一點，她更尖起耳朵屏聲靜息傾聽。這次老太太手中無經，便將她記得最熟的《無量壽經》中的一段扼要地對他們兩人說：

「阿彌陀佛國土無須彌山及金剛圍、一切諸山，亦無大海小海溪渠井谷。佛神力故，欲見則見。亦無地獄、餓鬼、畜生諸難之趣，亦無四時春、秋、夏、冬，不寒不熱，常和調適……」

林如海聽到這裏，忽然高興地插嘴：

「娘，這真太好了！希望冬梅早到極樂淨土。」

「極樂淨土好處說不盡，只要行善積德，好好修行，臨終時，西方三聖自然會來接引。」

老太太說到這裏，便從素素手中接過明月。她看著老太太自然一笑，笑得又天真又美，老太太禁不住親了一下，她顯然比一般嬰兒懂事早、成長快，健康活潑。林如海看了既高興，又感傷。不禁對母親說：

「娘，她還不知道她這麼小就沒有母親了。」

「不知道也好。」老太太望著明月說：「人生除了生、老、病、死的痛苦外，生、離、死、別更是令人痛斷肝腸。」

「娘，人的壽命實在太短了，即使活一百歲，還是難免一死，這麼生生死死，輪迴流轉，真的沒有意思。不知道去了極樂淨土又能活多久？」

「阿彌陀佛又稱無量壽佛，壽命長久，不可稱計，不能窮盡。聲聞、菩薩、天、人之眾，壽命長短，亦復如此，而且聲聞、菩薩其數難量，沒有辦法說出來，人修行到了這種果位，自然了脫生死了。」老太太說：「在我們這個娑婆世界，才這樣生生死死，不斷輪迴，活著也很累。如果死後墮入畜生道，那就更糟！」

「對了！娘，」林如海雙手一拍：「有一天我去醫院看冬梅，有人送我一本小冊子，我回來坐在車上翻看，當時感慨很深，但事情一忙，就忘記對您老人家講。」

「究竟是怎麼一回事兒？」老太太問。

「是一件男女兇殺案。」林如海說。

「現在男女亂愛，報紙上幾乎天天都有兇殺案，難道你看到的有什麼不同？」老太太望著兒子說。

「娘，這件兇殺案的確有些不同，它和觀世音菩薩有關。」林如海鄭重其事地說。

「董事長，觀世音菩薩怎麼會殺人？」陳素素突然睜著兩眼問。

「素素，不是觀世音菩薩殺人，是觀世音菩薩救人。」林如海向她一笑。

陳素素也啞然失笑。老太太要兒子講給她聽，林如海抱歉地說：

「娘，恕我口拙，我講的絕對沒有別人寫的生動，說到這裏，我又覺得人光是有錢不行，筆桿兒還是有用。」

「本來是萬般皆下品，唯有讀書高。只是今天時代變了，鈔票會說話，文人走下風，抬不起頭來，要是真到了那個節骨眼兒，筆桿兒還是最會說話的。」

「娘，您說的不錯，我就是被那篇兇殺案的文章打動的。」

「我可不付談話費，你就長話短說吧！」老太太催他。

「娘，您老人家這一催，我反而不知道從那兒說起？」林如海拍拍自己的腦袋，突然想起來似的：「那女主角姓王，彷彿叫王秀琴似的，不是土生土長的，是外地逃難來的，她丈夫在船難中落海死了，她和兒子被人救上後，舉目無親，又沒有錢，她也不想活，正準備跳海自殺時，被路過的警察及時阻止，問明原因後，那位好心的警察拜託一位里長伯照顧……」

「你這個故事不動人。」老太太笑著搖搖頭：「我看您是點金成鐵了！」

林如海和陳素素都被老太太逗笑了，林如海說：

「娘，樹從根處起，說故事也得有個頭兒，您說是不是？」

老太太要他接著說，林如海卻故意欲言又止：

「娘，要不是這個兇殺案真的和觀世音菩薩有關，您老人家不論付我多少談話費，我也不講。」

陳素素比老太太還急，她真怕他不講，看看他又看看老太太，老太太心知肚明，便對林如海說：

「觀世音菩薩的故事我知道的比你多，不稀罕。你講給素素和明月聽好了。」

林如海不禁失笑，便轉身對素素說：

「那位里長是一位上了年紀的里長伯，心腸很好，暫時安頓了女主角母子吃住，又湊了一點錢給她擺個香煙攤子，這樣她和兒子就可以勉強活下去。但她才二十多歲，長此以往也無了日，因此，勸她再婚的人不少。事也湊巧，有一位路過買香煙的四十來歲的漢子看中了她，向她求婚，她不敢答應，也不敢拒絕，拜託里長伯打聽之後，才知道他是一位死了太太的漁民，沒有子女。」

「兩人的身分合不合適？」老太太忽然插嘴。

「娘，文中說女的小學畢業，男的是一個大字不識。」

「這也不過是五十步與百步，不知道兩人的性格如何？」老太太又問。

「娘，您老人家好像是要作媒的樣子嘛？」林如海不禁好笑。

「婚姻最要緊的還是性情相投，信仰一致。」老太太解釋，「不然不大和諧。」

「娘，女的自幼信佛，吃長齋，天天念觀世音菩薩聖號和〈白衣神咒〉，虔誠得很，男的好像無舵之舟，沒有什麼信仰？」

「後來結婚沒有？」陳素素急著問。

「沒有結婚就不會有這件兇殺案了！」林如海回答。

「那件兇殺案又是怎麼起因的呢？」老太太問。

「娘，男的真是一天打漁，三天曬網，加上好酒、好賭、抽煙，生活是窮湊合。他的房子本來很小，搭在路邊，又不是正式建築，不過聊避風雨而已。他嫌拖油瓶礙事，討厭那個孩子。再加上他大女的十多歲，女的又有幾分姿色，能寫會算，他一個大字不識，因此，心裏也不是味道。娘，這種情況，是不是像坐在火山口上？」

老太太雙手合十，念了一聲阿彌陀佛。陳素素卻一臉惶恐。林如海又接著說下去：

「一天晚上，男的喝了酒從外面回來，帶了一把水果刀，他的房門沒有鎖，只是用鐵扣從裏面套上，他用刀尖一刁門就開了。女的帶著兒子睡得正熟。他如夢似醉的大叫一聲，先向男孩子連刺五刀，男孩子當場死了，女的驚醒起來，他又朝女的腹部連刺五刀，腸子立刻溜了出來，其中兩條斷了，大便都從腸子中冒出來……」

陳素素早已驚嚇得目瞪口呆，臉色慘白。老太太閉著眼睛，連連默念阿彌陀佛、觀世音菩薩。林如海這時才警覺到她們兩人受了驚駭，連忙在老太太背上輕輕拍拍，道歉地說：

「娘，真對不起！我也收不住嘴，讓您老人家受了驚嚇！罪過！罪過！」

老太太大聲念了一句阿彌陀佛。又問陳素素：

「明月有沒有受到驚嚇？」

「小姐倒沒有受到驚嚇，我沒有用，現在還是心驚肉跳的。」陳素素看了明月一眼，紅著臉說。

「冤有頭，債有主。你還是講下去好。」老太太鎮定起來。

「娘，您老人家好像有先見之明似的？」林如海驚喜似的望著母親。

「我還不知道過去、未來。」老太太搖頭一笑：「不過任何事兒有因必有果，我想知道這究竟是什麼因果？」

「娘，這確實是一樁因果，是女主角親自講出來的。」

「女的沒有死嗎？」老太太忙問。

「娘，說也奇怪，女的傷得那麼重，兩臂兩肩還有十幾處刀傷，她只想救兒子，既不知道痛，也不知道逃，男的還像瘋子似的大叫要『斬草除根』，恰巧巡邏的警察經過，這才將他逮住，他還在大叫大笑……」

「後來怎樣？」老太太問。

「女的先被里長伯送到小醫院，小醫院不敢收，傷口也沒有縫，吹了幾小時的風，直到第二天中午，才到大醫院辦好手續，血也流乾了，居然還沒有死，這豈不是奇蹟？」

「其中必有原因。」老太太肯定地說。

「娘，您老人家說的沒錯！」林如海又說下去：「後來到大醫院驗血，兩耳、周身都抽不出血來，納腸縫肚時，有一部份腸子已經發炎爛了，醫生認為不能治，她又是窮人，付不出醫藥費，便亂七八糟地把腸子塞進去，把刀口縫起來。她雖然身上沒有血，人像死了一樣，但她頭腦還很清醒，她聽見值夜的兩位護士說：『這個女的過不了夜間十二點，妳要注意她死的時間。』」

「董事長，結果怎樣？」素素急著問。

「那個女的心裏一直很清楚，快死時她突然想起觀世音菩薩來，她默念觀世音菩薩聖號三十多遍，突然覺得房中有些不一樣，她用力睜開眼睛一看，本來是黑暗的房間，正大放光明，比電燈不知道光亮多少倍？房中一個人都沒有，那兩位護士以為她已經死了，早已走了，忽然她看見觀世音菩薩站在她面前……」

素素驚喜地哦了一聲，老太太也面有喜色，但未作聲，以眼示意兒子講下去。

「觀世音菩薩後面站了無數的人，都在為那個女的合十念佛。觀世音菩薩手裏拿著楊柳枝，對那個女的說：『這不是世間的楊柳枝，這是娑婆世界沒有的寶物。』隨即將楊柳枝蓋在她的腹上，因此，她立刻安睡了。」

老太太安心地一笑，素素臉上也充滿了喜悅之情。林如海便輕鬆地說下去：

「第二天法院派人來驗屍，看她好好地睡著，法官和醫生都目瞪口呆，法官不解地問醫生：『您的死亡證明是怎麼開的？』醫生一頭霧水，拍拍腦袋說：『真奇怪？我們從來沒有出過差錯！這次是不是鬼摸了頭？』法官聽了也好笑，便解嘲地說：『大概是她的福報太大了？』」

「其中一定還有原因。」老太太接著說，又示意兒子：「你再說下去。」

「那女的因為醫院草率，腸子沒有按部位放好，有的地方多，有的地方少，腸子是在肚子裏滾來滾去。後來又經過幾次大手術，十幾次小手術，剪得腸子長的長，短的短，還是沒有弄好，還有些小紗布條、線頭留在腹中，經常發炎，她只好求助觀世音菩薩，幾次夜裏夢見觀世音菩薩替她打針，才完全治好。」

老太太聽到這裏，又對兒子說：

「你只講故事，還是沒有將那個女的母子為什麼被殺？她為什麼吃這麼大的苦頭的原因說出來？」

林如海看母親有些急，他想逗母親開開心，故意說：

「娘，我已經講累了，可不可以改天再講？」

老太太也故意起身說：

「好！我替你倒一杯好龍井，給你潤潤嗓子。」

林如海連忙站起雙手作揖告罪：

「娘！不敢當！不敢當！那豈不折煞兒子了？」

「你認罪就好！」老太太笑著坐下，林如海也笑著坐下。陳素素看著更好笑，她連忙去倒了一杯茶給林如海，他笑著對她說：

「還是素素知道我的甘苦。」

「明月也知道你的甘苦，只有老娘不知道。」老太太笑著白了兒子一眼。

「娘，天底下最知道我的甘苦的還是老娘。」林如海笑著站起來輕聲說。「現在我這就講那對母子被殺的原因。」

老太太輕輕一揮手，示意他坐下。陳素素伸過頭來傾聽，林如海說：

「那女的九死一生後，心想平生沒有做過虧心事，又虔誠信佛，唯一的兒子怎麼會被後夫殺死？自己又受了這麼大的罪？信佛怎麼沒有一點好報？她百思不解，常常跪在觀世音菩薩聖像前痛哭，求觀世音菩薩開示。一天，她在念佛時昏昏然好像到了另外一個世界，有一片草原、森林。看見自己變成一位器宇軒昂的貴公子，手中拿著弓箭，騎著棕色的高頭大馬，身邊還有一位矯健的隨從。忽然，公子看見一隻大狒狒闖出林中，他迅雷不及掩耳地朝大狒狒射了一箭，大狒狒立刻倒地掙扎，隨從立即趕過去以利劍將大狒狒五劍刺死，拖了回去……」

老太太雙手合十念了一聲：「阿彌陀佛！」又連連說，「罪過！罪過！」

林如海接著將故事說下去：

「那女的恍恍惚惚，從似夢非夢中清醒過來，她才恍然大悟：那位打獵的貴公子就是她，大狒狒就是殺她母子的後夫，死去的兒子就是貴公子的隨從。她不禁出了一身冷汗。」

「董事長，殺她母子的後夫難道沒有罪？」陳素素連忙問。

「也判了十幾年徒刑。」林如海說。

「但願他們不要再冤冤相報，冤仇宜解不宜結。」老太太歎口氣說。

「娘，我看動物園的狒狒就很兇，任何人一逗牠，牠都張牙裂嘴作勢攻擊，想不到牠隔世還會復仇？」

「有因必有果，不但狒狒如此。」老太太說。

「董事長，那本小冊子借給我看看好不好？」陳素素問。

「哦！當時我事多心亂，不知道丟到那兒去了？一時找不到。」

「這是善書，不但不能隨便亂丟，還應該助印，廣為流傳。」老太太對林如海說：「現在的人不信因果，實在無明。」

「娘，我曾交代公關王主任，多與這類的慈善單位聯絡，出點錢助印善書。」林如海回答母親。隨後又問：「娘，您看冬梅的喪事該怎麼辦理？」

「不要鋪張。」老太太說。

「是！我不打算發訃聞，登「天報就算了。娘，您看是土葬還是火葬？」

「有地嗎？」老太太先問。

「地是早有了。」林如海回答，那塊不小的墓地是他為老太太準備的，但他一直沒有講，想不到自己的太太走在老太太前面。

「那就隨便你好了，我日後是不用土葬的。」

# 第五章 殯儀館人情冷暖
# 菩提寺師道周全

林如海夫人黃冬梅出殯這天上午，偌大的殯儀館，廣場上擺滿了花圈，停滿了汽車。大廳裏樑上、壁上，掛滿了輓聯，達官貴人、富商巨賈親來弔唁的不計其數，弄得公關主任王培林十分為難，不知如何是好？所有花圈、輓聯、客人，都是不請自來的。他沒有代董事長發過一張訃聞，只登了一天報報喪，林如海告訴他只辦家祭和公司員工公祭，不設觀禮席。幸好他是老公關，早在暗中作了準備，在客人排隊站在入口處準備送禮金時，他還口頭解釋不收禮，有些大頭家說他們不能失禮，此例不可開。他只好派出幾位小姐，拿出十行簿，一一登記，還向客人致歉準備不周。有不少送大禮的人他都不認識，他心中不禁暗自驚歎人情冷暖，比寒暑表的水銀柱子的升降還快。因為這兩年來公司的業績愈來愈好，連最大頭家都看上了林如海的經營長才，想請他當工商總監。但林如海堅守原則，安守本分。他要王培林故意放話說他只有小學畢業，沒有洋博士學位，什麼都不懂，只能自己「將本求利，自負盈虧」。媒體最怕沒有新聞，平時林如海得了一點小感冒，都會變成大新聞，如果是重感冒，股市就會大跌兩百多點，這次林如海元配去世，媒體更以特寫報導說黃冬梅是林如海的賢內助、幕後功臣。而一位詩人作家死了好幾天都沒有人知道，後來發臭了才傳出來，經他的詩人作家窮朋友拜託，才有兩家媒體發了簡訊，後事也是幾位耍筆桿兒的窮朋友替他料理的，「忠」字號的小廳中，也只小貓三隻四隻。王培林是那位詩人作家的小同鄉，所以很清楚這件事，兩相對照，他也不能無動於衷。媒體經常有專人向他探聽林如海的動靜，那次的放話是他遵照林如海的指示透露出去的，結果所有媒體全登，想不到「正大」股票也漲停板。這次他只在幾家平面媒體登了一天訃聞，而且說明「一切從簡、懇辭花圈轉金」，結果還是湧到了這麼多貴賓，這會讓他忙好幾天了。

林如海頭一天就勸母親不要去參加家祭，但上次老太太沒有去醫院見媳婦最後一面，她覺得過意不去，這次一定要去。林如海不得不對她說：

「娘，殯儀館雖然不是個好地方，但它是個寒暑表，如果是二三十年前，我還租不起一個忠字廳，自然也沒有什麼人去弔喪。這次情形可不一樣，客人一定很多，恐怕擋也擋不住。如果您老人家一去，一定有不少大老倌、頭家，向您哈腰、打躬、握手，王主任兩頭忙，忙不過來，我也難得分身，那如何是好？……」

老太太聽兒子這麼一說，不免有點兒遲疑，因問：

「真會有那麼多人去嗎？」

「娘，連我也估計不到？因為人心難測呀！」林如海兩手一攤說。

「你不是說那個什麼廳可以容納兩三千人嗎？」老太太反問。

「廳是很大，我也沒敢撒謊。」林如海說：「娘，您還記得前年一位海外電影明星楊小妹訪問我們這個小地方的事兒嗎？」

「怎麼不記得？」老太太一笑：「那次真是擠破了人頭呢！還有些老太婆爭著送金項鍊、金手錶，搶著要收她作乾女兒啦！」

「娘，您忘記了還有些老頭子更想收她作乾女兒呢！」

「那是你們臭男人不存好心，醉翁之意不在酒啦！我才不提那些糟老頭呢！」

林如海聽了不禁一笑，故意誇大說：

「說不定冬梅這次公祭也會擠破頭呢？」

「冬梅又不是楊小妹，那會有那種魅力？」

「娘，您不是說醉翁之意不在酒嗎？」

老太太歪著頭打量兒子，過了一會才說：

「你也不要把自己估計得太高了？」

「娘，我知道我只有小學畢業，可是『正大』的身價比我高啦！別人天天在估，最近股票不是一連四天漲停板嗎？」

老太太沒有作聲，兩眼直直地望著兒子，是奇怪？還是暗自驚喜？林如海也捉摸不定，過了好半天，老太太才問：

「真會有人和我握手嗎？」

「娘，這是現代社交，普通禮貌。您要是去了，別人會搶著和您老人家握手啦！」

老太太遲疑了一會，才對林如海：

「在這個娑婆世界，除了你老子以外，還沒有別的男人握過我的手呢！我不去了！」

陳素素噗哧一聲笑了出來，又連忙以手掩嘴。林如海卻忍不住大笑起來，笑聲一落就說：

「娘，我要是早知道這一招半式有效，就用不著費那麼多口舌了！」

「這真是人情冷暖，世態炎涼。比寒暑表升降得還快！」老太太輕輕一歎：「當年我想替你買兩三尺青布做兩雙布鞋送你上學，曾經向人家借錢，借了好幾處，硬是借不到一個子兒，你只好打赤腳上學了，我傷心暗自落淚。真想不到，今天會有人錦上添花？果真錢趕大伴兒！」

「娘，颱風前看天色，兒子已經看慣了，心裏有數，再也不會大驚小怪的。」林如海淡然一笑。

「明天家祭我不去可以，素素還是要帶明月去，不然不成體統。」老太太說。

「娘，這是天經地義的事，不能讓她從小就背個不孝的罪名。」林如海說。

老太太點點頭，又對陳素素說：

「殯儀館的陰氣重，明月太小，妳要小心護著她，不要讓她受了驚嚇。」

「老夫人，您老人家放心，我決不敢大意。只怕我的陽氣不足呢？」陳素素有些誠惶誠恐。

「那妳抱好明月，我們一道先在觀世音菩薩面前念念〈白衣神咒〉，明天大早去殯儀館前，我們再一起多念幾遍。」老太太說。

素素依照吩咐，抱著明月跪在老太太左邊。老太太又對林如海說：

「你是一家之主，更不能有半點閃失，你也過來和我一起念。」

林如海最近很忙，太太過世心裏難免悲傷，有時還有些恍恍惚惚，但在老太太面前一直強作歡笑。老太太這一吩咐，他覺得正好安安神，隨即在老太太右邊跪下。老太太先三稱三拜：

南無大慈大悲救苦救難廣大靈感觀世音菩薩

摩訶薩

老太太三拜完後，又對他們兩人說：

「你們跟著我念，我念一句，你們同時念。」

老太太念了幾十年《白衣神咒》，已經背得滾瓜爛熟，她順口念了出來：

南無佛、南無法、南無僧

南無救苦救難觀世音菩薩

怛垤哆　唵　伽囉伐哆　伽囉伐哆

囉伽伐哆　囉伽伐哆　娑婆訶

天羅神　地羅神　人離難　難離身

一切災殃化為塵

南無摩訶般若波羅蜜

如此重複念了十遍，老太太又拜了三拜才起來，他們兩人也跟著起來。老太太又摸摸明月的頭說：

「觀世音菩薩大慈大悲、救苦救難。這樣就會平安無事。」

然後又對林如海說：

「你最好也將〈白衣神咒〉記熟，隨時可念。」

林如海事多，年紀也大了，雖然記不熟，他還是點點頭。次日清早吃過早點後，他又同素素、女兒一道來跟著老太太一起念了十遍，才驅車至殯儀館。因為趕時間，車子開得快，在一個十字路口，差一點同一輛搶綠燈的黑色轎車撞個正著，正在千鈞一髮之際，司機老劉剛好將車子緊急剎住，對方也嚇得臉色發白，老劉對著駕駛座前的觀世音菩薩像念了一聲：「阿彌陀佛！」陳素素嚇得說不出話來，緊緊抱著明月，臉上一陣青、一陣白。林如海沒有責備司機，反而安慰陳素素幾句。

林如海帶著他們從殯儀館側門進去，王主任連忙過來向他報告，他抬眼一望，大廳入口烏鴉鴉一片，萬頭鑽動，廳內一片白布黑字輓聯。他既高興又感慨。回想當年一個饅頭吃一天，在大雪山差點凍餓而死，不禁落淚。王主任和手下的男女員工，以為他是為太太傷心落淚，陳素素也分不出來是什麼原因落淚？

他太太還沒有大殮，他帶素素和明月先進去看看，化粧師早已替她化好粧，和在生時模樣差不多。她雖不是什麼大美人兒，但五官端正。因為只剩皮包骨，似乎顯得福氣不足。

他一到殯儀館就像上緊了的發條，由司儀和王主任安排。除了家祭由他主祭外，公祭時站在家屬位置一一答禮，很多大頭家、大老倌都爭著過來和他握手、安慰，有的還暗中計畫代他牽線續弦，他們手中都有不少名媛。

好不容易熬到出殯時刻，林如海囑咐王主任另外派車送素素、明月回去，他帶著兒子和一部分員工送往墓地。

陳素素一回來，老太太就急著探問開弔的情形。

「老夫人，董事長料事如神！」陳素素高興地說：「殯儀館黑鴉鴉一片人頭，大廳門口擠得水洩不通。廳裏的輓聯重重疊疊地掛滿了，連送的人的姓名都看不見，那些爭著和董事長握手的人真多，我看連董事長也搞不清楚誰是張三？誰是李四？老夫人，幸好您老人家沒有去，不然您老人家的手一定會痛好幾天。」

老夫人聽了一笑，又打趣他說：

「素素，我不像你們年輕人，嘴都可以隨便給男人親，我可是手都不准男人碰的。」

素素臉一紅，又連忙對老太太說：

「老夫人，我可不是您老人家說的那種女人。」

老太太一笑，拍拍她說：

「妳別多心，我可不是說妳。」

「我知道老太太不是說我，不過現在多的是那種女人，我看了都覺得噁心。」

「殯儀館的人那麼多，明月有沒有受到驚嚇？」老太太從素素手上接過孫女兒，仔細看看。

「老夫人，她很乖，一聲也沒有哭，連老劉緊急剎車，我都嚇出一身冷汗，她卻在我懷裏若無其事。」素素扯扯自己的衣裙說。

老太太急著問是怎麼一回事？素素原原本本地告訴她。老太太拍拍明月說：

「阿彌陀佛！真是觀世音菩薩保佑！」

素素又告訴老太太說，老劉座位前也供著觀世音菩薩掛像。老太太讚了一句，又問林如海有沒有受驚？素素說：

「董事長鎮定得很，他還安慰我呢！」

「他從小就很鎮定，他不能慌張。」老太太說。

「老夫人，我看做大事的人，好像都很鎮定？」

「素素，做大事的人是都吃了定心丸的。手忙腳亂的人，怎麼成得了大事呢？」

「老夫人，我看明月也是吃了定心丸的！她這麼小，就不哭不鬧，篤篤定定的。」

「素素，也是妳帶得好。」老太太誇獎她一句，接著又說：「不過，不但男人要沉得住氣，女人也要臨危不亂。」

素素先是高興，隨即又臉一紅說：

「老夫人，說來容易，事到臨頭可就心慌意亂了！」

「那就慢慢磨練好了。」老太太笑著安慰她。

「老夫人，我看是有其母才有其子，董事長八成兒是像您老人家。」

「他父親走得早，他不像我又怎麼辦？」老太太既欣慰又無可奈何地一笑。

林如海下午四點才回來，他帶著四個兒子一道過來看老太太。這四個兒子一直交給他的親信文書科長兼家庭教師、管家李興唐管教。李興唐出身書香世家，原來是一家明星中學的文、史、地教員，林如海以高薪請了過來，兒子都管教得很好，功課也很不錯，他不必操心，只按計畫教育，也不讓他們多打擾老太太，老太太知道他們的情形，也很放心。他們一一向老太太鞠躬請安，老太太看他們身體很好，又有禮貌、分寸，大大誇獎了一番，孫子們也高興地走了。

林如海向老太太報告安葬情形，十分高興地說：

「娘，地理師說那是一塊牛眠吉地，十年以後還會大發。」

老太太聽了自然高興，問兒子是發人還是發財？林如海說：

「娘，地理師說是人財兩旺。」

「董事長，會不會出個做大官的？」素素覺得林家現在已經是人財兩旺，如果日後再出一個做大官的，那才真是錦上添花呢！

「我沒有詳細問他。」林如海搖搖頭：「只要不出敗子，我就很高興了！」

「看那幾個孫子，倒不像是敗家之子。」老太太欣慰地說：「官場是個渾水池塘，不下去也罷。」

「娘，我也不想去淌渾水。只希望兒子們能安分守己。」

素素不知道這種情形，覺得自己失言，很不好意思，連忙道歉。老太太安慰她說：

「素素，妳的想法並沒有錯，只是年頭兒不對。」

「老夫人，恕我無知，我總是向好的方面想。」素素說。

「向好的方面想很好，不然這個娑婆世界會更糟。」老太太向素素說，又望望兒子：「風水好的吉地固然可保子孫平安、興旺，但是也要有德者居之。如果不行善積德，必然富貴不久。俗話說：『起家猶如針挑土，敗家好似浪推沙。』我們見過的大頭家，那一家未敗？有一家更是敗得清潔溜溜，十年前誰想得到？」

「老夫人，您剛才說的敗得清潔溜溜的是那一位頭家？我還不知道。」素素望望老太太說。

「不知道也好，這並不是什麼好事兒。不過妳該記住，敗德的事千萬不可做。」老太太又轉過身來對兒子說：「你起家已經夠快了。」

「娘說的是。」林如海連忙點頭：「我已經囑咐王主任，今天所收的賻金，全部捐作慈善用途，分文不留。」

「不但如此，」老太太說：「還應該加一些，統統以無名氏的名義捐出去，那些賻金本來就不是我們的。」

「娘，兒子照辦。」林如海用力點頭：「本來我也是取之於社會用之於社會的，每年我都要撥一筆錢做慈善用途，只是我沒有告訴您老人家而已。」

「這樣才好，做了好事也不要人家知道。」老太太欣慰地笑笑：「本來我們大家都是空手來，將來還是要空手去。只是這中間各人的定業不同，所以才有富貴貧賤之分，說來也不過是幾十年的光陰，短得很。」

「娘，我還不懂什麼是定業？」林如海望著母親說。

「定業是佛門弟子——在家眾和出家眾的說法，一般人都說是命。」老太太解釋。

「娘，也有人替我算過命，就是算不準。」

「那是一門大學問，不要小看它。」老太太說。

「娘，您懂不懂？」林如海笑問。

「那比看《麻衣》、《柳莊》難得多，我還不懂。」老太太搖搖頭：「不過我覺得那是一門道家的大學問，要真弄通很不容易！」

「娘，那是什麼原因？」

「依我看，其中牽涉到因果問題，因是看不到的。」老太太沉吟了一會才說：「除非算命的人也是修行中的高人？」

「娘，那就真難了！」林如海也無可奈何地說：「所以我不找人算命，那次是文書科李科長暗中找人替我算的。」

「所以修行人都不算命。」老太太說。

「娘，那又是什麼原因？」

「因為定業很難改，頂多只能減輕一些。」老太太說：「比方你上次說的那個女人被丈夫殺了那麼多刀，那就是定業，改不了的。她之所以沒有死，就是因為她這輩子信佛，又沒有做過壞事，快死的時候還一直念觀世音菩薩聖號，大慈大悲的觀世音菩薩化身及時救她，讓她活了下來，但活罪還是要受的。像這種定業，西醫並不知道，算命先生也不知道，自然會有失誤。」

林如海、陳素素同時「啊」了一聲，老太太又說：

「因為現代的人認為機械科學萬能，不相信看不見的東西，不相信拿不出證據的事物，完全以這個娑婆世界的眼光看娑婆世界以外的事物，那不是和那位西醫一樣丈二金剛？」

「娘說的不錯！娘說的不錯！」林如海連連點頭。

「如果你上次沒有說出那個女人被殺的故事，我也想不到這上面來，也不知道怎麼比方？」

「娘！您比得好！比得好！」林如海豎起大拇指笑著搖了幾搖。

「娘的學問那有西醫大？你千萬不可以傳出去，讓那些有學問的人笑話！」老太太笑著警告兒子。

「娘，這是我們母子兩人的私話兒，怎麼會傳出去？」林如海說著又望了陳素素一眼。

陳素素連忙向林如海說：

「董事長，我現在是大門不出，二門不邁，日夜都在大樓裏，抱著小姐，繞著老太太。不知怎麼搞的，我現在和別人也愈來愈沒有話說。您和老夫人剛才說的話，我會鎖在心裏，半句也不會從我牙縫裏漏出去的。」

「素素，剛才董事長是說著玩的。」老太太向她一笑：「現在我們三人是秤不離鉈，妳更被明月纏住了。」

林如海覺得素素帶女兒帶得非常好，心裏既高興又有些感激，因此笑著問她：

「素素，妳會不會被明月纏膩了？」

「董事長，那怎麼會呢？」素素笑著回答：「小姐一天一個樣子，真的好玩，我已經帶親了，一刻都捨不得離開她呢！」

他們母子兩人聽了十分高興。老太太更說：

「素素，妳和明月也很有緣。」

素素聽了更高興，她低頭親親明月說：

「老夫人，俗話說：『同船過渡前世修。』我真不知道是幾世修來的？我和小姐又是什麼緣份？」

「我還沒有修到那種地步。」老太太笑笑：「如果我真的得道了，才能答覆妳這個問題。不過，依我們的環境看，我們都是在觀世音菩薩大慈大悲、救苦救難、廣大靈感的加持之下共同生活的，自然是善緣，不是惡緣。正如極樂淨土一樣，只有善，沒有惡。惡念不起，惡緣不生。沒有惡念，我們心中就是淨土，所以說佛在心中。佛在心中，魔就進不來，我們就會向善，人與人間的關係自然也就好了起來，縱有宿世冤仇，也自然化解了。」

「娘，照您這樣說，人間也可以變成淨土了？」林如海說。

「如果修行的人多，大家共造善業，不造惡業，自然有希望。如果壞人太多，好人少，那就很難。」

「娘，以後我們公司也多請幾位高僧來弘法好了。」

「那當然是好事。」老太太點點頭。「聽聽有道高僧講經，也有福報。」

「可惜印空師公年紀太大了，要是他能來公司弘法，大家的福報就會更大。」

「印空師父賜給我們母子的福報太多了！搬家以後，你應該陪我去參拜參拜才是。」

林如海二十多歲時曾和母親去過，現在發達了，也正想去，卻沒有想到印空的大徒弟覺圓突然來看老太太。他們母子兩人十分驚喜，老太太更雙手合十，笑問覺圓：

「大師兄，您平日少下山，今天是什麼風將您吹下山來的？」

「師姐！」覺圓也雙手合十為禮，「今天是遵奉師命，要我特別來看您的。」

覺圓的年紀比老太太小一點，中等身材，瘦而不弱，神清氣和。老太太和兒子請他坐下，林如海還親自奉茶。覺圓向觀世音菩薩頂禮後才坐下。老太太在他對面坐下後便說：

「大師兄，師父勞您的駕下山，我想其中必有緣故？」覺圓正式剃度比老太太皈依早，所以老太太稱他大師兄。

「師姐，您猜的不錯！」覺圓點點頭，頭頂上的六個戒疤更顯得發亮。「我是特別來告訴您，師父快要圓寂了。」

老太太先是一驚，隨後又念了一聲阿彌陀佛說：

「師父功德圓滿，早回淨土涅槃，弟子應該慶賀，但不知是那一天？」

「這個月十五，滿月之夜。」

「那還有一個星期的時間。」林如海先是一臉惶惑，他還沒有聽說過人知道自己的死亡時間，現在看覺圓說得如此肯定，他才插嘴，陳素素則一直好奇地看看覺圓未說話。

這時覺圓又對老太太說：

「師姐，我是先替師父訂購好了兩隻大缸，再來看您的。」

「大師兄，那師父是準備坐化了？」老太太望著覺圓說。

「不錯。」覺圓點點頭。「那兩隻大缸也是師父指定買的。」

「師公事先看過了？」林如海知道印空不下山，怎麼指定呢？因此不免懷疑。

「師父無所不知，不必親自去看。」覺圓說。「師父在坐缸前想見見師姐，因此，要我特別來跑這一趟。」

「那師父一定是有什麼開示？」老太太連忙說：「師兄，您看我那天上山好？」

「師父究竟有什麼開示？我並不知道。」覺圓坦率地說：「寺裏一向冷清，十五之前，隨便那一天都可以去。」

「還有兩位師兄去不去？」老太太又問。

「覺海、覺性我也通知了，他們都會去。」

老太太便和林如海商量，林如海只有星期天是屬於自己的，因此決定星期天，十五是下個星期四。老太太問覺圓可不可以？覺圓說「隨緣」。老太太又指指孫女兒明月對覺圓說：

「師兄，我想帶孫女兒明月一道去參拜師父，可不可以？」

「師父對您這位在家弟子一直很關切，我想沒有什麼問題。說不定明月這位小菩薩，也和師父有緣呢？」

老太太母子和陳素素聽了覺圓的話都十分高興，老太太又將明月出生時她做的那個夢告訴覺圓，覺圓也覺得不比尋常，又走近去看看明月，明月向他笑笑，覺圓雙手合十，又轉身對老太太和林如海說：

「這位小菩薩和師父也一定有緣。」

「可惜她太小，不然我一定懇求師父收她做個小弟子。」老太太對覺圓笑說。

「即使不做弟子，見一面也會有福報的。」覺圓說。

陳素素很想去，又怕不方便，因此她先看看覺圓，又請示老太太、老太太又對覺圓說：

「大師兄，素素和我們有緣，也有心求道學佛，她和我們一道去可不可以？」

覺圓聽了一笑，便對素素說：

「師父一向平易近人，不像其他高僧威儀萬千，只是他一向潛修，不上報紙、電視，兼之菩提寺又不在鬧市，所以一般人對師父還不大瞭解。俗話說：『佛度有緣人。』施主不必見外。」陳素素聽了受寵若驚，連忙向他鞠躬作揖。覺圓便起身告辭，老太太和林如海堅留他吃飯，同時吩咐陳素素：

「麻煩妳通知老趙，請他送四人份的素食過來，我們一起陪覺圓大師兄吃一頓素餐好了。」

覺圓怕時間晏了，想早點走，林如海連忙說：

「師叔，您放心，我用車子送您回去。」

「車子到不了菩提寺，最後我還是要走路。」覺圓笑說。

「師叔，您不提我倒不便講。」林如海又向覺圓說：「師公一直不肯接受我的供養。日後師公圓寂，師叔當了住持，我一定要將菩提寺整修一新，將那條小路拓寬，鋪上柏油，讓轎車、計程車可以上去，日後信眾要去參拜師公法相也方便多了。」

覺圓聽林如海這樣說自然高興，但又不便表示意見。林如海又說：

「師叔，修行固然不在蓋大廟、坐轎車，但是現代的條件比從前好多了，也不妨隨緣。師叔，您說是不是？」

「師父不是執著，他乘願而來娑婆世界的任務不同。在這末法時期，眾生顛倒，連出家眾也貪圖名利福報，他是要做個樣子給我們出家人看看的。」覺圓向林如海解釋：「當年我剃度時，師父曾經告誡我：『末法時期的出家眾，也有不少貪圖名利福報，生活世俗化，不肯像佛陀世尊那樣潛修、苦修。因此很難一世解脫，以後還得重來，那很可惜，又十分危險。』」

「師叔，照您這樣說來，似乎不是出了家就能成佛了？」

「成佛沒有那麼簡單。」覺圓搖頭一笑：「出家是為了擺脫俗務，便於修行。如果出家人只是念念經、拜拜佛像，不能放下名利心，貪圖享受，和在家人一樣，在紅塵中打滾，原來的那一點佛性，天天蒙塵，就見不到自性，更談不到成佛了。」

林如海「啊」了一聲，覺圓隨即指指老太太說：

「倒是覺慧師姐這樣的在家居士，心無名利，虔誠修行，反而更可能得道成佛。」

「師叔，也有居士得道成佛的嗎？」林如海又問。

「怎麼沒有？」覺圓笑說：「從前的維摩詰居士，不但得道，辯才無礙、遊戲神通、住佛威儀，心如大海，他現身有疾，廣為說法，釋迦牟尼佛要舍利弗、大迦葉、阿難、彌勒菩薩、文殊師利……諸大菩薩問疾，維摩詰居士不但辯才無礙，而且現神通力，納須彌於芥子，又以四大海水入一毛孔等不可思議解脫法門，使聽眾皆發阿耨多羅三藐三菩提心，這是出家比丘也辦不到的。」

這番話是林如海聞所未聞，他怔怔地望著覺圓法師，覺圓又解嘲地說：

「得道成佛，無關在家出家，而在去貪、瞋、癡，精進修行，不出三界，算不上真正出家。」

「師叔，您這番話真讓我開竅了！」林如海突然雙手合十，向覺圓頂禮。

老太太還記得當年覺圓送她下山時，那種關切慈悲之心，至今仍使她心有餘溫。她也雙手合十向他說：

「大師兄，師父圓寂後，會是全身舍利，必然要粧金供奉。如海發願要整修菩提寺，拓寬馬路，這都是為了方便信眾參拜師父不得不做的事，您就成全如海吧！」

「如果師父不反對就好！」覺圓也覺得交通不方便，會影響日後信眾上山，他想像得到，日後師父成為肉身菩薩消息傳出之後，媒體一定會普遍報導，菩提寺就不會再冷清了。但他又耽心印空不同意。

「師父圓寂後心願已了，功德圓滿，我想師父也會隨緣，我們不在他面前提這件事兒就是了。」老太太說。

「師姐，您雖是師父的在家弟子，師父對您是很器重的，您的心意，我想他已經明白。」覺圓高興地說。

「師父對我們母子有再造之恩，我們實在不知道該怎麼表達我們的感恩之心？」老太太說。

「我們做弟子的只有好好修行，才是最好的報答。師父是不思善、不思惡的，他對覺海、覺性也無分別之心。覺海、覺性雖然已自立門戶，自任住持，師父還是要我通知他們，他們也高興得很。」

老太太深長地念了一聲阿彌陀佛。

老趙送了四人份的素食過來，一一擺好，六菜一湯，菜的份量也多了不少。老太太母子請覺圓法師入席，覺圓一看菜這麼豐盛，連聲「多謝」。老太太卻說：

「大師兄，不成敬意，真沒有想到您突然光臨，不然應該準備一桌素席歡迎才是。」

「師姐，師父和我在寺裏飲食十分簡單，只吃糙米和我在山邊種的兩三樣青菜。師父往往兩三天不飲不食，我也只將就吃一點就算了，那有這麼多菜？」覺圓指指桌上的菜說。

「師叔，那營養不是太差了？」林如海說。

「出家人不能吃得太好。」覺圓打趣地說：「多長一斤肉，就少一分智慧，念經也會打瞌睡。」

大家聽了好笑，老太太笑說：

「大師兄，彌勒佛不是很胖嗎？」

「所以彌勒佛比世尊得道成佛遲呀！」覺圓笑著回答。

素素不敢入席，她推說要抱明月，過一會再吃，老趙連忙從她手裏接過明月，她感激地說：

「趙叔叔，那我代您侍候好了。」

老太太怕她拘束，要她安心吃飯，同時問覺圓可不可以請師父收素素做在家弟子？覺圓說那要看因緣是否成熟？隨後又特別補充說：

「這次師父要我來請您去，一定有話吩咐。那時自然分曉。」

「師父沒有向大師兄透露一點兒消息？」老太太問。

覺圓笑著搖搖頭，隨後又說：

「當年您上山請求皈依時，師父是頭一天就告訴我了。」

老太太和林如海聽了又驚又喜。素素和老趙更是咋舌不下。覺圓卻淡然一笑說：

「一切都是因緣，當年師姐因緣已經成熟。」

飯後，覺圓又向觀世音菩薩頂禮，林如海用自己的賓士車恭恭敬敬地將他送回去。

# 第六章　在世佛談禪說法
## 菩提寺明月清風

老太太、林如海母子，帶著素素、明月，一道來菩提寺，林如海扶著母親走了一段山路。老太太因為吃素、打坐的關係，沒有半點龍鍾老態，她走起路來比素素還強，使林如海大為放心、高興。走了一小段路老太太就不要他扶，還對兒子說：

「日後住進慈恩山莊，我要天天在院子裏走走，運動運動，這樣身體會更好。」

「娘，我真沒有想到，您在大樓裏住了許久，身子還這麼硬朗？」

「我不但每天打坐，還在佛堂裏轉圈圈，當做繞佛。我何曾停過運動？」老太太說。

「娘，您真像人家說的君子自強不息。」

「娘是婦道人家，不是什麼君子。娘不抱著何仙姑叫二姨，娘走自己的路。」

林如海聽了好笑，上下打量母親一眼，發覺她的腰桿和年輕人一樣，挺得很直，耳聰目明，說話彷佛金石之音，中氣足又有餘韻，不禁高興地說：

「娘，您真的一點不老，我還比您老人家不上呢！」

「你別給我戴高帽子，娘反正不會去參加什麼長青運動會的。」老太太故意白兒子一眼。

「老夫人，您要是真的去參加長青運動會，在分齡比賽中，一定可以奪幾塊金牌。」素素湊趣地說。

「素素，名利都是騙人的東西。」老太太回過頭來望望素素說：「俗話說，名韁利鎖，一點不錯。人一套住了就難解脫。我可不想做驢子。」

「老夫人，誰能像您老人家這樣看得開呢？」素素碎步向前，走近老太太說。

「這可也有一個法子。」老太太回頭向素素一笑：「如果只為健康運動，心裏眼裏沒有金牌，那就成了。」

「娘，不管是參加什麼運動會的人，那一位不是想拿金牌的？」林如海笑說。

「那是搭了孩子去套狼。」老太太搖頭一笑：「運動是為了健康，現在的運動都為了金牌，還打得頭破血流，甚至引起觀眾打群架，這更是走火入魔了。」

「娘，看來什麼事兒都不能太認真。」林如海說。

「這不叫做認真，這是名利害人。」老太太望著兒子說。

「娘，那還是您老人家在佛堂裏轉轉圈兒好。」林如海好笑。

「你別笑老娘。」老太太氣定神閒地說：「八萬四千法門，娘這是為無為法。」

「娘，什麼為無為法？我真的搞不懂！」林如海兩眼直直地望著老太太。

「這還不好懂？」老太太故意瞪了兒子一眼：「我轉圈兒本來沒有目的，可是現在倒派上了用場，不過，我心裏可沒有這回事兒，這就是為無為法。」

「娘，原來這麼簡單？」

「天不言，地不語，天下事本來就很簡單，是人自作聰明，把它搞得太複雜了！結果連自己都不認識自己，還要勞動佛、菩薩來幫我們恢復本來面目，想起來都有些好笑！」

「娘，您真的得道了！」林如海驚喜地叫了起來。

「你別大驚小怪好不好？」老太太望著兒子笑說：「這算什麼得道？這和穿衣、吃飯、睡覺一樣平常。」

「娘，您說的容易，我怎麼悟不出來？」

「因為你太忙，你是董事長，將來也許有一天，你會大徹大悟的。」

「娘，果真如此，那就是豬八戒吃人參果兒了！」

老太太好久沒有走這段山路，看見滿眼青山綠樹，她好開心，彷彿鳥兒出了籠，回到大自然一樣自由自在，她愈走愈有精神，不禁笑著對兒子說：

「做人實在很難，當初我要不是怕你揹個不孝的罪名，我真不想窩在那座水泥大樓裏，上不見天，下不著地，還不如在菩提寺掛單灑脫。」

「娘，我知道您住在大樓裏不踏實，所以我才蓋慈恩山莊。」林如海滿臉堆笑地說：「慈恩山莊的風景、設備，不是比菩提寺好多了？」

「我不是貪圖享受，我倒很喜歡那山上的風景。」老太太說：「二來也可以成全你一番孝心，想不到明月也來湊興？」

老太太一邊說一邊逗逗明月，明月也會意似的笑得更天真，素素打趣地對老太太說：

「老夫人，我不知道叫做幾福臨門？一想到我也要住進慈恩山莊，我真好像一步登天了。」

「素素，不管是幾福臨門？福也要大家分享。」老太太對素素笑說：「阿彌陀佛發了四十八個大願，成就了極樂世界，也不是他獨享的。只要我們好好修行，往生後我們也會上極樂世界，何況慈恩山莊？」

「老夫人，您老人家真是菩薩心腸！」素素感動地說：「只怕我沒有那麼大的福報？」

「素素，不要這樣說。」老太太安慰她：「佛說眾生平等，只要我們不忘本性，起心動念，不離慈悲，多造善業，必然有大福報的。」

「老夫人，今天我真想皈依印空大法師，不知道有沒有這個緣份？」

「那您誠心祈求好了。」老太太說。

「我真怕萬一錯過了這個好機會，那真不知道要等到那一輩子？」素素有些誠惶誠恐。

他們正說話間，林如海突然發現覺圓法師從山的拐彎處走了出來。他們十分驚喜，知道覺圓是來迎接的。老太太輕輕說了一聲：「這真不敢當。」林如海跑上前去迎接他，覺圓向老太太高聲說：

「師姐，是師父要我來接您們的。」

老太太大聲說，「不敢當！」素素卻輕輕向老太太說：

「老夫人，印空大法師好像長了前後眼，真神！」

「你可別和外人講。」老太太囑咐素素：「師父不歡喜別人說他有神通。」

「老夫人，那是為什麼？」素素不解地問。

「因為一般外道歡喜使小神通，裝神弄鬼、貪名、謀利。使那種小神通的人都受三界以內的阿修羅控制，他們自然也成為阿修羅的奴隸。」

素素完全不明白這些道理，連阿修羅是什麼都不知道，但覺圓已經走近，老太太快步向前，素素自然不便再問，於是他們邊走邊談，一直談到菩提寺。

印空適時走到寺門口迎接，他仍然是一襲老鼠皮似的舊灰色袈裟，面孔清瘦，兩眉半白，眉尾拖了一寸多長，面帶微笑，看來更加慈祥。老太太立即雙膝跪地，叫了一聲師父，拜了三拜，淚如雨下。林如海、素素也跟在後面跪拜。印空彎腰叫老太太起來，又要覺圓將他們一一攙起，隨即引進殿中向西方三聖像跪拜。然後帶他們到右邊偏殿休息。同時笑著對老太太說：

「覺慧，妳好久未來，今天走了這麼遠的山路，真難為了妳。」

「師父叫弟子來，弟子爬也要爬來。」老太太抆抆淚說。

印空隨後又慰問林如海；

「董事長，你辛苦了！」

「師公，您這樣說我真擔當不起，罪過！罪過！」林如海雙手合十，十分恭敬。

「你創業不易，自然辛苦。」印空笑說。

「這都是師公大慈大悲的恩賜。」

「這也是您自己的福報，可要好好珍惜。」印空一面說，一面走到素素面前說：「施主，讓貧僧抱抱這位小菩薩看看。」

素素連忙雙手將明月交給他，明月一點也不認生，反而似曾相識地向印空一笑。老太太、林如海母子也喜出望外。印空雖然已經九十多歲，身體還很硬朗，臉上也無病容，林如海暗自納悶，橫看豎看也不像一個即將往生的人。

老太太更是又驚又喜，眼淚直流。

印空先摸摸明月的臉，又摸摸明月的頭，左右端詳一番，明月一直看著他笑，他一高興，隨口誦出一偈：

靈山會上早相逢，今日相逢非夢中。
去去來來因大事，祇桓精舍證圓通。

林如海、素素完全不懂這首偈的意思。老太太的父親沒有教過她作詩，她不會作。她自己雖讀過《千家詩》、《唐詩三百首》，卻不知道如何作？不過她知道這是一首詩偈，卻是她第一次聽到印空念的。她是既驚且喜，不禁啟問：

「師父，聽來明月似乎與師父有緣？」

「不但是她，我們彼此都有因緣。」印空笑說，隨即將明月交還素素。自己再在竹椅上坐下。

偏殿的桌椅都是竹製的，竹子已變成紫銅色，最少也有二十年了。桌上的茶杯有的缺了口，茶壺的嘴也斷了，老太太看了又不禁落淚。林如海忍不住說：

「師公，整修寺廟是來不及了，明天我先派人送全套家具用品過來，請師公點下頭。」

「以後再說，以後再說！」印空笑著搖頭，隨即起身對他們母子兩人說：「我請你們兩位看一樣東西。」

印空帶他們到殿後一間小房間，那裏放著兩口大新缸，老太太一看見就仆跪在缸前哭了起來，林如海、素素也不禁落淚。印空吩咐覺圓攙扶老太太起來，他笑著對她說：

「妳修了這麼多年，怎麼還參不透生死這一關？」

老太太連忙擦擦眼淚，陪著笑臉說：

「師父，眾生有情佛無我，弟子心不在紅塵身在紅塵，還是一腳門裏，一腳門外，祈求師父慈悲，幫我一世解脫。」

印空向她一笑，帶她走了出來，又安慰她說：

「妳多念《金剛經》、《心經》就是，時間一到，自然解脫。妳還塵緣未盡，福報還多。該走的時候走，該留的時候留，千萬不要自作主張、自作了斷。剛才我的話是重了一點，不必介意。妳是我唯一的在家弟子，到時候我自然會接妳上去。」

老太太又要下跪，印空搖頭制止。她隨即問：

「師父還有開示？」

印空望了素素、明月一眼，閉目不語。等他兩眼微張時，老太太又指著她們兩人探問：

「師父，您看她們兩人可不可以皈依？」

「我要走了，她們還另有因緣。」印空說。

「師父，除了您以外，難道還有什麼別的大因緣？」老太太急著說。

印空望了明月一眼，面露笑容，不徐不疾地說：

「小菩薩二十歲那年，會有一位乘願而來，現比丘尼身的再世佛，初來此地弘法。他現在還只十六歲，這位小菩薩和他有大因緣。」

素素看印空沒有提到自己，差點急出眼淚，老太太指著她連忙代問：

「師父，素素也有心向佛，難道她的因緣還未成熟？」

「到那時她們兩人自然會成為同修。」印空看了素素一眼說。

「師父，末法時期，佛魔難分，眾生顛倒，可不可以透露那位再世佛一點消息？」老太太問。

「那位再世佛和達摩祖師一樣是從天竺得法來的，有千百億化身，如果那時妳開了智慧眼，打坐時便會看到他常與觀世音菩薩、老子一道示現。」印空回答。

「師父，老子是道家，那位再世佛怎麼會和太上老君一道示現？」老太太又問。

「無始以來，道只有一個，真理只有一個，道無彼此。是後人各立門戶，把道分了家。」印空感慨地說：「你該知道釋迦牟尼佛五百世前原是忍辱仙人？」

老太太點點頭。印空接著說：「釋迦牟尼降生時，他父親淨飯王還請仙人阿私陀替他看相呢，何曾有分別心？」

「師父，別人可不這麼想。」老太太說：「縱然嘴裏不明說，心中可分得厲害呢。」

「那位再世佛是恆順眾生，隨緣應化，不分彼此，他在本土弘法，起初難免是非。」印空說。

「師父，那對弘法會很不利。」覺圓說。

「鼓不打不響。你們不跟著起鬨就行了。」

「師父，要人不起分別心，很難。」老太太說。

「我講一個故事給你聽聽好不好？」印空笑說。

「請師父開示。」老太太雙手合十。

「你們都知道我是在東林寺出家的。」印空指指覺圓和老太太說：「東林寺是東晉慧遠大師大興淨土宗，創立蓮社的寶剎。唐朝鼎盛時期，曾有殿廂寶塔三百一十多間，是當時藏經最多的寺院，揚州高僧鑒真東渡日本之前，曾親來東林寺請智恩長老同行，宣揚淨土宗教義。」

「師父，這段歷史弟子完全不清楚。」老太太說。

「下面這段故事你們可能也不知道。」印空對她和覺圓說：「慧遠大師當年在東林寺時專心修行，影不出山，跡不入俗，送客不過虎溪橋。」

「師父在菩提寺清修，不也和慧遠大師當年在東林寺一樣？」老太太說。

「有些不一樣。」印空搖頭一笑。

「請師父開示。」老太太又雙手合十。

「一是菩提寺是一個偏僻的小寺，沒有那麼多的藏經。」印空的感慨盡在不言中；「二是我更沒有一位可以談禪論道的朋友。」

「師父，慧遠大師有嗎？」覺圓輕聲問。

「慧遠大師不但有，而且是兩位空前絕後的高人！」印空的聲音不自禁地高了起來。

「是那兩位？」覺圓和老太太同聲問。

「一位是大詩人陶淵明，一位是簡寂觀的高道陸修靜。」

兩位弟子都沒有作聲，因為他們都沒有讀過陶淵明的作品，更沒有見過得道的道人，連他們的姓名都沒有聽過，尤其是陸修靜。他們和那些扶乩的、爬天梯的、做法事的道士也沒有來往。

印空看他們兩人沒有作聲，輕輕歎了一口氣。覺圓慚愧地說；

「師父，您以前怎麼不提？」

「佛說不可說，不可說。我也只好說因緣未到吧！」印空說著又自我解嘲：「這也就是我為什麼一入定就兩三天的原因了。假如我有陶淵明、陸修靜那兩位朋友，也許我的話也會多起來呢！」

「師父，恕弟子不學無才，只能分享您的福報，不能給您助緣。」老太太說。

「如果沒有你們兩位，我也可能提早解脫了。」印空又安慰他們。

「師父，陶淵明到底是怎樣的人？」老太太急著問。

「陶淵明是東晉時的江州潯陽柴桑人。他的曾祖父陶侃，做過兩晉八州都督、荊江兩州刺史，封長沙郡公。祖父做過武昌太守。父親做過安城太守。母親是兩晉征西大將軍長史孟嘉的四千金。陶淵明真可以說是名門之後。但陶淵明自己只做過江州府的小職員。劉敬宣建威將軍府的參軍，時間都很短。也只當了不到三個月的彭澤令，而不願為五斗米折腰，棄官歸田。所以他一生只是一位躬耕南畝的窮田園詩人。」印空向兩位弟子解釋。

「照師父這樣說來，那就算不得是什麼高人了？」覺圓說。

「高的不是他的官位，他更沒有錢。高的是他的思想境界、作品、人品。」印空說。「因為你們都沒有讀過他的作品，我不妨念他一首詩給你們聽聽。」

印空隨即念了陶淵明一首〈飲酒〉詩：

結廬在人境，而無車馬喧。
問君何能爾？心遠地自偏。
採菊東籬下，悠然見南山。

山氣日夕佳，飛鳥相與還。
此中有真意，欲辨已忘言。

老太太和覺圓不是詩人，他們默然無語，不敢發表意見。印空卻不然，他不但在東林寺讀過所有的藏經，也讀過陶淵明、寒山子的詩、唐詩、宋詩以及歷代高僧的禪詩。他師父是詩僧，他自己也會作詩。因此他對兩位弟子說：

「陶淵明這首詩表面上看起來似乎沒有李白、杜甫的詩感人，但是李白寫不出這種與自然一體、物我兩忘的詩來。杜甫更寫不出來。在大人詩之中，以陶淵明的思想境界最高，但他還是高不過寒山子。」

「師父，那又是什麼緣故？」老太太雖然沒有作過詩，但她歡喜詩。

「陶詩是沒有功利思想、超然物外的文人詩。寒山子的詩是禪詩，思想境界自然更高了。可惜你們都不會寫。」

「師父，不但我和覺慧師姐不會寫，我看現在的出家眾也不會寫。」覺圓說。

「你們要知道，佛學與文學也是相輔相成的。」印空嚴肅地說：「文學修養高，學佛也容易；學佛的人文學修養好，更可以文學闡揚佛理、弘揚佛法。所以六祖惠能說：『佛法在世間，不離世間覺。』文學是世間法，是一大助緣。」

「謝謝師父的開示。」老太太又雙手合十：「陶淵明如此，那陸修靜又是怎樣的高人呢？」

「陸修靜是一位了不起的道家，學問很高，可惜他的作品散失了，我讀的很少。他能與陶淵明、遠公三位成為莫逆之交，你們就可以想見，他決非泛泛之輩。不過我倒在宋詩當中發現一個祕密。」

「師父，什麼祕密？」兩位弟子同時問。

印空便說出他讀《全宋詩》看到宋朝元符、崇寧年間，貴為兵部尚書，同知樞密院事的安惇一首〈再遊廬山太虛觀〉的七言絕句，同時念了出來：

昔年遊歷訪霓旌，多謝仙師數里迎。
今日重來知有意，此身應不為公卿。

據《能改齋漫錄》載：「樞密安公處厚，元佑末為江東漕使，因遊廬山太虛觀，未至數里間，有道士紫衣道巾，領徒七人迎謁，既而不知所在。問左右皆無見者。及至太虛觀謁陸修靜仙師遺像，則宛然其人也。元符庚辰，公再到，因賦此詩。」

印空敘述他在東林寺讀宋詩的這個發現之後，便對他們兩人說：

「你們想想看，陸修靜和遠公、陶淵明都是東晉時人，安惇貴為公卿，又是宋朝徽宗時人，和陸修靜先後相差七八百年，他看陸修靜率領徒弟七人，遠至數里迎接，那當然是化身了。不論學佛學道，要修到這種地步，談何容易？」

「師父，我到現在還沒有開天眼呢，別說化身了。」老太太說。

「師父，弟子也很慚愧。」覺圓說。

「你們想想看，遠公是一代高僧，本來出身於士大夫家庭，早年博覽儒道兩家典籍，遊學洛陽等地，後來皈依道安大師，追隨道安二十五年，才因戰亂，駐錫廬山東林寺，成為淨土宗師。陸修靜、陶淵明和他談禪論道，往往樂而忘返。有一次遠公攜著他們兩位的手，邊走邊說邊笑，不知不覺，送過了虎溪橋。老虎立即吼叫不止，三人會心相視而笑。遠公這才返回東林寺。這個『虎溪三笑』的故事一直流傳了一千多年，當地人人皆知。」

「師父，想必那隻老虎是遠公的護法了？」老太太說。

「不錯。」印空點點頭：「如果是未脫野性的老虎，陶淵明、陸修靜也不敢時常冒險去東林寺。」

「師父，看來古聖先賢的心胸、器度是很不一樣的。」覺圓說。

「而且他們三位，正好是儒、釋、道三家，要是在別的地方，不老早打破了頭？那還有什麼虎溪三笑？後人聽到的準是虎溪三哭了！」印空笑說。

「阿彌陀佛！」老太太笑著念了一聲佛。

印空看了兩位弟子一眼，忽然問他們：

「六祖惠能在涅槃前，是怎樣教他的弟子法海、志誠他們這些師兄弟日後如何說法的？」

老太太能背《金剛經》、《六祖壇經》也很熟，但她是在家弟子，從來沒有想到要公開說法，她怕自己答錯，也不想強出頭。他望望覺圓，覺圓會意，恭敬地回答：

「六祖對他們說：『先舉三科法門，動用三十六對。』」

「那三十六對？」印空又問。

「無情五對：天與地對、日與月對、明與暗對、陰與陽對、水與火對，此五對也。法相語言十二對：語與法對、有與無對、有色與無色對、有相與無相對、有漏與無漏對、色與空對、動與靜對……」

印空笑著搖搖手，對兩位弟子說：

「六祖這種說法，與《易經》、《道德經》的相對論不謀而合。你們都知道六祖不識之無，當然他也絕對沒有讀過《易經》、《道德經》。他一聽別人讀《金剛經》：『應無所住而生其心。』立刻開悟。法達誦《法華經》，不知宗趣，誦至〈譬喻品〉時，六祖叫停，六祖說：『此經元來以因緣出世為宗，縱說多種譬喻，亦無越於此』，還有一位名士劉志略，他的姑母是比丘尼，法號無盡藏，常誦《大涅槃經》，六祖一聽，即知妙義。他便講解給比丘尼無盡藏聽。比丘尼很滿意，又執卷問字。六祖對他說：『我不識字。』比丘尼奇怪地說：『你字都不認識，怎麼明白經義？』六祖回答：『諸佛妙理，非關文字。』六祖回答的這兩句話正好說明：道通天地、道無形相、道無內外、道無彼此、道在心中。」

「師父，這些經典我都讀得很熟，可是到現在還似懂非懂。怎麼六祖不識字，一聽別人讀經，他就完全明白了？」覺圓問。

「你要知道：六祖是再世佛，道在他心中，一切經典也在他心中，道是什麼？道是宇宙真理、無始以來，真理只有一個，所以六祖不識字，也能得道成佛。文字、語言不是道，它只是表達的工具。所以禪宗有不立文字，不用語言之說。其實，由於語言文字的不同，往往各說各話，才造成公說公有理，婆說婆有理，反而把道分了家！」

老太太、覺圓兩人，從未聽過這樣的開示，心中充滿法喜，雙雙跪了下去，覺圓更說：

「恕弟子福薄，追隨師父幾十年，未曾開悟，剛才聽師父開示，才如茅塞頓開。」

印空笑著叫他們起來，老太太說：「師父剛才說的：『道通天地，道無形相，道無彼此。』我也會謹記在心。」

覺圓連忙雙手合十頂禮。老太太也跟著合十頂禮。林如海一直插不上嘴，他便將老趙事先準備好的素菜、素點，從一隻精巧的提盒裏取出來，擺上竹桌，笑著對印空說：

「師公，我一直沒有辦法孝敬您，這幾樣素菜、素點是特別為您做的，請您嚐嚐，也好減輕我一點點內疚。」

印空笑著打量林如海一眼，隨即打趣地說：

「當年你娘來皈依時，滿腹辛酸，你居然在她背上睡著了，你真好福氣。」

「師公恕我懵懂，我是托您的福！」林如海也笑著回答。

印空聽了林如海的話很高興，又笑著說：

「難為你能當董事長！」

「師父，要不是您當年摸過他的頭，他那有這種福慧？」老太太也高興地說。「您就嚐嚐他帶來的素菜、素點吧？」

「我從今天早晨起就不飲不食，你這樣說來倒使我盛情難卻，那你就代我享受享受吧？」

「師父，弟子遵命！」老太太一開口就雙淚直流，接著跪下去拿了一個春捲，今昔相比，她百感交集，未放進口。就哭出聲來。林如海、覺圓同時扶住她，林如海也跪下去哭了起來。母子兩人哭成一團，哭出幾十年的辛酸。

「好了！你們母子起來，我統統心領了！」印空彎腰低頭對他們說。「勞你們走了這一趟，看到你們今天的情形，我也格外高興，但世上沒有不散的筵席，現在你們該回去了。」

「師父，我不回去，我要留下來侍候您。」老太太擦擦眼淚說。

「不必，不必！」印空連忙搖搖手：「覺圓陪我古佛青燈三、四十年，寺裏有他足夠了。我真怕妳一哭，我反而往生不了。」

印空最後一句話使老太太一怔。她知道一般人往生時，如果心有牽掛，也難斷氣。印空雖是有道高僧，往生時也不宜驚擾，偏偏自己不爭氣，到那時可能放聲大哭，豈不壞了大事？

「師父，這真使弟子左右為難！」老太太又雙淚直流地說：「師父是我的再生父母，我恨不能同師父一道涅槃。師父坐缸時，我怎能不隨侍左右？……」老太太已泣不成聲。

「好了，好了！」印空連忙輕聲安慰她。「一切都是緣，因為我們有緣，所以今世才成為師徒的。」

「師父，我們是什麼緣？您可不可以告訴我？」老太太抬起頭來急切地問。

「妳好好修行，日後自然會知道。」

「師父，我修了這麼多年，還未突破障礙。」老太太有些惶惑。

「水到自然渠成。」印空淡然一笑：「愈想突破，愈難突破。放輕鬆一點，不要執著，不去想突破，反而更快突破。」

老太太突然想起她在佛堂裏轉圈圈，不是為了要走路到菩提寺，但今天居然輕輕鬆鬆地走到了。修行靜坐又何嘗不是一樣的道理？她心中立刻充滿法喜，連忙合十頂禮：

「謝謝師父開示！謝謝師父開示！」

「好了！你們現在該回去了。」印空對他們說：「謝謝你們來給我送行。」

「師父，那我什麼時候可以上極樂淨土侍候您？」老太太又問。

「還早，還早！」印空向她笑笑。「妳不是不知道，極樂淨土只有善，沒有惡；只有快樂，沒有憂愁；彼此自由自在，心想事成。誰也不必侍候誰。那像娑婆世界這麼痛苦、麻煩？不過，妳現在塵緣未盡，福報未了，時候到了，三聖自然會來接引，我也會來。」

老太太高興得雙膝一跪，感激的眼淚一滴滴滴進泥土。林如海也向印空下拜，隨即將母親扶了起來。

印空吩咐覺圓送他們一程，他自己也送到寺門口。

林如海對印空往生的事心裏一直疑惑。走出寺門不遠，他就急著輕輕對覺圓說：

「師叔，師公的身體精神都很好，我看他一點也不像要往生的樣子？」

「師父不是一位化緣、做法事、蓋大廟的和尚。」覺圓也輕聲回答，生怕別人聽見似的。「他是一位實實在在的修行人。他十歲就在東林寺正式剃度出家，這八十多年來，他每天晚上零時即起、打坐、念經、拜佛，直到天亮。有時他往往入定兩三天，不飲不食。他修成了金剛之體，不是一般常人的肉身。」

「師叔，恕我愚昧無知，世上真有肉身菩薩這回事兒嗎？」

「怎麼沒有？」覺圓大聲回答：「六祖惠能就是一位肉身菩薩，肉身一千多年不壞。憨山大師也是肉身菩薩，還有石頭、丹田都是，只是現在少了。」

「師兄，地藏王菩薩也是肉身呀。」老太太提醒覺圓。

「對了！我說漏了。」覺圓向老太太抱歉地一笑。

「師兄，師父圓寂之後，我能不能來看他？」老太太又問。

「照理沒有什麼不可以。」覺圓回答：「不過師父對你已經開示過了，你年紀大了，可以不必再來。」

「師叔，我是一定要來的。」林如海說。

「為什麼？」覺圓反問。

「師公在世之日，我未孝敬，往生之後，我要再看他一面，也要親自送一筆淨資給師叔整修菩提寺，料理師公的後事。」林如海回答：「修路的事遲一步沒有太大的關係，不過也希望師叔和當地人士先商量一下，以減少阻力。」

「修路的事你大可放心，當地人士歡迎都來不及呢！」覺圓高興地說。

「師兄，師父那天封缸？有沒有開示？」老太太問。

「師父早有開示，十八日午時封缸。」覺圓回答。

「師叔，十五夜子時圓寂，十八日午時封缸，前後三天，此地濕熱，是不是太久了一點？」

林如海耽心地說：

「師父入定最長的時間有半個月，看來跟往生了一樣。」覺圓解釋：「那段時間我也暗自提心吊膽，但看他一臉的瑞相，身體柔軟，又有微溫，我還是耐心等他出定了。」

「師兄，往生可和入定不同。」老太太說。

「這我知道。」覺圓向她一笑：「師父既然如此開示，自然沒有問題。」

「那以後又是什麼時候開缸、粧金？」老太太再問。

「三年，閏月同日開缸。」覺圓回答；「三天後上漆、粧金。」

「您一個人怎麼忙得過來？」老太太十分關心。

「覺海、覺性兩位師弟會帶幾個徒弟來幫忙，您不必操心。」

「師兄，我看您也該收一兩位徒弟才好。」

「師父在世時我不敢收，師父將來粧金後，菩提寺自然會香火旺盛，我一個人必然忙不過來，那時不收也不行了。」覺圓說：「但是要找一兩位根器好的弟子，並不容易。畢竟出家人不同於一般趕驢兒的、擀麵的。」

林如海聽了好笑，覺圓對他說：

「你不要笑，不論和尚、居士，缺少善根、慧根還真不好收、不好修，因緣沒有成熟都難。一般人以為比丘、比丘尼都是歹命，其實不然，沒有大福慧的人，難免六道輪迴，上不了極樂淨土。佛陀世尊連王子都不當，可見人間富貴沒有什麼了不起。」

「師叔說的是，師叔說的是！」林如海連忙表示歉意。

「師侄，因為你不是外人，我才說直話，在別的大德面前，我一向裝聾作啞。佛陀也說在五濁惡世，度眾生是一件難事。何況我還未得道？」

「師叔太謙，師叔太謙！」

「出家人本來應該謙卑。」覺圓坦率地說：「剛才我說的是直話，佛陀很重直心，維摩詰更說『直心是道場』，所以我也不說假話。當年師父收你母親做在家弟子，就是因為她深具善根、慧根。」

「多謝師父的大慈大悲！」老太太雙手合十說。

「師叔，我有今天，更要感謝師公的大恩大德。」林如海連忙說。

「俗話說：『一人得道，雞犬生天。』這話一點不錯。一人修行，親屬都增加福報。可惜一般人不明白其中的因果關係。」

「師叔，今天得到師公和您的開示，真使我茅塞大開，我真不知道是幾世修來的？」

報。

林如海母子兩人和素素聽了都十分高興，都向他頂禮致謝。老太太請他回去，不必再送。他囑咐老太太說：

「最近幾天最好為師父多念《金剛經》和〈往生咒〉。雖然師父已功德圓滿，會登上很高的果位，我們做弟子的還是應該多盡幾分孝心，增加一點助力。」

「師兄，這我知道，我會全心全力的念。」老太太說。

覺圓不知不覺已送了一半路程，他連忙雙手合十一揖，迅速轉身回去。老太太他們直望著他的背影消失在拐彎的山邊，才悵然若失地回頭。

十五日晚上十點，菩提寺外天上碧空如洗，一輪滿月將近中天，山上樹木格外青翠，地上一片清輝。寺內香煙繚繞，檀香味沁人心脾，燈火通明，前所未有。

印空一襲灰色袈裟，乾乾淨淨，氣定神閒。他先恭恭敬敬地向釋迦牟尼佛和西方三聖法相三跪頂禮，然後向覺圓、覺海、覺性三位弟子說聲：「淨土再見。」便從容跨進缸中，盤坐在缸底已墊好木炭、石灰、香袋的上面。安詳地閉上雙目，一如平時一般開始靜坐。三位弟子屏聲靜氣，三面侍立。印空很快入定，臉色很好，更現慈祥，直到十二點，他們才敢摸摸他的手，發覺兩手失溫，但仍柔軟，摸摸前額，仍有餘溫，知道師父已經涅槃，上生佛道。此時寺外天空一片圓明，隱約有簫鼓之音，他們三人抬頭仰望明月，一身清涼，心如止水，山河大地，突然不見。

覺圓心裏明白這是什麼境界，但他不敢講出來。

本來老太太很想在十六日再去菩提寺瞻仰印空最後一面，林如海一方面怕她感情激動，一方面也覺得這段路不近，不好走，他說他代表她去也是一樣，老太太才不堅持。

十七日那天下午，林如海帶了公關主任王培林一道來菩提寺，和一部分現款、一張支票，當面交給覺圓。他還看到了覺海、覺性和佛教會的代表。另外還有幾位記者在拍印空的坐缸法相。結果他反而成了主角，記者都向他問東問西，搶著給他拍照。他回來時老太太不免詢問一番，他照實報告。老太太責怪他：

「你怎麼去搶師公的鏡頭？」

「娘，您這就冤枉我了！兒子那敢搶師公的鏡頭？兒子是脫不了身！」林如海無奈地說：「如果您去了，保險明天也會見報。」

「幸好我沒有去。」老太太慶幸地說：「師公坐缸的法相到底怎樣？你並沒有說清楚！」

「娘，我真說不上來！」林如海兩手微微一攤：「師公像打坐一樣坐在缸裏，面貌安詳，和在生時一樣，據覺圓師叔說，身體還是柔軟的，並未僵硬，腦門還有微溫，這真奇怪？」

「一點不怪。」老太太搖搖頭：「這是一種瑞相，是師父的戒、定、慧工夫，再加上信心、願力、佛力、法力所致，這不是一般修行人都能達到的，你聞到什麼異味沒有？」

林如海搖搖頭，隨後又說：

「看三年以後開缸的情形到底怎樣？」

「師父是乘願再來的佛、菩薩，一定會是全身舍利。」老太太很有信心地說。隨後又囑咐兒子：「你注意今天晚上的電視和明天的報紙，看他們怎麼說？」

老太太已經好久未看電視，也很少看報。這兩天更是日夜跪在觀世音菩薩的蓮座前念《金剛經》和〈往生咒〉，打坐時她更希望能看到印空在極樂淨土的情形，但她還沒有修到那種地步。

第二天清早，林如海先看幾份大報，印空的坐缸照片都刊出來了，是和他的全身立像一起合照的。當時他不知道記者是怎麼拍的？一看文字內容，也有喧賓奪主之勢，多說了他捐款修廟的善行、老太太的尊師重道。對於印空的修行功德成就反而著墨不多，甚至以現代科學觀念論斷肉身如何能不壞？字裏行間有不少的質疑。林如海看完之後連忙帶著報紙過來給老太太看，她只看林如海用紅筆圈過的報導，看完之後她向兒子一笑說：

「看來你的鈔票勝過師父的功德？」

「娘，也可能是他們年輕人不懂佛理，不瞭解修行是怎麼一回事兒？就拿我黃牛當馬騎也說不定？以前師公的照片還沒有上過報呢。」林如海說的是實話。

「但願三年後開缸，看到師父的金剛之體，能開開他們的眼界。」老太太將報紙交還兒子。

「娘，果真如此，那報紙一定會大登特登了。」

「那你就是諸葛亮了！」

「娘，新聞、新聞，記者就是搶個新、奇，這樣才有人看報，您說是不是？」

「看樣子你也可以辦報了？」老太太調侃兒子說。

「娘，是有人找過我投資當報社董事長的！」林如海大聲說。

「你答應沒有？」

「娘，我沒有三頭六臂，我也不吃裏扒外。」林如海搖搖頭。

「今天師公封缸，你去不去？」老太太問。

「娘，今天我要主持兩個會議，不能去。好在三位師叔都在菩提寺，他們比我內行，我只好請師公恕罪了。三年後開缸之日，天大的事我也要去。」林如海說。

「不但你要去，我更要去！我真巴不得三年就像三天一樣快。」老太太心急地說。

「娘，聽說天上的時間比我們娑婆世界慢是不是？」林如海忽然問。

「記得覺圓師兄以前跟我說過，師父有一次入定了兩個星期，他急得不得了，真有點度日如年。好不容易等到師父出定，他忍不住對師父說：『師父，您這次入定整整兩個星期了！好久，好久！』想不到師父竟回答他：『還不到一盞茶的工夫，怎能說久？』看來極樂世界的時間是比我們娑婆世界慢多了！」老太太也突然想起十幾年前覺圓對她說過這番話。

「娘，難怪有人說人生如朝露囉！」

「聽說地獄的時間比娑婆世界的時間更快！」老太太說。

「不論快慢，人千萬不能作惡下地獄！」

「現在我們是在好壞之間。娑婆世界雖然痛苦，還可以忍受。因此我們只能上，不能下。你師公是已經上去了，所以我們也要努力行善修行，不能停在這兒，這兒很危險，一失足就會掉下去，上去了才安全。」

「娘，您這個比方很恰當，比什麼經、什麼典都好懂。像我這樣忙的人，只能照著作，不能停、看、聽。否則又要下輩子再來，那更危險。」

「可是有些人疑心重，什麼都不信，只相信自己，那就莫法度了。」

「但願師公開缸那天，能作個見證。」林如海說著站了起來，看看錶對老太太說：「娘，我要去開會了，不打擾您念經。」

林如海一走，老太太立即關好佛堂的門，她又跪在觀世音菩薩的蓮座前念〈往生咒〉、《金剛經》，同時祈求三年的日子早些過去。

娑婆世界的時間雖然比極樂世界快，老太太又經過搬遷到慈恩山莊的流程，一轉眼間也就三年了。那條通往菩提寺的馬路已經修好了。菩提寺也整修一新，還裝了電話。開缸前一天，覺圓還特別打了一通電話給林如海，林如海高興地告訴老太太，老太太決定去，其實十天前覺圓就向新聞界、佛教會、各寺院寄發了開缸請柬，還附了〈印空法師住世事略〉，資料大致齊全。

這天正午十二時開缸，林如海九點就帶著母親、素素、女兒明月，正好一輛賓士載往菩提寺，司機還是老劉。

從慈恩山莊到菩提寺不到兩小時車程，不必像上次到殯儀館那樣趕時間，差點兒出車禍，但老太太還是叮囑老劉小心開車，林如海卻笑著對老太太說：

「娘，您的記性真好，那次是趕時間，今天可從容得很，我不耽心老劉，我就怕開缸時出什麼紕漏？」

「你對師公沒有信心是不是？」老太太反問。

「娘，此地潮濕，衣服、鞋子都容易發黴，何況是人的遺體？又沒用防腐劑，三年不壞，談何容易？」

「你說的不錯，不過這只是常識。」老太太解釋：「但佛法佛力不可思議，午時開缸，自見分曉。」

「娘，這可不是賭寶？揭開盅子，便知單雙。」林如海仍然暗自耽心：「俗話說：『不怕一萬，只怕萬一。』如果出了半點紕漏，不但毀了師公一生功德，也影響眾生的信仰。」

「娘知道你的好意，不過師父可不賭博。他是再世佛，來現比丘身，正如六祖惠能一樣，當年誰相信一個不識字的和尚，有那麼大的修為？結果不但肉身成道，而且肉身千年不壞呢！」

「娘，這真的不可思議！」林如海不禁讚歎起來：「但願您將來也能成為肉身菩薩。」

「娘不是龍女，不敢妄想。」

車子開上了新修好的柏油路，林如海十分高興，老太太也很高興，但又遺憾沒有在印空圓寂之前修成。

菩提寺前已經停了好幾部小轎車、機車，門口都擠滿了人，覺圓看見他們來了，連忙過來迎接。正殿已經有幾位大法師在，其中一位紫衣金縷、又高又大的胖和尚，笑著過來和林如海打招呼，林如海認識他是鼎大名的廣德。他是印空的師侄輩，可是名氣卻大得無人不知。他只聽說菩提寺和馬路是林如海出錢修的，卻不知道林老太太是印空的在家弟子，因此他恭敬地說。

「林董事長，我們佛教就需要您這樣的大德，才能振興起來。」

「不敢當，不敢當！」林如海謙虛地回答：「師公在日，還不讓我供養呢！」

廣德聽林如海口稱印空師公，有些奇怪。覺圓連忙解釋，又介紹老太太和他認識，他連忙向老太太雙手合十為禮，老太太看他紫衣金綬，即知非同小可，也連忙答禮，但她不慣於應酬，由素素扶著她在一旁坐下。

缸在昨天已自後山請出，放在正殿中央。正殿小，人很多。記者早已站好位置，準備照相。覺圓請廣德主持開缸，覺海、覺性、覺圓、覺慧四位弟子將已經啟封的上面那口缸抬了下來，覺慧只是作作樣子，她使不上力，缸一抬開，鎂光燈就閃個不停，令人眼花撩亂。在燈光中，印空肉身一如生時，呈半透明琥珀色，老太太驚喜得深深地念了一聲「阿彌陀佛」，眼淚隨聲而下。覺圓、覺海、覺性不期然而然同聲念佛，四人又同時跪下頂禮。廣德適時對印空頌讚了一番，並講述幾位肉身成道古德的故事。文字記者連忙筆記，林如海心想，今天晚上的電視和明天的報紙就熱鬧了，廣德自然也更風光，他沒有想到覺圓還有這一高招。

因為地方太小，廣德在議論紛紛中，先行告辭，坐上一輛黑得放亮的賓士轎車走了，林如海母子和覺圓、覺海、覺性他們商量了一會才走。一切上漆、粧金，以及舉辦印空肉身成道紀念法會的事。覺圓已經和佛教會代表初步決定，林如海說一切開支由他負責，覺圓笑著對他說：

「師侄，現在你就不必眈心了！明天一見報，各方大德要作功德的一定不少，你上次的佈施還有尾款呢！」

林如海聽了也很高興，他第一次發現覺圓真有當大住持的長才，只是過去在印空的約束下埋沒了，因此他也輕鬆地說：

「師叔，這樣說來，如果您想再蓋一座十倍大的菩提寺供奉師公，也不成問題了！」

「董事長，這不是寺大寺小的問題。」覺圓向林如海一笑：「寺大，未必能修出一位肉身菩薩。古話說：『山不在高，有仙則靈。』同樣，寺不在大，有菩薩就行。而且我住小寺住了幾十年，一旦住大寺，還真不自在。萬一由覺轉迷，以寺大菩薩大，那就更難解脫了！修行是自己的事，不是做給人家看的。你知道南朝梁武帝蓋寺院的故事嗎？」

林如海搖搖頭。覺圓接著說：

「當年梁武帝蓋了很多寺院，所謂『南朝四百八十寺』，幾乎都和他有關。因此，他以為自己很有功德，所以達摩祖師和他見面時，他便問達摩自己的功德如何？達摩直話直說：『沒有功德。』」

林如海聽到這裏連忙插嘴：

「師叔，我出錢整修菩提寺可不是貪圖什麼功德呀！我連功德和福報都分不清楚呢！我只是表達一點感恩之心而已。」

「你不必多心，這點我很清楚，我想師父會更清楚。」覺圓向他一笑：「其實梁武帝很信佛，他的《梁皇懺》也很有名。」

「師叔，這我更沒有聽說過。」林如海坦率地說。

「要不要聽聽？」覺圓笑問。

「師叔快講！師叔快講！」

「梁武帝當初做雍州刺史時，郗氏夫人是個大醋罈子，死後化為大蟒，託夢於武帝，武帝便御製《慈悲道場懺》十卷，請和尚懺悔超渡，郗氏夫人化為天人，在空中謝帝而去。以後梁武帝的懺法行世，因此稱為《梁皇懺》。可見梁武帝並非普通信眾。」

「師叔，那我比梁武帝差遠了！」林如海高聲說。

「所以我也不會蓋大寺院。」覺圓向林如海一一解釋：「一來我不能違背師父潛行苦修的教誨；二來我的年紀也不小了，修行的時間已經不多，如果不徹底去掉貪、瞋、癡三毒，還得再來娑婆世界一趟；至於今天我請廣德法師來主持開缸，那是隨緣方便，讓師父八十五年潛修的功德，如暮鼓晨鐘一般，迴向出家眾和迷而未悟的眾生。」

「師叔，您真是菩薩心腸！」林如海雙手合十深深一揖：「請恕我說話魯莽！」

覺圓光風霽月，一語雙關地對他們母子一笑說：

「今天辛苦您們了！現在路已經修好，回家是陽關大道，恕我不再遠送了。」

# 第七章　老趙原是王爺子
# 山莊便成極樂園

林如海的賓士車直開慈恩山莊。老太太帶著素素、明月和趙燕民搬來已經三年，院內已經花木扶疏、綠草如茵，老太太種的空心菜、地瓜葉長得十分茂盛，明月已經會滿地跑，她也和老太太一樣非常喜歡這個環境。林如海也常在假日來陪老太太和女兒樂享天倫。趙燕民和素素也成為這個家庭的一員，四個男孩子中的老大明仁已經在工廠工作，其他三個明義、明禮、明智因為功課重、住校、補習，來慈恩山莊的次數反而最少。

慈恩山莊的大鐵門是仿凡爾賽宮作的，看來也金碧輝煌，可以自動開關，不必用人看守。車子一開到大門外七八公尺的地方，司機老劉一按電紐門就開了，一條黑色漂亮的大狼狗立刻衝過來，一看是主人回來，十分高興。明月跳下車跑過去抱住牠，摸摸牠，輕呼：「來喜！來喜！」牠高興得在草地上打滾，牠才一歲半，比明月還小。是明月帶著牠長大的。牠剛受完嚴格的警犬訓練。

老趙也笑著出來歡迎，報告飯菜已經準備好了。

素素陪老太太上樓，樓上有五房一廳，最大的一間是套房，共二十坪，後面八坪是老太太的臥室，連衛生設備。前面十二坪做佛堂，其他四個房間都是十坪大，因為明月太小，暫時和素素共住一間，以便照顧，另外兩間留給明月，一做臥室，一做書房，還有一間給林如海休假時住，另有整套衛生設備一間，五坪大，客廳有二十五坪大。樓下客廳三十坪大、飯廳十坪、廚房五坪、衛生設備五坪，另有五個房間各八坪，老趙住一間，其餘四間是留給四個男孩子住的。樓上樓下四面都有走廊，各兩公尺寬，可供散步、欣賞四面風景，車庫在地下可停三部車子。院子裏靠近大門處還有一個一公尺半高，一坪見方的綠色狗屋一間，可容納兩隻大型狗。老趙以前在軍中餵過警犬，很有經驗，現在餵狗飼料，更乾淨簡單。林如海將慈恩山莊的飲食、安全、維修、園藝都交給他處理。老趙做得好，林如海十分放心。他對慈恩山莊十分滿意，可惜他還不能退休養老。

他牽著明月上樓，素素連忙替她洗臉、洗手，換衣服，打扮得像個小公主。明月和她的感情很好，將她當做母親，可是父親、奶奶卻一直教她叫素素「阿姨」，她不明白是什麼意思？教她叫老趙「趙伯伯」，她知道老趙大父親兩歲。

大家漱洗好後都到餐廳吃飯，以前住在大樓裏，老太太是單獨吃，搬到慈恩山莊後因為大家都跟她吃素，所以她要同大家一起吃。她說這才像個家庭，林如海來山莊時也一樣吃素。

「師父肉身成道，對出家人應該是個好榜樣？」吃飯時老太太還是想著印空，望望兒子說。

「娘，這不但對出家人是個好榜樣，對在家人也是很好的啟示。」林如海說。

「俗話說：『師父帶進門，修行在個人。』這種修行大事，只有各人自己清楚，別人是揣摩不來的。」老太太說。

「娘，到今天我才發現，真是明師出高徒，覺圓師叔也不簡單！」林如海兩眼望著母親說。

「他追隨師父幾十年，看的聽的都比別人多，這就是古人說的：『近水樓臺先得月了。』別人不說，我就比他差得遠。」老太太說。

「娘，看來還是明師出高徒，不是名師出高徒。」林如海笑說：「娘縱然比不上覺圓師叔，但總不會在一般居士之下？」

「你可別小看了居士。」老太太向兒子一笑：「居士當中有學問有慧根的人很多，娘怎麼比得上那些大德居士？」

「娘，有大學問、大慧根的居士大多深藏不露，他們既不穿袈裟，又不上電視講經說法，真人不露相，實在摸不到他們的底兒。像到我們公司講演過的孟真如教授，聽說他也是居士，但我怎麼敢和他談禪說佛？我平日接觸的居士大多是和娘一般虔誠的信眾，還未必正式皈依過那一位法師？」

「像孟真如教授那樣的居士當然不一樣了。」老太太淡然一笑。

「可惜師公沒有收明月做弟子！」林如海望望女兒說。

「她太小，不懂事，如果她到了上學的年齡，我就會懇求師父收她做弟子的。」老太太也望望明月說。

明月去年就自己吃飯，不要素素侍候她，今年就要自己穿衣服，素素還是要替她穿，但她獨立性很強，不撒嬌、不倚賴素素。林如海笑著問她：

「明月，你要不要像奶奶一樣信觀世音菩薩？」

她連忙放下筷子，雙手合十，念了一聲：「南無觀世音菩薩！」

她坐在老太太身邊，老太太連忙摸摸她的頭，說了一聲：「我的乖孫女兒！」林如海也十分高興，隨後又望著老太太說：

「娘，師公說明月二十歲時會有一位再世佛來此地，明月和她有大因緣，不知道明月是不是真有這個大福報？」

「師父不會隨便講話，從他那四句偈看來，那位再世佛、師公、明月，他們三位的關係非比尋常，不過是先來後到、任務不同罷了！」

「我們家裏要是能出一位佛、菩薩，那比當任何大頭家都有意義了！」林如海笑說。

「可不是？」老太太也高興地一笑：「人間福報有限，天上歲月無窮，何況一人得道，雞犬升天。那一位大頭家能夠辦得到？」

「娘，您老人家說的一點不錯！」林如海說：「不論什麼人，大限一到，就像泥巴菩薩過江，自身難保。嬌妻美妾、金山銀山，一樣也帶不走，看起來真像春夢一場。」

「你明白這個道理就好！」老太太點頭一笑。

老趙聽了他們母子的話，也不禁感慨地說：

「老夫人，董事長，承您們兩位看得起，我老趙就是做廚子，也不覺得有什麼委屈。但是我趙家可不是世世代代做廚子的。」

「老趙，你不說我真不便問，我只覺得你不像是三家村出身的人。如果你不見外，你不妨實話實說，也好讓我長長見識？」林如海坦誠地對老趙說。

「董事長，如果我說實話，您可別以為我是瞎吹牛啊？」

「老趙，那怎麼會呢？」林如海向老趙一笑，「世上沒有鐵打的江山。」

「董事長，說出來您可能真不會相信？」老趙欲言又止。

「老趙，你一向實實在在，從來不和任何人計較短長，也從來沒有吹過一句牛，我怎麼會不相信呢？」

老趙忽然眼圈一紅，終於脫口而出：

「我父親是一位末代王爺，我是他的寶貝獨子！」

林如海聽了一震，怔怔地望著老趙。他最近才看過《末代帝王》、《貴族之家》、《香妃與格格》之類的電影和電視連續劇，瞭解一些宮廷生活和貴族家庭的情形，沒想到老趙竟是王爺之後？而又從來不露半點聲色，這是何等涵養？但他應該姓什麼愛新覺羅才是，怎麼會姓趙呢？老趙看他不作聲，又一臉狐疑，有些後悔自己失言，便向林如海尷尬地一笑說：

「董事長，您只當我胡說八道好了！千萬別認真。」

「老趙，你會錯意了！」林如海立刻向他抱歉地一笑：「我絕不是懷疑你的身世，我是不明白你怎麼姓趙？」

「董事長，你不明白當年改朝換代的情形，所以也不明白我們旗人改名換姓的原因。」老趙鬆了一口氣說。

「這我倒要領教領教。你說我聽。」

「當年我剛出生，什麼也不懂。後來我父親告訴我：我們旗人貴族，像什麼王爺、貝勒、貝子，為了保全身家性命，統統改名換姓了。有的貝勒改姓勒，有的貝子改姓貝。我父親索性改頭換面，冒充趙匡胤的族人，給我取名趙燕民，這樣就誰也不知道我是旗人了。」老趙像說別人的故事一樣，不再緊張。

林如海和老太太也舒了一口氣。素素十分驚喜，她沒有想到老趙有這種貴族身世？她對老趙更肅然起敬。

大家看著老趙半天沒作聲，林如海突然拍拍他的肩膀說：

「老趙，你真是真人不露相，海水不可以斗量！我服了你。」

「董事長，俗話說：『好漢不提當年勇。』我那是什麼真人？不過我這一露底兒，彷彿窮人思古債似的？」老趙有些後悔似地苦笑：「實在沒有什麼意思！」

這三年來，老太太對老趙的為人十分瞭解，也十分欣賞，完全將他視為慈恩山莊這個新家庭的一員，沒有將他當做廚子看待。他和素素也相處得很好，待明月也像自己的小女兒一般。他常常買些她喜歡玩、喜歡吃的東西給她，也陪她和狼狗來喜玩耍，還教她游泳、打拳，一老一小，給慈恩山莊增添了不少生氣，也給老太太帶來不少歡樂。老太太聽了他的話，心中暗自起敬，也有不少感慨，因此，他對老趙說：

「老趙，人生無常，世界無常。俗話說：『三十年河東，三十年河西。』沒有那一隻船是一篷風行到底的。但是能像你這樣沉得住氣、寵辱不驚，始終如一的人卻少之又少。即使修行中人，要修到你這種火候，也不容易。」

「老夫人，您過獎了！」老趙站起來回答：「我老趙落難這麼多年，不過是苟全性命，隨遇而安，其他的一概不想，心裏反而乾淨，少些煩惱。」

「老趙，你真提得起、放得下！這就是大修養、大學問。」老太太讚賞地：「修行人也很難修到完全放下。」

「老夫人，不放下又怎樣？」老趙笑著反問一句，隨後又自己解釋：「我老趙兩肩扛一口，一旦兩腿一伸，一了百了，何必去操那些閒心？」

「老趙，你老家還有些什麼人？」林如海問：「你始終未提，我也一直不便問，現在問一下，想必無妨？」

「董事長，家父母在我離家前一年，先後過世了，算是死得其時。」老趙有些無奈地說：「那年我老婆也流產過一次，但是我倉倉皇皇跟著部隊逃出來時，她正挺著大肚皮，行動十分不便，反而鼓勵我自個兒逃命。這些年來一直不通音訊，死活兩難料。」

「我會祈求觀世音菩薩保佑她平安。」老太太說。

「娘，您連她的姓名都不知道，怎麼祈求？」林如海說。

老太太立刻要老趙告訴她，老趙覺得事隔多年，又經天翻地覆的大變，活著的機會很少，他不抱什麼希望，但還是告訴了老太太說她叫李玉蓮。老太太說：

「這是一個大劫。眾生除了個人的生、老、病、死之外，還要分擔許多共業，實在無可奈何。」

「娘，共業有沒有什麼辦法減輕？」林如海問。

「大家多存善念、多作好事，就不會天怒人怨，自然減輕。」老太太回答。

「我看慈恩山莊可以做得到。」林如海望望大家說：「人上一百，就有困難。」

「人人都從自己作起，那就好辦。」老太太也看看大家。「我真想將慈恩山莊變成一塊淨土。」

「老夫人，這倒很有可能。」老趙接嘴：「以前我在大廚房跟著別人弄雞鴨魚肉，心裏總有些不忍，但又不能不做。自從搬到慈恩山莊那天起，大家都吃素，我心裏也清淨多了，不再感覺有什麼罪過。大家心裏乾淨，慈恩山莊自然是一片淨土。老夫人，您說對不對？」

「老趙，你的話對極了！」老太太高興地笑：「你雖然沒有皈依三寶，可是你的話自然有佛性，可見你是一位有大善根的人！」

「老夫人，我倒不覺得我有什麼善根。可是我平生從來沒有起過什麼壞念頭，打過什麼歪主意。我只是覺得做人本來就應該如此，不然和那些長毛畜生、扁毛畜生又有什麼分別？」

老太太聽了老趙的話突然站起來，笑吟吟地望著他說：

「老趙，你不但有大善根，還真有佛性！希望你日後能皈依明師，好好修行，一定能重登極樂淨土。」

「老夫人，能跟您老人家在一個屋簷下生活，就是我的大造化了。」老趙也高興地站起來說：「您不是說過一人得道雞犬升天嗎？」

「老趙，看來我們是有善緣。我師父說過，二十年內會有再世佛來，希望那時你也能和明月一起皈依。」

老趙不知道印空講些什麼？老太太向他說明，他聽了也十分高興，隨後又惶惑地說：

「說不定那時我已經不在人世了！」

「老趙，你只大我兩歲，你的身體比我還好，你會長命百歲的。」林如海拍拍他說。

「董事長，我那有您的福氣？我怎能和您比？」老趙謙虛地笑笑。

「老趙，你也不必太謙，我們已經是一家人了，現在就算是演戲，各盡本分就行。何必老分什麼張三、李四、王二麻子的？」老太太笑著安慰老趙。

老太太飯後有散步的習慣，她要林如海、素素陪她，老趙收拾碗筷沒有奉陪，她牽著明月先到她種的空心菜、地瓜園裏看看，她每天最少要看兩三次。她是百看不厭的。

空心菜和地瓜葉子都長得十分翠綠肥嫩，林如海很少來看，因為他到慈恩山莊多是匆匆來去。現在一看到這麼翠綠肥嫩的葉子，十分驚喜地說：

「娘，這比您當年在山邊種的空心菜、地瓜葉子肥多了，您這是怎麼種的？」

「娘並不會變什麼戲法兒。」老太太笑說：「只是時間、地點不同，如今又有老趙幫忙，所以才不一樣。」

「娘，您倒是講講看，也好讓我學學。」林如海隨即蹲下去摘了一片空心菜和地瓜葉在手上端詳。

「你是不是改變主意想種地了？」老太太笑問。

「娘，我不能走回頭路。」林如海搖頭一笑：「種地能維持生活就很不錯，可別想發財。」

「那些有地的人不是發了大財？」老太太明知故問。

「娘，您又不是不知道？那也是靠工商業發達，把地價炒起來的，不少搞房地產的頭家，就是把土地炒來炒去，往往一夕之間，地價暴漲幾十倍上百倍，他們坐在家裏發財，真正種地的人還不是苦哈哈？」林如海有些不平地說。

「難怪他們比你發得快。」

「所以兒子始終趕不上黃家。」

「不趕也好。不論做什麼事，總要於人有益，於己心安理得，才是上策。你能事事留意，不當外行很好。」老太太對兒子說。

「娘，我發覺這邊的泥土是黑色的，很肥、很厚。不像從前老家山邊的畸零地，泥土薄，黃土地帶些碎石，連種地瓜、空心菜也長不好，葉子是黃黃的，地瓜也瘦得跟大拇指差不多大小，真虧了老娘！」林如海說到這裏不禁眼圈發紅。

「這就是娘為什麼要在這裏種空心菜、地瓜的原因了。」老太太含淚微笑地說：「我希望你也不要忘本。」

「娘，兒子也不是吃歐羅肥長大的，怎麼會忘本？」林如海大聲說。

「那以後你來慈恩山莊時，不妨抽空來這裏看看。」老太太對兒子說，又看看孫女兒：「我會天天帶明月來看看，日後也要讓她知道空心菜和地瓜的故事。」

老趙洗好碗筷之後，也興沖沖地趕過來。老太太指著他對林如海說：

「當初挖這塊地時，是老趙出力的。娘不再是二十幾歲，大石頭搬不動了！」

「幸好這塊地石頭不多。」老趙連忙接嘴：「泥土倒和我家鄉的黑土差不離，只是我家的泥土裏我也找不到石頭。」

「老趙，那有沒有石頭的土地？」林如海奇怪地問。

「董事長，我可不說謊話，尤其是我老家更是沃野千里的黑色泥土，種什麼都長得好，簡直不用施肥料。」老趙意氣風發起來。

「老趙，真有那樣的好地方？」老太太笑問。

「老夫人，我怎麼會騙您老人家？」老趙向老太太一笑：「可也有一樣不好。」

「那一樣不好？」林如海連忙問。

「太冷！」老趙先說兩個字：「董事長，這邊一到攝氏十度大家都說『好冷』！可是在我老家，不到零下二三十度，還沒有人叫冷呢！」

「那怎麼撐得下去？」老太太不免奇怪地問。

「老夫人，真一方水土養一方人。我老家人人房裏有炕，煤也方便，窩在家裏不冷，一出門就用皮毛包起來，只露出兩隻眼睛，只是土地上面全是冰雪，寸草不生，那像這邊四季常春？」

「這樣說來那是各有利弊了？」林如海說。

「不過，說實話，董事長，我還是很想念老家。」老趙有些黯然。「冬天的銀色世界是這邊沒有的。」

「老趙，這也是人之常情！」林如海拍拍他說。「畢竟我們不是孫悟空拔根汗毛吹口氣兒變出來的，我們都是人生父母養的有血有肉的人，都是有情眾生，你說是不是？」

「董事長，您真是個明理的人！我老趙一直是打落門牙和血吞，多少年來吭都不吭一聲。剛才要不是老夫人談起挖地的事兒，也逗不出我的陳年爛賬來。」

「老趙，講出來好，不要老是悶在心裏。」老太太說：「那會悶壞人的。」

「老夫人，我真怕雞同鴨講，那樣反而惹人生氣，所以該悶的時候我還是悶著，大家笑臉相向，總比吹鬍子瞪眼睛好。老夫人，您老人家說是不是？」

「老趙，難得你替自己想也替別人想，這樣才能一團和氣。淨土、樂土就是這樣造成的。」

「娘，看來慈恩山莊是有希望的了。」林如海高興地。

一雙美麗的鳳蝶突然從相思樹林裏飛了過來，在空心菜上翩翩起舞，明月先拍手歡呼，隨後又想去捉。老太太將她拉住，輕輕對她說：

「不要捉，讓牠自由自在。」

明月看看老太太，又看看老趙，不知如何是好?老太太低頭問她：

「妳願不願意別人把妳捉去?」

明月笑著搖搖頭。老太太又指著鳳蝶問她：

「妳還要不要捉牠?」

「不要。」她一邊搖頭一邊笑。

老太太將她抱了起來，在她臉上親了一下，誇獎了她一句，又指指鳳蝶對她說：

「牠的花翅膀像不像妳這一身衣裙一樣漂亮?」

「牠更漂亮!」明月說。

「妳是一條命，牠也是一條命，對不對?」

「對!」明月笑著點點頭。

「妳要是把牠捉過來，牠就活不成，那不是害了牠一條命?」

她看了老太太一眼，又點點頭。老太太又指指在空心菜上飛舞，想落又不敢落的鳳蝶說：

「牠要是死了，會不會飛?」

「不會。」她又搖搖頭。

「妳為什麼想捉牠?」

「好玩。」她天真地一笑。

「妳為了好玩,去害牠的性命,應不應該?」

她笑著搖搖頭,老太太又輕輕地對她說:

「我們不能為了自己好吃、好玩,去傷害別的生命,妳知不知道?」

她笑著點點頭。老太太又問她:

「奶奶、阿姨、趙伯伯,我們這些人,為什麼吃素?妳明不明白?」

她反問老太太:

「奶奶,我聞著魚肉味就會作嘔,您們是不是也不喜歡吃肉?」

「素素阿姨、趙伯伯以前也吃肉。他們看我吃素,才跟著我吃素。」

「奶奶,那您為什麼要吃素呢?」

「奶奶不忍殺生,因為殺生的罪過很大。妳知不知道?」

「所以您也不讓我捉蝴蝶,對不對?」

「對,對,對!」老太太笑著親了她一下:「那妳是完全明白了?」

她笑著連連點頭。老太太又笑著對她說:

「明月,我再講個烏龜的故事給妳聽好不好?」

明月已經在看一些看圖識字的書，她最愛聽故事，老太太昨天才看過一本佛教雜誌上刊登的一則真實新聞，沒有時間對明月講，現在正好派上用場。

「其實這是一家報紙登過的真實新聞。」老太太說。

「娘，我怎麼沒有看見？」林如海連忙插嘴。

「那不是本土報紙，你又是忙人，怎麼會注意烏龜這種雞毛蒜皮的小事兒？」老太太笑著把明月交給他抱，又搥搥發痠的手臂說：「我要不是看了《大乘》雜誌，我也不知道。」

「娘，那是轉載的新聞了？」

老太太點點頭，又對明月說：

「這是一隻通人性的千年老山龜，牠可比奶奶的年紀大多了！」

「奶奶，那烏龜有多大？」明月連忙問。

「長約六十公分，身子圓圓的。」老太太用兩手做了一個圈兒：「大約這麼大。」

「奶奶，那我可搬不動牠。」明月說。

「妳當然搬不動。」老太太點頭一笑：「是一位叫做智圓的和尚抱著牠去看醫生的。」

「奶奶，和尚為什麼要抱牠去看醫生？」

「因為這隻山龜住在天臺寺後面的大放生池裏，已經一個月不吃不喝了，而且口吐血泡，智圓和尚看看不行了，不得不抱著牠去醫院耳鼻喉科求救。幸好遇著一位慈悲的女醫生金梅教授，答應救牠。奇怪的是，老山龜聽見醫生答應救牠，竟向醫生連連點頭，而且淌下兩行眼淚。」

明月聽得出神，目不轉睛。老太太笑著對她說：

「明月，這可不是奶奶說故事逗妳，這是千真萬確的事兒，奶奶會將那本《大乘》雜誌留著，妳認識字時再自己看。」

「奶奶，您快講，書我以後再看。」

老太太親親她，又繼續說下去：

「醫生將老山龜放在手術檯上，叫牠伸出脖子，牠就伸出脖子，叫牠張開嘴巴，牠就張開嘴巴。醫生用內視鏡透視，發現老山龜胃中有一枚釣魚鉤兒！」

「難怪牠不吃不喝！」老趙說。

「烏龜的胃很複雜，醫生花了兩個多小時，才將釣魚鉤兒取了出來。老山龜連忙向醫生點了三下頭，高興地在手術檯上爬來爬去，看的人都嘖嘖稱奇。後來一家晚報把這件事報導出來，我才看到，已經遲了兩個月。《大乘》雜誌寄到我手裏就更遲了。」

明月一直聽老太太講完這個故事，始終沒有作聲。老太太親親她，笑問：

「乖乖，妳怎麼不作聲？」

「奶奶，不知道那個釣魚的人是誰？」明月忽然發問。

「新聞中沒有登出來，奶奶也不知道？」老太太說。

「奶奶，聽來那老山龜和人一樣有靈性，恐怕那位釣魚的人將來會有報應。」

她一說完老太太就驚喜地雙手抱住她說：

「乖乖，沒想到妳一下子就開竅了！奶奶真好高興！」老太太不禁流下喜悅之淚來。

林如海高興得說不出話來，同時又有些耽心，明月說這幾句話簡直像個大人。他真情願她像一般兒童一樣帶幾分渾沌。老趙和素素都很高興，但沒有林如海的那種顧慮。老太太知道林如海不作聲的心情，便將明月交給素素，要她和老趙帶明月去游泳池那邊的亭子裏玩，她和兒子走進客廳休息。老太太一坐下，林如海就說：

「娘，剛才明月的話真使兒子又喜又驚，兒子倒情願她帶幾分渾沌。」

「你怕她養不大是不是？」老太太一語破的。

「娘，既然您說破了，兒子就不得不承認。」林如海仍然忐忑不安。

「你放心，明月是大智慧，不是那種小機伶。而且她話中有佛性，不露機鋒，這就是福慧雙全，怎麼會不好養呢？」

「但願托娘的福！」林如海望著老太太說：「我怕我的福氣不夠，載不住？」

「你忘了師公的話？」老太太反問兒子：「師公說她二十歲時還有大因緣呢！師公那首偈的第三句更暗示她來到這個娑婆世界是有大事因緣的。你怕什麼？」

「但願這是兒子過慮。」林如海又輕鬆地一笑。

老太太突然改變話題問他：

「我倒想問問你，冬梅過世已經三年了，你打算什麼時候續弦？」

「娘，您不問我也正想向您報告，續弦的事兒近在眼前。」

「對象如何？」

「是我的女祕書莊文玲，她已追隨我好幾年了，彼此都很瞭解。」

「多大年紀？」

「快三十了。」

「比冬梅如何？」

「冬梅只是家庭主婦，她是一位職業婦女，能力很強，我不會的她都會。」

「她也會麥克、麥克？」老太太忽然用林如海以前說的洋文打趣。

林如海聽了大笑起來，他真想不到母親會突然來這一招？隨後又忍住笑說：

「娘，您老人家何必又掀兒子的底兒？她不麥克兒子就麥克不起來，一到國外就又聾又啞，有她在身邊，兒子就如虎添翼了。」

「你還說你的福氣不夠？」老太太笑著白了他一眼：「有幾個男人有你這種福氣？」

「娘，兒子是托您老人家的福，不然那有今天？」

「娘未必有這麼大的福氣？不過你能吃果子拜樹頭總是好的。」老太太望著兒子說：「日子選好了沒有？」

「娘，我為了保密，除了王主任外，公司裏任何人都不知道。我準備出國前在法院公證，上飛機以後才讓王主任發個消息，我不想打擾親友、同仁，也避免媒體小題大作。娘，您看這樣好不好？」

「這樣很好。」老太太點點頭：「上次冬梅的事驚動太多人了！你們回來後，已事過境遷，冷飯也不好炒。」

「娘，要不要先帶她來給您老人家看看？」

「不必，」老太太搖搖頭：「你這麼大的人了，我還操個什麼心？回來以後再來山莊住三兩天就好了。」

「娘，想不到您會這麼民主？」林如海笑說。

「你別尋老娘開心！」老太太白他一眼！「老娘才不希罕那種掀桌子、掏糞缸、三字經的什麼鬼民主！」

「娘，您不希罕，兒子可吃過不少暗虧呢！」林如海無可奈何地說。

「你不是要出去搞什麼子公司嗎？」

「正因為如此，兒子才不能捆著挨打！」

老趙、素素帶著明月回來。明月人未到聲音先到，奶奶、奶奶叫得十分親熱，她手上握著幾朵紅黃兩色的大輪玫瑰，雙手送給老太太，老太太怕她扎了手，請素素插進瓶裏。老太太很喜歡玫瑰，有一塊花圃種得很好，現在正是盛開季節，老趙剪了幾枝下來。

明月要看電視，素素隨即按了一下遙控器，一家新聞電臺的螢光幕上，正好出現廣德法師主持印空開缸的鏡頭，這是印空第一次上電視。以前一般人只知道經常上電視的廣德大法師，不知道印空這位默默修行的老和尚，現在成了肉身菩薩，才上電視，連老趙也不知道他。老趙聽到記者的說明，不禁感慨地說：

「以前我只說真人不露相，現在才知道佛、菩薩也不露相。」

# 第八章　來喜佛性看茹素
# 印空法相配觀音

林如海在法院公證結婚儀式一完畢，他就和莊文玲驅車直赴機場。他在機場打了電話來向老太太報告：

「娘，我和文玲在機場向您告別，三個月以後再回來向您請安。所有公事私事我都交代好了。山莊的事李科長會照顧，老趙和李科長很熟，再大的事一個電話就解決了。明月還小，請娘隨時開導。」

「山莊的事你放心，你也不必耽心明月。〈白衣大士神咒〉你要帶在身上，隨時默念，一切災殃自然化為塵。我也會祈求觀世音菩薩保佑你們平安。」

電話裏隨即換了一個年輕女性的聲音：

「媽，我是媳婦文玲，我在機場向您告別。回來後我和如海再上山莊向您老人家請安。這次出國我們是像做賊，生怕被記者盯上，請您原諒。」

老太太聽了這個年輕、溫柔的新媳婦的聲音，滿心歡喜，連連說：

「我知道，我知道！祝你們一路順風，事事如意……」

電話那端傳來一聲「再見」，老太太才笑著將電話筒放下。

老太太向來不過問兒子的公事，他的幾位祕書她也不認識，包括莊文玲在內。陳素素原是侍候林如海的工友，林如海的祕書她全認識，莊文玲是女性，她接觸更多，但沒有想到，他們兩人突然結婚，祕書竟成了董事長夫人。老太太放下電話之後，便問素素：

「素素，你在公司時間久，莊祕書妳一定很熟？」

「老夫人，莊祕書比我遲到公司四、五年，過去我和她天天見面，董事長辦公室和祕書辦公室都是我照顧，不能說不熟。」素素回答。

「妳覺得莊祕書為人如何？」

「老夫人，莊祕書做人很不錯，沒有架子，對我也很客氣。」

「她對董事長怎樣？」老太太笑問。

「對董事長也很有分寸。只是這三年來我一直在老太太身邊，其中的變化我就不大清楚了。」

「素素，照妳這樣說來，莊祕書不是花瓶了？」老太太笑說。

「老夫人，莊祕書不是那種女人。」素素搖頭一笑：「董事長是工作第一，要求很嚴，他也不是養花瓶的男人。」

「這樣我就放心了。」老太太輕鬆地笑笑。

「老夫人，董事長和莊祕書結婚的事，您事先也不知道？」

「知是知道，不過我沒有過問。」老太太說：「他怕打擾別人，更怕報紙、電視炒新聞，所以他一直不吭聲。」

「難怪公司的人也不知道。」素素一笑：「這真保密到家了。」

「素素，現在我倒要問妳：莊祕書人長得怎樣？」

「老夫人，這就難講了？」素素笑說。

「妳既然和她很熟，又怎麼難講呢？」

「老夫人，我笨嘴笨舌，一時很難找到恰當的話來形容她。」

「這兒只有我們兩個大人，妳隨便講好了。」老太太鼓勵她說。明月不在身邊，沒有第三人聽到。

「老夫人，要說當花瓶，莊祕書確實是個漂亮的花瓶。不過她更實用。說她漂亮，她又不像明星，歌星，容易招蜂引蝶，她不會惹騷惹臭，任何男人看見她，自然不敢輕舉妄動，骨頭也輕不起來。」

「你這樣說來，那她是很莊重了？」老太太向素素一笑。

「不錯！」素素連忙點頭一笑：「老夫人，我說了好幾句，還不如您用兩個字。」

「素素，我是老古板，沒有妳時髦。」老太太打趣地說：「不過，莊祕書還很年輕，正是生育年齡，恐怕將來難免麻煩。」

「老夫人，您是不是替明月耽心？」

「不止是明月，如果家庭複雜了，問題自然也多。」

「老夫人，現在的年輕人都不願生育，何況莊秘書是職業婦女？更要陪董事長做空中飛人，五湖四海到處跑，她未必想要孩子把自己綁住？」

「這種話我不便講，也不該講，只是和妳隨便談談。我希望我們這個家無風無浪。」

「老夫人，妳一生修行、積德，自有善報，不必操心。」素素追隨老太太三年多，知道她除了念佛以外，更默默行善。遷到慈恩山莊以後，林如海每月給她和明月的四萬塊零用錢，十之七八都要她用無名氏的名義寄給在報上看到的一些貧苦或受難的人。她每天看報看電視的第一件事就是留意那些不幸的新聞，把它記下來，向老太太報告。有的時候老太太一文錢都不用，全部捐出去。明月不會花錢，也不像一般小孩子要買玩具玩，她愛跟著老趙和她在院子裏走走看看，有時跟著來喜玩，還要送她去幼稚園上小班。她在幼稚園裏也很得老師同學的喜愛。老師還建議讓她上大班，因為她顯然比同齡的孩子懂事多了。

「素素，這是娑婆世界，不是極樂淨土，一切都很無常。我們這安樂窩也是幻相，不過是暫時的人天福報而已，所以我不能不耽心。」

「老夫人，聽您老人家這樣說來，自然要居安思危了。」素素說。

「所以我常常想起師父說的那位再世佛，希望他早點來，妳也好和明月一起同修，才不虛度此生。」

「老夫人，我天天陪您念經，應該也有一點福報？」

「當然有。」老太太點點頭：「即使受持《金剛經》中四句偈，福德就不少。不過如果遇到再世佛，成為親授弟子，時常聽他開示，那種無形的加持力量，便不可思議，解脫也就容易多了。」

「老夫人，釋迦牟尼佛說然燈佛與他授記，來世當得作佛，號釋迦牟尼。如果我也遇到再世佛成為弟子，那意思便差不多了？」

「再世佛會幫助弟子早日證悟如來本性，所以解脫快些。」

「老夫人，那我更要好好地先跟您修行，希望托您的福，托明月的福，我禿子跟著月亮走，最後也跟著解脫。」

老趙牽著明月，後面跟著來喜，一道進來。明月很高興，頭上有汗。來喜全身洗得乾乾淨淨、毛像黑緞子似的發亮，十分溫馴聽話。明月叫牠坐下牠就坐下，老太太也很喜歡牠。她突然對老趙說：

「老趙，我們都吃素，只有來喜吃狗食。狗食是葷的，你不妨以素火腿、爛青菜、米飯、素雞餵牠，這樣不但可以慢慢改變牠的獸性，也可以減輕牠的罪孽，免得牠老在畜牲道輪迴。」

「老夫人，比起別的狼狗來，牠是最溫馴，最通人性的了。」老趙回答：「既然老夫人慈悲，我會試試看，如能改變過來，那是最好不過的了。」

「沒有什麼不能改變的，只是習慣而已，你最好要有點耐性。」老太太說。

「我會照老夫人的意思辦。老夫人想度牠，我也高興。」老趙摸摸來喜的頭說。

「以後我和素素念經的時候，讓牠在我旁邊聽經，觀世音菩薩的力量可以變化牠的氣質，眾生都有佛性，希望牠下輩子能做人。」

「奶奶，不知道來喜上輩子是人還是畜牲？」明月笑問。

「奶奶還不知道，以後妳一定會知道。」老太太摸摸明月的頭又指指來喜說：「不過依來喜的性情看，牠不像一般狼狗那麼兇猛，多少保留了一點人性。如果以後給牠吃素，又讓牠在佛堂聽經，那牠下一輩子就可以投生人胎，成為一個好人，等級可以步步提升。」

「老夫人，我看來喜雖然是畜牲，但牠能來到慈恩山莊，遇上老夫人，也是牠的福報。」

「說不定牠和我們都有緣份。」老太太笑說。

「老夫人，本來我最怕狼狗，但我不怕來喜，還很喜歡牠。」素素說。

「那是因為妳看著牠長大的。」老趙說：「明月還把牠當馬騎呢！」

「老趙，這樣說來，明天你就給牠換素食好了！」老太太擔心地說：「牠長久吃葷，難脫獸性。萬一野性突發，那很危險。」

「老夫人，您老人家放心，我今天晚上就開始換。素雞、素火腿，廚房裏有現成的。我一個電話打過去，素食店也會隨時送來。」老趙和素食店有十年以上的來往，他的信用好，素食店視他為老主顧。他每天晚飯時餵來喜一次，清晨帶牠去山上運動、大小便。院子裏乾乾淨淨，沒有狗糞。

「趙伯伯，我們吃三餐，來喜只晚上餵一次，牠會不會餓？」明月問老趙。老太太教她稱老趙為趙伯伯。

「明月，從小我就聽大人說：『日餵貓、夜餵狗。』以前我在部隊裏養貓養狗也是這樣餵的。」

「為什麼？」明月追問。

「明月，妳要知道：貓是夜間捕鼠，吃飽了，牠就懶得抓老鼠了；狗要守夜，晚上不餵飽，牠就沒有精神守夜，沒有力氣對付強盜小偷了。」

「趙叔叔，您一天二十四小時餵來喜一次，牠的營養夠不夠？會不會影響發育？」素素也關心地問。

「素素，妳看看牠的毛色就知道了。」老趙指指來喜的背脊毛對她說：「牠現在的發育很好，不肥不瘦。」

素素看來喜全身毛色發亮，知道不會營養不良，發育很好。但牠才一歲半，彷彿十七八歲的青年人，正是花樣年華，如果多餵一次，那可能長得更好。但她不便再說。

老太太看了來喜也很滿意，而且引起她不少感慨。她忍不住說：

「當我年輕時，人都三餐不繼，飽一頓、餓一頓的，那有來喜這種福氣？狗有屎吃就不錯了……」

「老夫人，當年我跟著部隊逃難時也是飽一頓、餓一頓的。」老趙接嘴。「素火腿看都沒有看過，別說吃了！」

「奶奶，您怎麼不吃飽？那有狗吃屎的？」明月仰起頭來不解地問老太太。

「乖乖！」老太太摸摸明月的頭說：「大概你是一直在天堂裏過日子，不知道人間疾苦？您來到這個婆婆世界時，恰巧遇到好日子，所以妳不知道人沒有飯吃、狗沒有屎吃的故事。娑婆世界還有很多事是妳要見識、學習的。我們林家也沒有過多少年的好日子，那像天堂、淨土總是那樣無風無浪的？」

「奶奶，我好像記得我來的地方是想什麼就有什麼的？」

明月彷彿想起什麼似的，望著老太太說。

老太太一把將她攬進懷裏，在她耳邊輕輕地：

「乖乖，奶奶明白了！不必再說。」

老趙從來沒有聽說過有那種地方？他搖搖頭一笑說：

「如果真有那種好地方？那我老趙也想去。」

「老趙，我吃素、修行一輩子，就是想去那種地方。」老太太對老趙說：「你已經吃素了，如果認真修行，日後也會到那種地方去的。」

「老夫人，我從老家千山萬水逃到此地，已經脫了一身皮。即使真有那種好地方，去又談何容易？」

「老趙，你心地好，又吃素，一旦因緣成熟，遇到明師教你修行，自然能去。」

「老夫人，何必捨近求遠？」老趙向老太太一笑：「如果您老人家不嫌棄，我就拜您為師好了！」

「我可擔當不起！」老太太欠欠身子說：「老趙，如果你想修行，可以和素素一樣，每天我們一道念經禮佛好了。」

「老夫人，我閒著也是閒著，如果您老人家不嫌我打擾，以後我就陪您們一起念經禮佛好了。」老趙高興地說。

老太太、素素，聽了很高興，明月也很高興，老太太笑說：

「這樣我們就更像一家人了！」

「老夫人，那我更要好好地餵來喜，不給牠吃半點葷腥，不然會褻瀆了佛堂。」老趙說。

「本來喝酒吃肉的人是不能進我的佛堂的。」老太太說：「從今天晚上起，只要來喜不吃葷，我也讓牠進佛堂。」

來喜突然抬起來用綠眼珠兒望望老太太，明月抱住牠的頭，笑著問牠：「你聽得懂嗎？」

窗外突然傳來松鼠的吱吱叫聲，來喜豎起耳朵來聽，隨即竄了出去，老趙、素素、明月都趕到陽臺上去看。原來有兩隻松鼠在地上掘地瓜，高興得吱吱叫，想不到來喜突然從屋裏衝過去追捕，松鼠慌張地朝圍牆邊上的一棵相思樹逃跑，一隻上了相思樹，落後的一隻剛剛跳上去，來喜也正好追上，一口咬住，松鼠吱吱叫，老趙作了一個手勢，說聲「放口」，牠隨即將松鼠放掉，松鼠連忙爬上相思樹，慌張地跳到圍牆外的相思樹林中去了。

「幸好牠沒有將松鼠咬死。」老太太走過來說。

「老夫人，來喜沒有用力咬。」老趙回過頭來對老太太說：「如果牠用力，當下就咬死了！」

「看來牠還有點慈悲心。」老太太笑說。

「老夫人，來喜知道好歹，也知道輕重，牠只是給松鼠一次警告，如果是壞人，牠就不一樣了。」

老趙一面對老太太說，一面向來喜招手，來喜立刻跑過來。明月馬上抱住牠，拍拍牠，連說：「來喜好乖！」

「那兩隻松鼠今天可嚇破了膽，該有好久不敢再進來了。」素素也摸摸來喜說。

松鼠兩三個月前也進來過一次，那次僥倖跑掉了。

山上鳥類不少，其中以白頭翁最多，每天天剛亮，白頭翁就在相思樹枝頭歡樂地歌唱，聲音雖然沒有畫眉的好聽，但牠們不怕人，每天清早比吹起床號還準，老趙總是和白頭翁一道起來，帶著來喜在山上蹓蹓，山上的獸類倒是很少，連兔子也少見，偶然有三兩隻流浪狗，一看見來喜也自動逃開，來喜也不追趕。

「老夫人，今天晚餐我要獎勵牠一下。」老趙對老太太笑說。

「趙伯伯，您怎麼獎勵牠？」明月關心地問。

「給牠多吃幾塊瘦火腿。」老趙向明月一笑。

「如果牠不吃呢？」明月問。

「那就餓牠一頓。」老趙故意逗明月。

「趙伯伯，牠這麼聽話，這麼可愛，您怎忍心餓牠？」明月反問。

「如果牠不吃素，就是不聽話，這是為牠好，怎麼不該餓牠？」老趙也反問明月。

「牠不懂這是為牠好，那又怎麼辦？」

「牠聰明得很！」老趙加強語氣說：「牠受警犬訓練時，拿有毒的食物給牠吃，牠餓了兩頓都不吃。牠只是不會說話，我的手勢、動作、說話的意思他都懂。牠知道我對牠很好，牠會聽我的話。」

老太太聽老趙這樣說，心裏很高興，又有些後悔地說：

「可惜我沒有早告訴你要讓牠吃素！」

「老夫人，以前牠還沒有受完警犬訓練，吃素不大方便。現在開始吃素也不算遲。」老趙向老太太解釋：「俗話說：『放下屠刀，立地成佛。』我也是來山莊以後才吃素的。人沒有一生下來就成佛的是不是？」

「老趙，你的話一點不錯！」老太太先向他點點頭，又再加解釋：「釋迦牟尼佛在十九歲前也是過著王子的生活，和普通人差不多。到了十九歲才覺得不對，因此出家苦修。即使是再世佛，一降生到娑婆世界，也會無明好一陣子，不會一生下來就是佛。必須再經過修行，才能明心見性。正像蒙上灰塵的鏡子，必須將灰塵擦洗乾淨，才能掃除無明，度己度人，我師父也是如此。」

「那佛、菩薩還是不下來的好。」老趙笑著說。

「如果佛、菩薩不懷抱度眾生的大慈大悲心，當然不必下來。下來的都是大慈大悲的佛、菩薩。所以維摩詰居士說：『因為眾生有病我亦病。』地藏菩薩更說：『地獄不空，誓不成佛。』」

「老夫人，這種精神真了不起，不過凡人不容易辦到。」老趙又歎又笑著說。

「所以凡人多，佛、菩薩少。」老太太摸摸明月的頭一笑。

「老夫人，您老人家連來喜也想度，這不也是菩薩心腸？」

「老趙，來喜也是我們山莊的一份子，牠除了不會講話之外，並不比人差多少，有些地方我們人還比不上牠，你說是不是？」

「老夫人，您說的一點不錯！」老趙兩手一拍說：「從小我教牠不准隨地大小便，牠一直遵守。每天清早，牠跟我到山上樹林中大小便一次，就不再大小便。所以我們院子裏乾乾淨淨，連狗屋裏也聞不到尿騷屎臭。」

「那牠怎麼憋得住？」素素看看來喜說。

「我也奇怪，牠就有這個本領。」老趙笑說。「有一天我清早有事，沒有帶牠上山，太陽快下山時才帶牠出去，牠才在樹林中那個老地方大小便。這一點我們人就辦不到。」

明月笑了起來，她對老趙說：

「趙伯伯，我也辦不到。」

老太太笑著摸摸她的頭，她也摸摸來喜的頭。老趙又說：

「來喜的聽覺十分靈敏，一點聲音都逃不過牠的耳朵。」

「不錯，剛才牠就先跑出去抓松鼠。」素素說。

「視力、嗅覺更令我驚奇。」老趙興奮地說：「有一天晚飯後，我帶牠去外面散步，牠高興地到處跑，我也不管牠，讓牠自由自在，我自個兒荒腔走板地唱《文昭關》，手舞足蹈起來。正得意時突然停電，一片漆黑，伸手不見五指，我想看看老錶，才發覺手腕上是空的，不知道是怎麼丟了？我叫了一聲來喜，牠很快地跑到我的面前，我指指空手腕對牠說：『我的老錶丟了，快去找！』牠連忙跑開，大約過了十分鐘，牠口銜我的老錶回到我的身邊，這時電燈也湊巧亮了，我才發覺我的錶帶斷了！我不知道是怎麼手舞足蹈拋出去的？」

老趙是個戲迷，京戲唱片、錄音帶、錄影帶、電視機是他的老伴。他的西皮二簧唱的是真不賴，過去在部隊裏他還多次粉墨登臺，唱過《四郎探母》、《二進宮》、《捉放曹》、《文昭關》、《烏盆記》等鬚生戲，而且是道地的京派。他說這個丟錶故事時自己也不禁好笑，老太太、素素也好笑，明月摟著來喜笑，連連用小手拍牠。又問老趙：

「趙伯伯，您有沒有買糖給來喜吃？」

「明月，不能給牠吃糖，我給牠多吃了兩個生雞蛋。」老趙天真地一笑：「不過說來罪過，妳和老夫人是連雞蛋也不吃的。」

「趙伯伯，我喝牛奶，喝很多牛奶。」明月說。

「來喜是很有靈性，也比別的狗聰明。」老太太也摸摸牠。

「老夫人，妳也許不知道，牠夜晚從來不睡覺。」老趙說。

「會不會是失眠？」素素笑問，她自己往往失眠。

「素素，來喜才不會失眠。」老趙連連搖頭：「牠要不是在院子裏到處行走，就是伏在窩門口，兩眼盯著大門，誰也別想越雷池一步。」

「趙叔叔，那您也可以高枕無憂了？」素素說。

「我那敢大意？」老趙接嘴：「每天夜晚兩點左右，我還是要起來看看的，不然我怎知道來喜的動靜？」

「老趙，真難為您了！」老太太說。

「老夫人，在這個屋簷下，我怎能讓您老人家操心？」

「老趙，有你在，我是一點也不操心，比住在大樓裏還稱心。」老太太愉快地笑說。

走廊裏視野開闊，休息用的桌椅齊全，空氣清新，微風拂面，看山看海都好。老太太每天都要在走廊裏散散步、坐坐，今天又有來喜特別助興，她更加開心。

院子外面的相思樹林正盛開著小黃花，樹林中有松鼠跳來跳去，偶然探頭探腦向院子裏窺視，但不敢再進來。白頭翁在樹頂飛來飛去，有時也飛到院子裏那棵相思樹上，來喜也不去驚嚇牠們，大家相安無事，一片祥和。藍天飄浮著一片片白雲，來去無心，大家不再作聲，靜靜地欣賞風景。老太太閉著眼睛，彷彿入定。她似乎看見印空的法相在裝金，比菩提寺的三聖法相更金光閃閃。她不能將法相請到山莊來供奉，她想要拍一張法相照片放大裝框供奉。她睜開眼睛，看見老趙還在旁邊，她將自己的想法告訴他，請他和王主任聯絡一下，派人去菩提寺照一張法相放大裝框送過來，錢由她付，不必公司開支。老趙人很老到，因問老太太：

「老夫人，不知道印空大師肉身法相是否粧了金？允不允許照相？不妨先問一下，我再和王主任聯絡比較好。」

老太太覺得老趙的看法很對，她便起身到室內打個電話問覺圓，覺圓接到電話之後很高興，反問她：

「師姐，您怎麼知道師父全身舍利粧好了金？」

「剛才我恍恍惚惚看見似的。我不能將師父請到山莊來供奉，我想拍一張法相放大供奉，不知道可不可以？」

「紀念法會還沒有舉行，外人也不能隨便拍照。但師姐是師父唯一的在家弟子，您這番誠心，師父自然明白。只要有益您修行，總是好事。不過最好是派專人來拍，我怕師父的法相也會被人當作商品，那就是對師父的大不敬。」

「大師兄，我知道！現在是一切都當作商品，女人的馬桶、男人的尿壺，都當寶貝拿去賣錢。師父的法相也難免有人利用。如海出國了，我會請公司的王主任派專人來拍，底片要交給我保存。真虔誠有緣的人，我也會加洗一張送他。大師兄，您看這樣可不可以？」

「師姐，您的想法和我一樣。請您轉告王主任，最好他自己來，來以前先通知我一下。」

「好！一切照辦。」

老太太將電話掛斷之後，就告訴老趙，老趙請她放心。老太太隨即進入佛堂，素素牽著明月跟著進去。

老太太看明月一天比一天懂事，有時講話跟大人一樣。記性更好，真是過目不忘。老太太哄著她說：

「明月，我看妳記性真好，那些看圖識字的娃娃書，妳看一遍就記住了。我教妳念幾句〈般若波羅蜜多咒〉好不好？」

她笑著點點頭。老太太一句一句慢慢地念給她聽：

「揭諦、揭諦、波羅揭諦、波羅僧揭諦、菩提薩摩訶。」

老太太念了一遍就停了下來，她看老太太不念，就問：

「奶奶，您怎麼不念？」

「只有這幾句，妳記不記得？」老太太笑問。

她像唱歌兒一樣，隨口念了出來。素素比老太太更驚喜，不好意思地對明月說：

「我念了十遍都記不住，妳怎麼聽一遍就記住了？」

「阿姨，我沒有記，我只順口溜。」明月天真地說。

「明月，妳明天要是能背出來，奶奶就教妳念《心經》。能背出《心經》，就認識不少字了。」老太太高興地說。

「老夫人，《心經》不好念，更不好懂，等她上中學時再教都不遲。」素素說。

「素素，當年我父親教我念四書時，我也一句都不懂，只是死背，現在卻受益不少。」老太太對素素說：「明月很有慧根，趁她現在宿慧未泯，蒙塵不深，早些教她更好。」

「她不懂也未必受用？」

「也未必不懂？」老太太說：「當年六祖惠能一聽見別人念《金剛經》，到『應生無所住而生其心』就開悟了，他並不識字。」

「老夫人，六祖惠能那時已經是大人，明月現在才三歲多一點。」

「素素，我看這倒不完全是年齡問題，是宿慧和因緣的關係。龍女八歲就成佛了，我修行幾十年，還沒有證悟，妳看，這相差多遠？」

「老夫人，我是凡人之見，我懂的太少。但願明月也能八歲成佛。」

「我看成佛遲早和大事因緣有關。如果因緣未了，即使成了佛也會乘願再來。像我師父收我為徒時已經證悟了，可是住世九十五年他才涅槃。我看明月住世的時間也不會少，不過能早些開悟、證悟總是好的。」

「老夫人，您老人家講的這些道理我還不懂，但願我以後真能與明月同修，那就是我的天大造化了！」

「妳放心，我師父的話會印驗的。」老太太自信地。

老趙進來報告說他已經和王主任聯絡好了，王主任說一個星期之內送放大照片和底片過來，老太太聽了十分高興。

第五天上午，王主任就親自送放大照片過來，而且配好了紫檀木的框架，三尺高、兩尺六寸寬。老太太看了十分滿意，感謝、誇獎的話講了好幾[illegible]句。王主任是一位善體人意的公關，他小心地將印空的法相放在觀世音菩薩法相的左邊，又端詳了一下，再問老太太可不可以？老太太看看了也很稱心，連連說好。王主任這才說：

「老夫人，不瞞您老人家說：我也是出身佛教家庭的，我父母都信佛教，我雖然沒有皈依，但我也信佛，還初一十五吃花齋。印空法師是肉身菩薩，實在少有，不知道我可不可以請一張放大照片回家供奉？」

他邊說邊將底片交給老太太。老太太本來已經很高興，又聽說他信佛，更加高興。但她為了尊重覺圓，不便擅自作主，因此對王主任說：

「王主任，聽說你出身佛教家庭，你自己也信佛，真是有緣，不過請讓我先問問覺圓法師，再答覆你好不好？」

王主任見過覺圓法師，相信覺圓也是一位認真修行的法師，連連說好。老夫人隨即打電話給覺圓，將王主任的意思告訴他，覺圓回答說：

「佛度有緣人，何況他又是『正大』公關主任，只要師姐同意就行，我想師父也不會反對的。」

老太太連說兩聲「多謝大師兄」，便轉身告訴王主任說覺圓同意了。王主任連聲「謝謝老夫人」，又恭恭敬敬地向印空法相三跪九叩，才起身告辭，並答應三天內將底片送回。

老太太要給他錢，他不收，反正他還要來，下次再給不遲。她便吩咐素素送王主任。王主任有好久沒有看到素素，覺得她彷彿脫胎換骨似的變了一個人。老趙也趕來將他送到大門口，王主任笑對他們兩人說：

「我看素素是脫胎換骨了，老趙，你更不像火頭軍了。你們兩位陪老夫人住慈恩山莊，連董事長也沒有你們的好福氣，別說我這個跑腿的公關了。」

「王主任笑話了！」老趙拱拱手說。

王主任還不知道老趙的身世，素素也不便講，但她心裏感激王主任代她找律師處理和丈夫離婚的事，因此她說：

「我是托王主任的福，才有今天。」

「這是董事長照顧妳，我那有這個能力？」王主任也實話實說。「不過我倒真的羨慕你們兩位的神仙生活。也不知道你們是幾世修來的？」

王主任隨即哈哈一笑，開著「千里馬」轎車走了。

「王主任真的八面玲瓏，也很通氣。」老趙望著千里馬疾馳而去，回過頭來對素素說。

他們兩人來到佛堂，老太太正在上香，便對他們說：

「你們來得正好，我們一起拜拜觀世音菩薩和師父法相。再念幾遍〈白衣神咒〉，消災離難、增福增慧。」

老趙還不會背〈白衣神咒〉，素素和明月倒會背了。老太太要明月跪在她身邊，老趙和素素跪在後面。這時來喜突然走了進來，老趙用手指指他身邊的櫸木地板，要牠全身伏地，牠乖乖地伏著。

老太太、素素、明月同聲念〈白衣神咒〉。老趙跟著默念，不敢出聲，生怕不搭調。來喜的頭伏在地板上，兩耳向後貼著，閉著眼睛，彷彿打盹，又彷彿入定。

佛堂香煙繚繞，一片肅穆。

# 第九章　林明月初見繼母
## 莊文玲喜進山莊

林如海、莊文玲，在國外住了三個多月，處理好了「正大」子公司的事，又回來了。一回到公司，就打電話給老太太，老太太接到電話自然很高興，但林如海為了帶莊文玲來看她，又不能不顧到明月的心理。因此，他特別請教老太太：

「娘，明月一直跟著您，由素素帶大，從來沒有見過自己的母親。她和文玲初見面，應該怎樣稱呼才好？」

老太太一時也不知道該如何答覆？反問一句：

「你看呢？」

「兒子就是不知道怎樣稱呼才好？」

「照理應該叫媽叫娘，但明月知道自己的娘在她出生後就死了，實際上是將素素當作娘，現在要她叫文玲是娘，恐怕她會覺得有點奇怪？」

「兒子也是這樣想。如果要她叫阿姨？又顯得太生了，恐怕文玲心裏也不是味道。」

「像明月這種年齡，真的很不好解釋。如果說她不懂事，但在宿慧方面是很多大人都不如她的，不過在娑婆世界的人情世故方面，她又是一張白紙，這種分寸實在很難拿捏？」老太太也為難起來。

「娘，含含糊糊，不叫可不可以？」

「那也未必合適？恐怕也影響文玲的心理？」

「娘，這真的有些為難了！」

「你能不能和文玲先商量一下？」

「娘，別的事倒好商量，這件事反而有些難以啟齒。」

「對了，我倒要問問你，文玲還年輕，生兒育女是難免的，你有沒有考慮過這個問題？」

「娘，這您放心，結婚前我就和她講好了：不再生育。」

「她同不同意？」

「完全同意！」

「恐怕不會這麼簡單？」

「娘，您放心，她明白我們除了夫妻關係外，更重要的是事業伙伴。何況她要伴著我東飛西跑，開會、應酬……哪有時間生育？再說，她們這一代人已經流行不生孩子，沒有『養兒防老』的觀念，她更知道晚年生活也沒有問題。這就是她同意我不生育的原因，說出來也就簡單了。」

娘，您說是不是？」

老太太聽了不禁好笑，也欣賞兒子頭腦清楚，考慮周到。因此又說：

「照你這樣說來，明月和文玲的稱謂問題，不是也很好處理了？」

「娘，我實在還沒有想出更好的辦法，所以先請教您老人家。」

「那就暫時打個啞謎，讓文玲和明月先培養情感，情感好了，就可以打開天窗說亮話，那時隨便明月叫娘叫媽不就得了？」

「娘，到底薑是老的辣！」林如海高聲說：「不能硬趕著鴨子上架。一旦水到渠成，就用不著我們操心了。」

「俗話說：『不是一家人，不進一家門。』我看文玲和明月應該也有些緣份。」老太太說。

「娘，也請您關照素素，麻煩她多做做橋樑。」

「這倒不成問題。不過文玲來山莊的時候，也要請她吃素。」

「這也不成問題。」林如海笑了起來，「她怕發胖，也常和我吃素。」

「現在連來喜也跟著我吃素了。」老太太也笑著說。

「娘，您連來喜都感化了，那頑石也會點頭。」

「娘還沒有那麼高的法力，只有一點慈悲心。」

「娘，觀世音菩薩也是靠慈悲心普度眾生的。」

「算你開悟了！」老太太笑著掛斷電話。

第二天下午，林如海帶著莊文玲和一些從國外買的禮物來到慈恩山莊，給慈恩山莊帶來了喜氣。莊文玲認識老趙，和素素更熟，和老太太、明月卻是第一次見面，大家心照不宣，老太太心裏更有數。所有的禮物林如海都要莊文玲一一面交，他只在旁邊說：

「我買東西外行，這些都是文玲親自挑選的。」

今天莊文玲特別穿了一身天藍色、滾了玫瑰紅花邊，胸前繡了金鳳凰的旗袍。她的頭髮黑而不濃，未燙，髮稍微向外捲。眉、眼未畫而如畫，黑白分明，臉上未施脂粉，自然白嫩。鼻樑高、準頭有肉，嘴形不大不小，厚薄適中，兩耳雖然沒有老太太的長，也有垂珠。整體看來既高貴又優雅。她有一六五身高，現在正是成熟而胖瘦適中的年齡，她見的大場面又多，舉止大方，風度典雅。老太太一見就喜在心中，連素素也眼睛一亮。老趙已經好久沒有見過女人穿旗袍了，這是他們旗人服裝的改良，看來更美，他更有親切感。他唱過《四郎探母》，看的更多，他心想要是莊文玲頭上腳下和鐵鏡公穿戴的一樣，那走起路來就更美了！

明月是第一次看見這麼美的服裝，這麼美的女人。她彷彿想起往事似的？只有些天人才有這麼美。這麼好看。她打量了莊文玲一會兒，莊文玲連忙將一套漂亮的童裝送給她，而且低下頭來親親她，她心裏很喜歡莊文玲，卻不知道叫什麼好？她望望林如海，問他：

「爸，這位阿姨是什麼人？」

「以前是我的祕書，現在我們已經結婚三個多月了。」林如海想看看明月的反應。

明月又望望老太太，問她：

「奶奶，您告訴過我，說我出生不久，我媽就去極樂世界了。現在這位阿姨接了我媽的位子，我也該叫她媽是不是？」

「對，對，對！明月好乖！明月好乖！」老太太連忙扶著她站在莊文玲面前，教明月說：

「趕快叫媽！趕快叫媽！」

明月望著莊文玲，乖乖地叫了一聲「媽」。莊文玲高興得眼淚都流了下來，立刻擁著明月親了又親，捨不得放開。林如海、老太太看著也喜出了眼淚。

莊文玲抱起明月，站在林如海面前高興地說：

「有了明月，我就很滿足了！想不到你生了這麼個好千金？你真好福氣！」

「還是托娘的福！」林如海也高興地說。

莊文玲又轉向老太太說：

「媽，這幾年您老人家辛苦了，媳婦年輕不懂事，以後還請您老人家多多教導、包涵。」

「山莊的事不必你操心，以後你還是全力協助如海好了。何必大才小用呢？」

莊文玲聽了也很高興。林如海更開心。

他們兩人決定夜宿山莊，老太太要帶他們去樓上佛堂拜觀世音菩薩和印空法相。林如海早就將他母親信佛和印空肉身舍利的故事告訴過莊文玲，莊文玲認為簡直不可思議！她父母都是基督徒，排他性很強。她自己卻沒有任何宗教信仰，不然不會和林如海結婚，但她父母起初十分反對。第一就是因為林如海的母親是虔誠的佛教徒，比他們這種基督徒更加虔誠，而林如海又是一位孝子，要改變信仰很不容易；第二是林如海大她十六、七歲，年齡相差太大；第三是填房，名義不好聽；第四是誰都知道林如海只有小學畢業，自己的女兒是如花似玉的文學博士，相差更不可以道里計；第五是林如海有五位子女，後母難為。

她父母反對的理由十分充足，沒有任何人可以駁倒。但莊文玲也有她自己的看法。

第一、信佛不是壞事，虔誠信佛的人都比別人慈悲，不做壞事。老太太的為人，公司的人無不尊敬、處處口碑。

第二、孝子現在更是少有。俗話說：『自古忠臣出孝子。』忠孝相關，一個孝順母親的人也不會輕視女人、背叛妻子。林如海一生沒有緋聞，太太去世三年，也沒有任何不軌，連對自己都是謹守分寸。不像別的大頭家將祕書當作花瓶、情婦。想給他作媒、介紹名媛淑女的不少，毛遂自薦的影歌星、名女人更不在少數。他連電話都不回，而且一律交代她說他不在公司。

第三、他雖然大自己十六、七歲，但他在休假日常率領公司員工登山，她也去過幾次，他總是一馬當先，毫無倦容，所有員工無不口服心服。

第四、林如海自己雖然只有小學畢業，但他手下的博士、碩士五、六十位，而且十之七八是科技、管理長才。他們對他的判斷、領導、統御能力，也都心服口服，樂於效力。連她自己起草的文稿，他偶爾改動一兩個字，也有畫龍點睛之妙，他天生的智慧、才能，她還沒有見過第二位。大學裏的那些教授，甚至她的指導老師，雖然不乏學富五車的，但多是學究和書呆子，甚至連自己身邊的小事都處理不好。

第五、子女和後母的身分，她認為也不是問題。他的四個兒子有李科長管教得好，他又實行計畫教育，各有所長，隱然有接班計畫。不會斷層。她也不會和他們爭產，自信晚年生活無虞。

但真正使她父母放棄反對意見的，還是林如海的社會地位、聲望，和「正大」公司的七八十億的USD身價。信基督的父母比信佛的老太太，甚至比林如海更重視USD。因為她父母是自幼就靠救濟麵粉和USD養大的。

他們跟老太太走進樓上佛堂，莊文玲一看見印空肉身照片，也金光閃閃，不禁肅然起敬，她知道這是科學所不能解釋也無法否認的事實，她父母則完全排斥這種事，認為完全是迷信，但他們又沒有辦法否定，也舉不出那一位牧師、神父的肉身不壞的例子。這使她心裏不得不重新思考宗教和不同的文化問題。

老太太上好香後，看明月、老趙、素素、來喜都上來了，便唱〈香讚〉。老趙、素素、明月都會唱，因此同聲唱，林如海、莊文玲不會唱，隨後老太太輕輕地對莊文玲說：

「媳婦，我一生信佛，我們林家之有今天，更是佛、菩薩和印空師父的大慈大悲所賜。如海兩歲時，我就帶著他拜觀世音菩薩，來山莊以後，連老趙、素素，甚至來喜也跟著我吃素信佛。

明月更是一生下之後就不吃葷，她現在連《心經》都會背了。她信佛更是自然，我講什麼她都懂。妳初來乍到，聽說妳父母又信教，我不勉強妳跟著我跪拜，妳自己斟酌好不好？」

莊文玲聽了老太太的話，又看明月乖乖地雙手合十站在老太太身邊，狼狗來喜也低頭伏地靠在老趙腳邊，她感動地對老太太說：

「媽，信佛不是壞事。媳婦既然來到佛堂，怎能不拜？」

老太太先跪下去，老趙、素素、明月跟著跪下去，莊文玲和林如海同時跪下去。老太太伏地不動，佛堂一片莊嚴肅穆，聽不出一點聲音，連來喜也一動不動。大約過了五分鐘，老太太才抬起頭來拜了三拜，大家先跟著她拜。拜完之後，老太太起身對莊文玲說：

「信佛就在一個誠字，心誠則靈，不誠無物。做人做事都是同樣的道理。修行不但在修心，更要能行。如海能有今天，也是說到做到，他決不投機取巧。你是讀書人、明白人，這點你應該看得出來？」

「媽，也正是因為這一點，我才嫁給他。」莊文玲笑著回答。

「他得到妳這樣的好內助，我得到妳這樣的好媳婦，都是因緣、前世的因緣。」老太太愉快地，領先走下樓去。

林如海、莊文玲連忙一左一右地扶著她，她對莊文玲說：

「不必扶，我還沒有老到那種地步。」

莊文玲發覺她的身體如此健康，喜出望外。她自己的母親年齡比她小十多歲，健康卻差遠了！現在高血壓、心臟病、糖尿病，統統有了，藥不離身。她將這種情形告訴老太太，老太太問她：

「妳母親的生活情形怎樣？」

「她很刁嘴，沒有雞鴨魚肉就吃不下飯。」莊文玲說：「現在成了藥罐子。」

「她不是信教嗎？怎麼不斷葷？」老太太不解地問。

「她的那些兄弟姐妹沒有一個人吃素的。」

「吃素一方面是為了愛護生命、不殺生，一方面也是為了自己的健康著想。我從未生病，不吃藥、不吃什麼補品，也不坐著享福，所以現在還能自己照顧自己，用不著如海操心。」

「這也是他的福氣。」莊文玲說：「我不操心也不行。」

「妳母親打不打坐？」老太太又問。

「我父母和他們的兄弟姐妹，只做禮拜，不打坐。」莊文玲搖搖頭說。

「妳做過禮拜沒有？」

「念中學時偶然陪他們做過幾次。」

「念不念經？」林如海問。

「做禮拜時會有人證道，選讀一段經文，或是詩篇，平時他們很少讀經。」

「我每天都讀佛經，讀了一輩子，我還沒有讀完。」老太太說。這時已經走到樓下客廳。

「《聖經》就只有那麼一本，還有《新》、《舊約》之分，又都是生硬的白話，像填鴨子一樣，沒有什麼好讀的。」莊文玲笑話。

「啊！」老太太啊了一聲：「佛經可深奧得很！意味無窮盡。《心經》雖然只有兩百多字，但那可是成佛得道的經驗之談。佛經未讀通，修行未到開悟、證悟階段，還體會不出那種妙智慧境界，用白話文更是表達不出來的。」

「媽，我在大學唸研究所時，也聽過孟真如教授講《金剛經》，才知道那還不只是文字問題，文字表達不出來的那種境界、意味，更值得深思。」莊文玲說。

「信佛不是迷信，學佛就是要成佛，成佛就在開悟、證悟。佛法是通往彼岸的筏，我信了一輩子佛，讀了一輩子佛經，也皈依過三寶，可是還沒有到達彼岸。這真比你們拿個博士更難，也更有意思。」老太太說。

「媽，六祖惠能說：『佛法在世間，不離世間覺。』孟老師也說，要想讀懂《金剛經》，須先讀懂《六祖壇經》，您以為如何？」莊文玲問。

老太太聽莊文玲這樣說，大為驚喜，連忙把她拉在自己身邊坐下，拍拍她說：

「妳真是我的好媳婦！打著燈籠、火把也找不到！想不到妳的慧根也這麼深？又遇上了好老師。」

「媽，我只是一個俗人，那有什麼慧根？」莊文玲淡淡一笑：「大概是剛才在佛堂裏受了您老人家的感召，開悟了一丁點兒？」

「阿彌陀佛！」老太太雙手合十，深深念了一聲佛：「真要感謝十方三世佛！我們家裏有了小明月，又有妳來添增福慧，就不愁這個山莊不成淨土了！」

「娘，那現在只剩我這一個俗物了？」林如海打趣地說。

「不，不，不！」老太太指指身邊的坐位，也要林如海坐在自己身邊：「如果沒有你這位孫悟空，老娘也要去化緣了！怎能在山莊一心不亂地修行呢？」

林如海、莊文玲都欣然一笑，明月靠在莊文玲和老太太中間，仰起頭來對老太太說：

「奶奶，如果您去化緣，那我不就要去討飯了？」

「乖乖，妳是奶奶的心肝寶貝，怎麼會讓妳去討飯呢？」

「看來我這個孫悟空，還非好好地空下去不可了？」林如海笑說。

老趙在廚房弄飯，素素也在旁邊湊趣地說：

「董事長，連我也托您的福，看來您這個擔子非挑下去不可。」

「素素，說真心話，妳和老趙都是慈恩山莊不可或少的角色。俗話說：『牡丹雖好，也要綠葉扶持。』以後我和文玲也要常來作作綠葉，讓娘做個更快樂的修行人。」

「只怕太快樂了反而成不了正果？」老太太笑說。

「娘，那有那回事兒？」林如海連忙接嘴：「彌勒佛不是笑口常開嗎？既然佛法在世間，那一切順乎自然好了。依我看來，修行也要看各人的因緣而定，有的人一點就通，有的人老不開竅，修行不必勉強刻意而為，不貪、瞋、癡就行了。」

「兒子，想不到您也突然開悟了？」老太太高興地笑了起來。

莊文玲、素素也好笑，明月笑得更開心。老太太摟著她問：

「乖乖，妳笑什麼？」

「奶奶，我是該玩的時候玩，該睡的時候睡，該吃的時候吃，這不就得了？」明月十分天真地回答。

「乖乖！妳這好一個『這不就得了』！」老太太親了她一下說：「奶奶到現在還說不出來呢！」

莊文玲聽了明月的話不禁一怔，這句話彷彿和孟真如教授常說的：「當下即是，水到自然渠成。」有異曲同工之妙。聽老太太的口氣，似乎更有文章，她便對老太太說：

「媽，我看明月不像普通孩子？」

老太太便將明月出生時她做的那個夢的故事告訴她。莊文玲更仔細打量明月，老太太又將印空圓寂前講明月二十歲時會遇上乘願而來的再世佛的話告訴她。莊文玲又親了明月一下，對老太太笑說：

「看來明月也是因某種大事因緣而來的？」

「其實我們都不是無緣無故來到這個娑婆世界的，但是很多人都米湯裏洗澡，糊裏糊塗過一生，甚至再造一些惡業，反而墮入惡道。只有少數人能明心見性，能盡自己的責任，不辜負此生。」老太太說。「所以明月一生下來，我就要如海交給我帶，免得她誤入歧途。」

「媽，這樣說來，以後我也有責任了。」莊文玲說。

老趙來請大家吃晚飯。莊文玲和老太太各牽著明月一隻手，走進飯廳。

今天晚飯的菜比平時多了四道，一共十菜一湯。這是莊文玲第一次來山莊吃素，平時在公司吃飯或是在外應酬，很少吃到新鮮青菜，尤其是最近三個多月身在國外，多是牛排、豬排、炸雞，她吃倒了胃口，那些都是發胖、高血壓、心臟病、糖尿病的垃圾食物，再加上大喝啤酒，外國人十之七八吃喝成個大水桶的身體，非坐電梯不可，走路也喘氣。外國女人很少有她這樣窈窕的身材，男人也很少有林如海的身材。熟識的老外都很羨慕他們，問他們有什麼減肥祕方？林如海只簡單地回答：「運動、運動！」莊文玲則說：「胃裏不裝垃圾。」不過她還要解釋那些是垃圾。

今天有一樣菜是她十幾年都沒有吃過的，那就是空心菜。還有一樣菜是她從來都沒有吃過的，那就是地瓜葉。老趙對這兩樣菜多放了一些葵花子油，來山莊以後，他一直用葵花子油和椰子油，連黃豆沙拉油都少用。因為他們大小四人沒有一個人有高血壓、心臟病、糖尿病，所以他放的鹽也比較適中，不是那種淡而無味的青菜，加上這兩樣青菜都是臨時去菜園裏摘來的，既新鮮，又無農藥，因為施肥充足，他又早晚澆水，因此十分肥嫩。再加又有素火腿調味，不但營養，而且十分可口。其他青椒、四季豆、茭白、茄子、蕃茄燒豆腐、南瓜、冬瓜、苦瓜等等，色、香、味都是莊文玲在別處沒有吃過的。尤其是空心菜、地瓜葉，她特別喜愛。她有十幾年沒有吃過空心菜，從來沒有吃過地瓜葉，她指著這兩樣菜問林如海：

「這兩樣菜我好像沒有吃過？味道特別好！到底是什麼菜？」

林如海指著盤子裏的青菜對她說：

「這是空心菜，最賤的菜，很多人都不喜歡吃；這是地瓜葉，沒有人吃。我早年只能吃這兩樣菜，所以我只要聞一聞，不必看，不必吃進口，就能分別出來。」

「這麼好吃的青菜，還沒有人吃，真奇怪！」她笑著打趣。

「媳婦，妳今天吃的空心菜、地瓜葉子可不一樣呀！」老太太接嘴。

「媽，如海不是說明了是空心菜、地瓜葉嗎？」莊文玲有些不解。「怎麼不一樣呢？」

「不錯，菜是一樣的菜，但是老趙的好手藝，又加了素火腿，所以吃起來就大不一樣了！想當年我和如海以空心菜、地瓜葉、地瓜度命時，沒有錢買油，鹽也加得少，白水煮螺螄，那味道可不是這樣呀！妳沒有吃過，我就不必講了，講了妳也體會不出來的。再則，現在我和老趙種的空心菜、地瓜葉，肥料多，水份足，長得也特別茂盛，也不是當年那瘦乾乾的空心菜了。」

「媽，恕媳婦孤陋寡聞，真是此一時也，彼一時也。」

「妳年輕，很幸運，沒有過過我和如海的那種苦日子。現在妳已經是我林家的人了，所以我才講給妳聽，當然也是講給明月聽。我和如海都不在乎別人恥笑，更不會河豚鼓氣泡，把自己膨脹得很大。所以我一住進山莊，就種空心菜、地瓜，好讓自己不要忘本。」

「媽，妳這是最好的機會教育，多謝您給我上了一課。」莊文玲站起來欠欠身子說。

「這話我也是對明月說的。」老太太拍拍身邊的明月說：「她還小，你們以後可要隨時提醒她：『人不能丟掉討飯棍，就忘記叫街時。』」

「媽，我會記住。」莊文玲點點頭說：「看來如海能有今天，全是您的教誨！」

「可不是？」林如海逗趣地一笑：「不然我還沒有丟下討飯棍呢！」

「好漢不怕出身低，你就是這點可愛。」莊文玲笑著白了他一眼。隨後她才注意到老太太碗裏的飯和別人的不一樣，不禁發問：「媽，恕我見識淺，您碗裏不是白米飯，又不像糙米飯，那是什麼？」。

老趙這才插嘴：

「老夫人吃的是長命百歲蕎麥薏仁飯。」

莊文玲不但沒有見過蕎麥，也沒有聽過它能當飯吃。薏仁雖然聽說過，但沒有見過。她湊近去看看，還是分別不出來。老太太告訴她：比較大、比較白的是薏仁，小粒的是蕎麥。

「媽，蕎麥薏仁原來是不是這樣？」莊文玲好奇地問。

老太太突然想起《金剛經》中釋迦牟尼佛對須菩提說：「眾生眾生者，如來說非眾生，是名眾生。」她便套用起來：

「老趙說蕎麥薏仁，即非蕎麥薏仁，是名蕎麥薏仁。」

莊文玲一怔，突然站了起來對老太太說：

「媽，您這說法和孟真如教授以前給我們講《金剛經》中的『般若波羅蜜』時的說法，不謀而合，這下我也開悟了！」

「阿彌陀佛！」老太太合十一笑。

明月也好笑，老趙、素素還有些摸不著頭腦，林如海笑著對莊文玲說：

「妳和娘談蕎麥薏仁，怎麼愈說愈玄了？」

「媽的說法和孟真如教授的說法不謀而合。我們應該恭喜媽，她已經大徹大悟了！」

林如海很佩服孟真如，那次請他到公司講演，就是莊文玲推薦，由他正式出面邀請的。

老太太不認識孟真如，一聽說他是教授，連忙搖搖手說：

「我這個吃蕎麥薏仁飯的，怎麼能和孟教授相比？」

「媽，您這就是世間法，佛法本來就在世間嘛！很多道理我們都要從日常生活中去體會，佛是人修成的，博士也是從小學讀起的，『悟時人是佛，迷時佛是人』，這是孟教授時常引用的兩句經典。人與佛的差異就在『迷』與『悟』兩個字，您說對不對？」

「妳的學問比我大，那位孟教授的學問更大，我怎麼敢說不對？」老太太笑說。

「媽，您老人家修行了幾十年，我這真是班門弄斧。」

「可惜我師父涅槃了，不然他一定會收妳這位弟子。」老太太說。

「那是我的因緣不夠。」莊文玲笑說：「能向您老人家剽學一點兒，也就很不錯了！」

老太太聽了十分開心，望望林如海說：

「難得你有這麼大的造化，以後可要善待文玲。」

「娘，那我以後把她像鳳凰蛋似的捧在手上不放下，行不行？」

老趙和素素都笑了起來。莊文玲連忙轉變話題，誇獎老趙的手藝好，林如海卻對她說：

「妳只知其一，不知其二。」

「還有什麼我不知道的？」她笑著反問。因為她和老趙也熟，老趙在公司的年資比她久，她知道老趙在餐廳工作，但餐廳的菜沒有這麼好的味道。

「老趙可不是火頭軍出身囉！」林如海拉長聲音說。

老趙連忙搖手，笑著對林如海說：

「董事長，四兩棉花，別『談』！」

林如海一笑帶過。

莊文玲重新打量老趙，客氣地說：

「趙先生，您怎麼真人不露相？」

「夫人，妳叫我老趙好了，先生我可不敢當。」老趙笑著回答。

「那您也不必夫人、夫人的。」莊文玲一笑：「您年長，我應當敬老尊賢，為了方便，我們心照不宣好不好？」

老趙覺得莊文玲既通情達理，又很風趣，但他不能冒失，便亦莊亦諧地請示林如海：

「董事長，我老趙就是吃了熊心豹子膽，也不敢這麼失禮，夫人要我心照不宣，可不可以？」

「素素叫你趙叔叔，明月叫你趙伯伯，這是山莊，不是公司，不必那麼拘泥形式，自然就好。」林如海回答老趙，同時又對老太太說：「娘，您修行幾十年，聽說修行人不能執著，您老人家看文玲這種『心照不宣法』，在慈恩山莊是不是不二法門？」

「我看你是愈來愈開竅了！」老太太望望兒子好笑：「修行有八萬四千法門，那一樣法門最快得道成佛最好。文玲的『心照不宣法』，在我們這個山莊裏應該是最圓通的了。不過別人可不能學。」

「好！娘一句話定江山！」林如海回頭對老趙說，又加強語氣補充一句：「不過別人可不能學。」

素素望望明月笑說：

「明月不必學，我不會學。老夫人想把山莊變成一塊極樂淨土，我看是愈來愈像了！」

「素素，這三年多來，我看妳是真的脫胎換骨了！」林如海高興地說。

「董事長，俗話說：『小船靠在大船邊，不起火也生煙。』我更是禿子跟著月亮走，借光呢！」素素笑說。

林如海看看莊文玲，輕輕一笑說：

「我看山莊比公司有趣多了！比和老外打交道也有意思多了！以後我們常來吃素，去去腥臭氣，好不好？」

莊文玲點頭一笑。她想吃素不但病痛少，人可能也變得聰明許多。她知道修行著重戒、定、慧三無漏學。人類最高的智慧無過於釋迦牟尼佛和老子，歷代大德高僧也都有很大的學問。六祖惠能雖然一字不識，但他那種與生俱來的宿慧，更是直追釋迦牟尼佛。《六祖壇經》也是直承

《金剛經》的禪宗寶典。慈恩山莊雖然不是寺院，卻充滿了肅穆和諧氣氛和人情味，還有一種潛在的靈性，令人忘俗，不知煩惱。

飯後大家一起回到客廳看電視新聞。老太太平常不大看電視新聞，因為那些燒、殺、搶、綁票、車禍的畫面，她看了就難過好久。今天因為是莊文玲第一次來山莊住宿，是天倫之樂，她不能不隨緣方便。平常她也囑咐素素，不要讓明月看這類的新聞和那些低級趣味的綜藝節目。那會使小孩子學壞，使大人變得更貪心、更殘忍。整個社會怎麼不亂紛紛？

林如海看電視的時間很少，這三個多月來更沒有看過本土電視，他想看看八點檔的財經新聞，想不到一打開電視機，正好出現這家電視臺記者訪問他的畫面，問他在國外設廠的情形。最後又話題一轉，問到他的新婚生活。林如海有太多面對記者的經驗，該講的他講，不該講的他隻字不露，但他不會得罪記者，記者反而歡喜他的爽直。

老太太從來沒有看過兒子接受記者訪問的畫面。現在看他那樣從從容容、大大方方，很有大頭家的樣子，不禁暗自高興。但一想到要是老外訪問他，那怎麼辦？這段新聞過去之後，老太太禁不住問他：

「要是遇上雞同鴨講，你怎麼辦？」

「娘，您別耽心！」他笑著指指莊文玲：「她是我的翻譯，也是我肚子裏的蛔蟲，知道我要講什麼？我們彷彿一個鼻孔兒出氣！」

「媽，這是很普通的事。」莊文玲接嘴：「老外也用翻譯，尤其是大國元首，自己會講也不講。」

「那是為什麼？」老太太問。

「為了保持元首的尊嚴，國家的尊嚴。只有那些小國家的頭家，為了表示自己有學問，才用外國語言，其實這才不會贏得別人的尊敬。」莊文玲解釋：「沒有自尊心的人和國家，沒有人瞧得起。」

「娘，我們和老外談生意也是同樣的道理。」林如海說：「我是憑產品、憑計畫、憑實力和老外談，可不是光耍嘴皮子。」

「這才對，真金才不怕火。」老太太點點頭。

「娘，兒子赤手空拳，又沒有三頭六臂，過五關、斬六將，還不是全憑這一招？」林如海故意逗老太太開心。

老太太真的被他逗笑了。

這時電視臺主播突然報導一個銀行大搶案，畫面同時出現一個頭戴機車安全帽的蒙面人，用手槍指著櫃檯女行員，要她將鈔票放進他的手提袋，女行員稍一猶豫，他立刻用手槍重重敲了她的腦袋一下，她立即倒了下去，他同時威嚇別人不准動，站在門口把風的同伴早用槍口對準櫃檯裏面的人，客人都躲在角落裏不敢吭聲，蒙面盜突然縱身一躍跳進櫃檯，迅速地將一堆鈔票塞進手提袋裏又立即跳出櫃檯，與同伴共騎一輛機車一溜煙地逃走了，前後經過不到兩分鐘，大家都傻了眼。

老太太怔了半天，莊文玲花容失色，素素起先像觸電似的身體一震，隨後又一臉蒼白。她覺得那個蒙面盜的身形、動作很熟，露出的兩隻眼睛更十分邪惡，她看見就怕。林如海倒是很鎮定，他坐著紋風不動，卻面如冰霜。終於吐出兩句話：

「這樣無法無天，好人怎麼能安居樂業？」

# 第十章　印空無漏成正果
# 道明慧眼識靈根

報紙將搶案新聞登了很大的篇幅，可是一個星期沒有破案，卻又接著發生綁架小學生勒索巨款未遂撕票的事件。林如海很耽心老太太和明月的安全，每天都打電話來問安，囑咐老趙和素素特別小心，也通知保全公司特別留意。老太太更帶著明月、素素、老趙早、中、晚三次念經拜佛。來喜經老趙教導，在院子內往來巡邏。牠不亂叫，但經過的人車，都逃不過牠的耳目，很遠的聲音往往都使牠豎起兩耳傾聽。

印空肉身成道紀念法會拖了三個多月才隆重舉行。林如海出錢出力，支援交通工具，因為這不但是印空成道的紀念法會，也是消災祈福大會。這天上午七點他和莊文玲就送老太太、明月去菩提寺護法。老太太、明月換了一身海青，由素素照顧。高僧大德、記者，來了很多。印空肉身法相供奉在一輛中型敞蓬車輛中間，四周由大會主持人道明老禪師、廣德禪師和印空弟子覺圓、覺海、覺性、覺慧護法。其他法師分坐前後四輛專車，還有不少在家男女信徒騎著機車跟在後面，在最前面開道的是一輛警車，上面坐著四位服裝整潔的警察。林如海的轎車和其他轎車緊跟在警車後面，車隊緩緩向首善之區前進，沿途有不少民眾擺著香案，燃放鞭炮迎送，比一般迎神賽會要莊嚴肅穆多了。車隊進入市區時，除了印空法相那一車的護法沒有下車外，其他禪師全都下車，手持香火，在印空法相周圍步行，吸引了更多的信眾和鞭炮，不少虔誠的佛子都手持香火跪在路邊迎送。所有這些情況，都被記者搶先攝入鏡頭。

市內法華寺的大雄寶殿早已佈置就緒，莊嚴肅穆，香煙繚繞。道明老禪師是法華寺的住持，佛教會的理事長，德高望重，和印空是同輩高僧，因為年齡大，平時不出寺門，上次印空開缸，他因身體不適，不能去主持，覺圓才請廣德法師代替，這次道明特別趕來迎駕護法。其他後輩法師也就特別重視這次法會。

人車到達法華寺時井然有序，一切按原定計畫進行。印空肉身法相由他的四位弟子請到大雄寶殿安座。法會為期七天，每天早、中、晚由比丘、比丘尼、大德居士輪班各誦《金剛經》一個半小時，再加繞印空法相九十五周，這是因為印空世壽九十五歲。

佛門弟子都知道，誦《金剛經》福智無比。釋迦牟尼佛曾對須菩提說：

> 若三千大千世界中，所有諸須彌山王，如是等七寶聚，有人持用布施，若人以此《般若波羅蜜經》，乃至四句偈等，受持讀誦，為他人說，於前福德，百分不及一，百千萬億分，乃至算數譬喻所不能及。

受持讀誦《金剛經》有如此大的福德，所以這次印空成道紀念法會和消災祈福法會合併舉行，由比丘、比丘尼、居士輪流誦經，不但誦者有無上福德，同時可以迴向眾生，化戾氣為祥和。

道明老禪師與印空同輩，都是重視修行，不尚空談的修行人，他主持法會時，除了講述印空生平外，特別推崇印空的學識和修行成果。他說：

「印空老比丘出身廬山東林寺，在修行上則是禪淨雙修，三無漏學卓然有成。歷來肉身成道者屈指可數，印空是我們有幸親眼所見的一位。而他最難能可貴的是，不拘泥於宗派之見，淨土五經、《金剛經》、《六祖壇經》並重。他的禪詩更是當今比丘中第一，而又深藏少露。更不賭參話頭，不逞機鋒。默默修行，明心見性，是我們修行人的大好榜樣……」

他的這番話使現場的比丘、比丘尼、居士們對印空更肅然起敬。他們對印空知道的不多，更不知道他寫禪詩，禪詩到現在已成絕響，座中已無人會寫。有些修行人連《傳燈錄》、《指月錄》中的詩偈看都看不懂。從前的居士像王維、白居易、文彥博都是大詩人，現在少有。年輕的居士更不必說。尤其是用白話新詩來呈顯禪悟的，到現在也還沒有人寫得得體圓妙的。連讀四書的老太太覺慧居士也不會寫。她聽了道明長老的話，既感激他慧眼識人，又慚愧自己比師父差得太遠。她不知道新媳婦莊文玲會不會寫？不便問她，她希望明月將來會，但現在又到那裏去找這樣的老師？她看看明月，她倒像大人似的聚精會神地聽道明長老講話，她暗自高興。

道明老比丘的話講完之後，開幕式也就結束。已經到了午齋時間，大家魚貫進入後面餐廳。法華寺香火鼎盛，素食很有名，不像菩提寺那麼清苦。寺中知客僧已按人數準備了素餐，這一切費用都在信眾捐助的善款中開支，林如海母子就捐了不少。

吃飯時道明、廣德、覺圓、覺海、覺性、覺慧、林如海、莊文玲、明月、素素等安排在一桌，素素本來不敢入席，因為她要照顧老太太和明月，道明長老要她坐在一起，全桌中只有明月一個小孩子，道明沒有見過她，廣德在菩提寺也沒有注意到她。道明特別打量她一陣，隨後笑著對大家說：

「看來這位小菩薩與佛有緣，來歷恐不簡單？」

「老法師慧眼識人，小孫女兒出生時我倒是做了一個夢，就不知道是什麼因緣？」老太太說。

「請老夫人說說看，也好讓貧僧長一點見聞？」道明望著老太太說。

老太太便將她做的那個明月入懷的夢說了出來。

道明又打量了明月一眼，沉吟了一下說：

「歷來與佛有緣的尊者多有來歷，像五祖提多迦尊者，他是摩伽陀國人，生時他父親夢見金日自屋而出，照耀大地。後來四祖優婆麴多尊者便授給他大法眼藏。十祖脇尊者，中印度人，處胎六十年，出生那天晚上，她母親夢見白象載一寶座，座上置一明珠，入門而生，生時神光照室，體有異香，後得九祖付法，與世尊釋迦牟尼佛一脈相承。」

老太太聽了這兩個故事自然高興，不禁看了明月一眼，又謙虛地說：

「不知道她有沒有那麼大的造化？」

「老夫人多讓她聽聽佛法，會有很大的福報。」

「她一出生我就帶在身邊，可以說是在觀世音菩薩座下長大的，她現在已經能背《心經》和〈般若波羅蜜多咒〉了。」老太太說。

「這很難得，會有大的福報！」廣德禪師接嘴。「她有沒有皈依三寶？」

「師姐在師父圓寂之前，本來想請師父收她作弟子，師父說她二十歲時與一位外來的再世佛有大因緣，那時會收她作弟子。」覺圓接腔。

「當時師父看過她之後，還隨口念了一偈。」老太太說。

「老夫人，您記不記那首偈？」道明笑問。

老太太點點頭，隨即念給他聽。

道明一聽，拊掌一笑說：

「果然是有來歷！將來果位當在貧僧之上。」

「老禪師，那怎麼敢當？」老太太連忙雙手合十說。

「老夫人，佛子各有因緣，不在來去早晚。」道明朗聲說。

「老禪師，您過獎了！」林如海接嘴：「幸好她現在還小，不大懂事，不然恐怕長了她的驕慢之心。」

想不到明月望了他一眼，輕輕一笑：

「爸爸，我不會說『天上天下，唯我獨尊。』」

此語一出，滿座皆驚。道明離座而起，笑說：

「貧僧對小菩薩真該退避三舍了。」

林如海連忙把他扶歸原位，既感謝又抱歉地說：

「老禪師，您如此謙虛，我怎麼坐得住？」

「董事長，您和老夫人真好大的福報！」道明高興地說。

廣德禪師先是一驚，隨後也湊興地說：

「這樣看來，小菩薩的宿緣宿慧，的確非同小可。我今天同席，與有榮焉。」

「大師，應該是小女叨您的光才是，大師何必如此客氣？」林如海雙手一合說。

「歡迎董事長以後有空時與老夫人、小菩薩一道去普門寺看看。」廣德說。

普門寺是廣德住持的大寺，落成不久，規模比法華寺大得多，大雄寶殿更是金碧輝煌，香火之盛，信眾之多，無出其右。一般信眾和觀光客想見廣德一面都不容易。

林如海看他主動邀請，不便推辭，但他是個忙人，實在沒有閒暇去參觀遊歷，他便學著修行人的口氣說：

「一旦因緣成熟，我一定去寶剎參拜。」

齋廚將齋飯菜一起送來，他們這一桌有兩位小沙彌照顧，其他各桌都是各自料理，井然有序、鴉雀無聲。

飯後休息，道明長老年紀大了，要去禪房小睡一會，廣德禪師要回普門寺看看。第一場全體誦經大法會排在下午兩點三十分開始，林如海夫婦不會誦經，公司又有事需要處理，必須回去。他怕母親太累，特別訂了一個客房給她休息。明月太小，適不適合一道誦經、繞法相兩個小時？他不得不同老太太商量，他說明自己的顧慮之後，老太太沈吟了一會才說：

「這是一個難得的法會，參加的人都有功德福報，何況我是身受師恩？不過明月是小了一點，這倒要看看她自己的意思如何？」

「娘，明月會誦《金剛經》嗎？」林如海懷疑地問。

「她是跟我念過一點，但不完全會。」老太太說。

「娘，如果念錯了恐怕反而罪過？」

老太太覺得兒子的話很有道理，《金剛經》是不能念錯，不能誤解的。明月還沒有到六祖惠能那種年齡，要懂《金剛經》談何容易？她念了一輩子《金剛經》，還未完全明白，因此，她問明月：

「乖乖，待會兒奶奶和大家誦《金剛經》、繞佛時，妳和阿姨坐在一旁看看聽聽好不好？」

「奶奶，別人念的會不會比您念的好聽？」明月問。

「當然比奶奶念的好聽！」老太太笑著回答：「那些法師都學過誦經，聲韻、腔調比奶奶講究，奶奶沒有學過，怎麼能和出家的法師比呢？」

「奶奶，如果不搭調怎麼辦？」明月又問。

「奶奶會輕輕地念。」老太太低頭輕聲說：「奶奶怎麼敢大聲？」

明月聽了好笑，誇獎老太太一句：

「奶奶，您很聰明！」

「奶奶那有妳聰明？」老太太笑說：「奶奶是濫竽充數。」

明月不懂這個故事，老太太解釋給她聽，隨後又說：

「不過奶奶很誠心。念經不一定要出聲，默念也行。」

「奶奶，不出聲那怎麼能算是念經？」明月笑問。

「那不是口念，是心念。我不是教妳念過『若以色見我，以音聲求我，是人行邪道，不能見如來』嗎？」

「奶奶，那又為什麼要供奉佛相呢？」

明月這一問，讓老太太也為難起來，林如海心裏也有這個問題，但是不敢說出來。他覺得女兒是真不簡單。但老太太不能不解釋，她知道破相很難，離色離相不易，如果修到「無人相、無我相、無眾生相、無壽者相」，那就是佛、菩薩了。但這又談何容易？她只好說：

「供奉佛相也是順應一般人的心理，讓人心有個寄託，比方說：我知道印空師父已經涅槃了，我很想念他，看到他這個全身舍利法相也是好的。但這只是他留下的軀殼，不是師父的靈體。如果師父以化身來看我，那才是真的師父。或者是我修行成功了，我也可以隨時看到原來的師父。但是現在我還看不到，所以我還要供奉佛相，不過我心裏明白，如來佛是無所不在的，師父也是無所不在的，所以我不著相，心中有佛就是了。」

「奶奶，佛怎麼會無所不在呢？」明月問。

「因為佛有千百億化身。」

「娘，為什麼我看不到？」林如海問。

「因為你只有肉眼，連天眼都沒有開，自然看不到。」老太太說：「可是佛不但有百千億化身，還有五眼，所以觀世音菩薩能千處祈求千處應。」

「娘，那五眼？」林如海又問。

「那就是原來的肉眼，再加上天眼、慧眼、法眼、佛眼。這就是五眼。」

「奶奶，您現在有幾隻眼？」明月笑問。

「奶奶還只有兩隻肉眼。」老太太笑答。

「那師公就不止肉眼了？」林如海說。

「當然！」老太太點點頭：「不然他怎麼會什麼事情都知道呢？」

「娘，這真奇！」林如海笑著摸摸頭：「說來有些令人不敢相信？」

「你怎麼也說這種話？」老太太盯著兒子說：「當年我揹著你上山去皈依師父時，本來是不打算下山的，但是師父不肯收留我，說我日後會有大福報，我跟你講過好多次，怎麼你現在突然忘了？」

「娘，兒子怎麼會忘記？」林如海陪著笑臉說：「我是指一般人說的。」

「上午覺圓師兄還在車上悄悄告訴我，說他昨夜兩點鐘，還看見化身師父親手熄電燈呢！」老太太說。

林如海、莊文玲兩人聽了有些目瞪口呆。明月有些好笑。老太太望著明月說：

「乖乖，妳笑什麼？妳不知道太師公一生節儉惜福是不是？覺圓師公說，太師公連掉在地上的一粒飯也要撿起來。」

「奶奶，我昨天晚上也夢見太師公呢？」明月笑指印空法相說。

老太太、林如海、莊文玲三人又驚又喜，相互看了一眼。老太太又問明月：

「妳看見的太師公是什麼樣子？」

「面貌就是這個樣子！」明月又用手指指印空法相說：「不過衣服顏色不一樣。」

「什麼顏色？」林如海連忙問。

「灰色。」明月笑笑，「像老鼠皮一樣。」

「這就對了！」林如海點點頭說：「我只看見師公穿灰色袈裟，沒有看他穿過黃的紅的袈裟。」

「太師公跟妳講什麼話沒有？」老太太又問。

「他先摸摸我的頭，隨後說了幾句話。」明月說。

「什麼話？你記不記得？」老太太連忙問。

明月不假思索，立刻說了出來：

「他說：『迷以空為色，悟即色是空。迷悟無差別，色空畢竟同。欲識如來面，總在此心中。』」

「這是太師公說的偈，妳懂不懂？」老太太問。

「奶奶，好像同《心經》上的『色不異空、空不異色；色即是空，空即是色』的意思差不多嘛！」

老太太高興地摟著明月，又拍拍她說：

「乖乖，妳已經八九不離十了！太師公還給妳說別的話沒有？」

「他摸摸我的頭就走了！」明月有些失望地說：「我正想追上去問他幾句話，不小心摔了一跤，我就跌醒了。」

大家看她說話的樣子，不免有些好笑。

林如海、莊文玲要趕回公司，老太太要大家一道去印空法相前磕個頭，於是五人一起走到前面來，在印空法相前拜拜的信眾不少，跪在兩排蒲團上的人還沒有起來，後面的人就想跪下去。他們也只好跟著排隊。有的人還磕了重頭，起來時前額起了大疱。他們等了十幾分鐘才輪上，磕完頭後林如海說下班時來接老太太她們三人一道回慈恩山莊，他們兩夫妻晚上決定住在山上。

老太太沒有去房間休息，就在大雄寶殿的角落裏坐著等集合誦經。老太太對明月說：

「妳雖然不參加誦經，以後還是要跟著我在佛堂多念念《金剛經》，素素阿姨已經會背了，我相信妳多念念也會背。」

「奶奶，《金剛經》上有很多字我都不認識。」明月說。

「沒有關係！」老太太拍拍她說：「六祖惠能一字不識，他聽人家念自己就開悟了。妳跟著我和阿姨念，不認識的字由阿姨教妳，那不很快就認識了？待會兒妳聽大家唱誦，說不定也會開悟的？」

參加誦經的人陸續到了大雄寶殿，參拜的人停止參拜。覺圓手上拿了幾本為這次法會趕印的大字本《金剛經》，分了老太太、素素、明月各一本，其他人也是人手一本。老太太告訴他素素要照顧明月，不參加誦經。覺圓說：

「在一旁聽聽、默念也有福報，也會饒益眾生。」

老太太囑咐素素幾句，便隨覺圓一道向師父法相集中。他們和廣德禪師、各寺院的住持站在第一排，成馬蹄形面對師父法相而立，一共大約三百多人。香煙繚繞，氣氛肅穆。道明則站在約一尺高的木墊板上，面向大家，先作了幾句開場白：

「這是第一次集體誦經，諸位都知道受持誦讀《金剛經》有無比福德，而且可以迴向眾生。口齒一定要清楚，不快不慢，流暢不喘，其他細節不必太在意。我開頭誦『如是我聞』後，諸位跟著我誦，誦完為止。」

他隨即轉身面向印空法相開誦，大家便跟著誦。一時琅琅經聲充滿整個大雄寶殿，一家大廣播電臺還全程錄音。

素素和明月注意諦聽，也注意看。當大家誦到：

爾時，須菩提，聞說是經，深感義趣，涕淚悲泣，而白佛言：「希有，世尊！佛說如是甚深經典，我從昔所得慧眼，未曾得聞如是之經。世尊！若復有人，得聞是經，信心清淨，則生實相……」

這時明月突然看到大殿內印空法相上空湧出印空、觀世音菩薩、阿彌陀佛、大勢至菩薩、文殊菩薩……似曾相識的不少。印空更是她昨夜才夢見過的，這使她十分驚喜，但又不敢說出來，過了十多分鐘，這些佛、菩薩才漸漸消失。他們來自何處？去向何方？她不知道。素素更渾然不覺。

誦完經、繞完法相之後，已經五點半了，大家紛紛散去，只有執事比丘、比丘尼留下來。覺圓、覺海、覺性師兄弟更掛單在寺裏照顧。

林如海夫婦適時趕來，陪老太太向道明長老、廣德禪師等，道謝道別。然後驅車直赴慈恩山莊。

老太太站著誦經、繞印空法相將近三個小時，精神還很好，林如海看了很高興，他一面扶她上樓，一面說：

「娘，我原先耽心您太累，想不到您精神還這麼好？」

「大概是師父和諸佛、菩薩的加持吧，我真的一點不累。」老太太愉快地說。又回頭望望明月：「明月看來也不錯，我們一老一小，都托庇師父、諸佛、菩薩保佑。」

他們上樓洗臉休息了一會，就來餐廳吃飯。老趙先得到林如海的電話通知，飯菜準備周到。老太太的心情更好，因為印空肉身成道紀念法會她全程參與，自法相離開菩提寺起，她看到信眾對印空的虔敬迎送，不下於浴佛節、觀世音生日、媽祖生日。一位默默修行的比丘，住世之日少為人知，一旦成道，萬民敬仰。老趙看了電視臺的午間新聞，整個過程他也知道，因此，他對老太太說：

「老夫人，我中午看電視新聞，才知道有那麼多人敬仰印空法師，可見得菩薩還是不寂寞的。」

「師父給我們作了一個好榜樣，不論比丘也好，比丘尼也好，居士也好，實實在在修行才重要。成佛得道，不在虛名，不在寺大寺小。」老太太說。

「娘，看來法華寺的道明長老比普門寺的廣德禪師更瞭解師公。」林如海說。

「道明長老和師公是同輩的，彼此之間早年也有來往。師父又是童子身出家，和半路出家的又不一樣。」老太太說。

「娘，這和師公肉身舍利有沒有關係？」林如海問。

「不能說沒有關係。」老太太沉吟了一下說：「幾位著名的肉身菩薩如六祖惠能、憨山大師，都是童子身，連釋迦牟尼佛也不是全身舍利。」

「這和成佛有沒有關係？」林如海又問。

「那倒不一定。」老太太說：「釋迦牟尼佛結婚生子，他成了佛祖，維摩詰居士也了不得，連大迦葉尊者、阿難尊者、舍利弗尊者、須菩提尊者、文殊菩薩……等等，都向他請教，這就可以證明，成佛得道與否？同結不結婚沒有什麼關係。」

「依我的淺見，恐怕成佛得道和各人的因緣智慧關係比較大。」莊文玲說：「三無漏學戒、定、慧以慧學為最高，我以為學佛就是修大智慧。」

老太太連忙站起來拍拍她說：

「媳婦，妳一語驚醒我夢中人！我突然明白，戒、定不過是方法、手段，大智慧才是成果。歷來那一位佛、菩薩不是修成了大智慧的？只有上根上器的人，經過辛苦修行，才能得到最高果位，印空師公不過是眼面前的一個例子。」

林如海看看女兒明月，不禁問她：

「明月，妳今天下午和阿姨看大家誦經，學到一點什麼沒有？」

明月先是笑笑，稍後才慢慢說：

「爸，《般若波羅蜜多心經》說：『無智亦無得。』我也沒有學到什麼，倒是看到了不少佛、菩薩。」

大家一怔，瞪著眼睛望著她。林如海沒有讀過《心經》，不瞭解無智亦無得的意思，也沒有見過如來。素素又驚又喜地說：

「明月，我一直坐在妳身邊，我怎麼沒有看到佛、菩薩？妳該不是眼睛發花吧？」

「阿姨，我的眼睛沒有發花，我看得很清楚。」明月搖搖頭說。

老太太聽了很高興，把頭靠近她，拍拍她說：

「乖乖，妳看到那些佛、菩薩？妳說給奶奶聽，好不好？」

「奶奶，本來我不想說，所以我一直沒有告訴阿姨。」

大家都急於想知道是怎麼一回事？催她，她才將當時的情形說出來。

除了老太太、大家都覺得不可思議。尤其是素素，和明月寸步未離，除了那些誦經的比丘、比丘尼、居士之外，她只看到空中香煙嫋嫋，愈到上面愈是一片空虛，那有什麼佛、菩薩？明月看出素素的疑惑，便笑著對她說：

「阿姨，我知道您不會相信，所以我不敢對您說。」

「明月，妳不要會錯了意，阿姨不是懷疑妳說謊，阿姨是不瞭解那到底是怎麼一回事兒？」

老太太知道不但素素如此，老趙也一臉疑惑。兒子、媳婦雖然高興，心裏還是有疑問，只是不好說出來，怕影響明月的心裏，因此，她向素素解釋：

「素素，妳不知道，觀世音菩薩神通廣大，有四不可思議。第一種不可思議是能脫出六塵，沒有任何障礙，一一現形的妙能。那些和他一道出現的佛、菩薩，都有這種不可思議的妙能。印空師父也是一樣，昨天晚上他在菩提寺親手熄電燈，又托夢給明月，還對她說了那首偈，這都不是假的。」

「娘，是呀！那首偈如果不是師公說的，明月怎麼說得出來呢？」林如海接嘴：「我還記得三年前，師公圓寂前三天，我們帶著明月去看他，他抱著明月左看右看，不也當場說過一首偈嗎？」

「你的記性不錯！」老太太誇獎兒子一句。「其實偈的形式十之八九是五七言。六祖惠能那首『菩提本無樹，明鏡亦非臺；本來無一物，何處惹塵埃？』就是五言。《六祖壇經》裏都稱為偈。很多偈就是禪詩，道明老禪師說印空師父的禪詩好，就是這個緣故。」

「媽，您老人家真是行家！想必您也寫過禪詩？」莊文玲說。

「我不會寫詩，因為小時候父親只教我《千字文》、《賢文》、四書這些正經八百的書，沒有教我寫詩。他說女孩子不必學詩詞，作個賢妻良母就好了！不過我很喜歡讀詩，就是不會寫。照理妳應該會寫？」老太太望著莊文玲說。

「我讀大學時，孟真如教授教過我唐詩，寫詩並不難，要寫好可不容易。」莊文玲說。

「怎麼妳那次請孟教授講演，他不在妳母校教了？」林如海突然想起那次請孟真如來公司講演，他是Y大教授，不是X大教授。

「因為孟教授不是X大出身，遭到排擠，他一氣就轉到Y大去教了。其實這是學生的損失、X大的損失。孟教授倒沒有什麼損失。」莊文玲說。

「怎麼大學也搞小圈圈？」林如海奇怪地問。

「搞得才厲害呢！」莊文玲一笑。「本來我畢業後是該留校當助教、講師的，看看那種情形，我就不要那種清高，才考到貴公司來當你的祕書了！」

「委屈妳了！」林如海也笑著向她拱拱手。

「妳有那麼好的老師，那麼好的學歷，應該寫寫詩。」老太太說：「如果再多讀一點佛經，也不定會寫禪詩了。」

「我一直跟著他轉，」莊文玲指指林如海說：「跟著孔方兄轉，那有閑情寫詩？我看以後要看明月了。」

「如果明月遇到好老師，那她將來一定會寫禪詩。」老太太摸摸明月的頭說。

「奶奶，什麼是禪詩？」明月笑問。

「昨夜妳夢見太師公時，他對妳說的那幾句話就是禪詩。三年前他抱著妳對妳說的那首偈，更是禪詩。妳還記得中午在法華寺用齋時，我念給道明長老聽的那首偈嗎？」

明月先眨眨眼睛，隨後又笑著點點頭。林如海、老太太喜在心中，笑在臉上。莊文玲也笑著說：

「明月的慧根很深，的確不是凡品。」

「我真希望師父的預言早點實現，那位再世佛早日來到此地。」老太太念念不忘印空的那個預言。

素素更是希望能托明月的福，成為同修。因此，她接著說：

「老夫人，我心裏比您老人家更急，我希望早日搭上便車。」

莊文玲望著明月笑笑，明月故意問她：

「媽，您笑什麼？」

「一人得道，雞犬升天，說不定將來我也會搭妳的便車呢！」

「媽，車又不是一個人坐的，如果我有一部大車，能載多少人就載多少人，何必留空位？」

明月向莊文玲一笑。

老太太連忙把她摟進懷裏，親親她的臉說：

「乖乖，妳這真是大乘思想！菩薩心腸！」

# 第十一章 白雪高山見活佛

## 婆心慧口說長生

時間無聲無息地以光一般的速度從我們身邊悄悄流過。人類與獅子、老虎、大象等地上走的、爬的動物一樣，不知不覺地老了。直到自己快死的時候，都覺得自己來到這個世界，彷彿沒有多久的時間，很多人都清清楚楚記得自己穿開襠褲，撒尿和泥巴的事兒，但他們已經躺在床上起不來，生命只是旦夕之間了！何以為此？因為人間四百年，天上一晝夜。為什麼「人生如朝露」呢？就是指娑婆世界與極樂世界的時差，這種時差可不是東西時差啦！

明月自入幼稚園、小學、國中、高中，也只是轉眼間的事。

明月求學的成績，一直是第一名。但她並不是用功的學生。在山莊時，她作息的時間幾乎和祖母一樣，尤其是假日和晚間，她總是和祖母、素素一道念經、禮佛，不然就是自己看佛經，老太太看的佛經她早已看完了，老太太不大明白的地方，她還講給老太太聽。

在學校時，她從來不補習，甚至考前也不溫書，但考試結果，她總是第一。別的學生都很奇怪，甚至妒忌。尤其是念高三時，有兩位同班了五年的好同學李蔻蔻、石冰冰，她們三人一直是一、二、三名，上高三那年，她們兩人突然憤憤不平地對明月說：

「明月，這麼多年來，妳一直騎在我們頭上，現在快高中畢業了，妳也該讓讓我們！」

「我們一直是好同學，我幾時騎在妳們頭上呢？」明月笑問。她上高中以後，林如海就買了一輛千里馬轎車，讓素素陪她上學。明月和素素都會開車，因為明月還未成年，沒有駕照，素素有駕照，其實是明月開的時候多，也沒有出過一丁點兒錯。一遇到大雨或颱風而未停課天，她會開車分別送李蔻蔻、石冰冰回家。遇到假日，如果李蔻蔻和石冰冰約她郊遊，她也以車接送。她從來沒有虧待過她們，怎麼會騎在她們頭上呢？

「從初一開始，妳一直是頭一名，我們兩人只能當老二或是老三，這還不是騎在我們頭上嗎？」她們兩人幾乎是同聲說。

「說真的，我只是隨便考試，從來沒有存心想拿第一名。而且我也不知道妳們考的分數是多少？怎麼知道妳們誰是老二誰是老三呢？」

「我們無論怎樣用功，甚至考前開夜車，就是拿不到第一，好像鬼摸了頭一樣，莫非妳有什麼邪門？」石冰冰說。

「我那有什麼邪門？」明月好笑。「我除了聽老師講課以外，很少看書，有時妳們還在教室和我悄悄聊天，我連課也沒有聽，考起來也歪打正著，我又有什麼辦法？」

「老實對妳講，我們想保送X大，非拿頭名不可。」石冰冰說。

「頭名只有一個，妳們是兩個，怎麼拿法？」明月笑問。

「我們兩人輪流拿也可以。」李蔻蔻說：「不過得請妳讓一讓？」

「分數是扣在老師手裏的，我實在不知道要讓多少才好？」

「妳將分數多壓低一些不就得了？」石冰冰說。

「好吧，既然妳們這麼在乎名次，那我就試試看好了。」明月無可奈何地說。

「明月，現在我們才剛升高三，第一個月考，妳不妨試試看，要是分數拿得準，以後就那麼辦，我們兩人保證用功就是了！」李蔻蔻說。

明月想想都好笑，現在真是什麼怪事都有。考試還得讓人？但她不在乎什麼名次，真金不怕火，大學聯招時想讓也不可能。

下午放學時，她在停車場將李蔻蔻和石冰冰兩人的意思告訴素素，素素奇怪地望著她說：

「那有這種事？妳怎麼能答應她們？」

「阿姨，她們需要，我不需要，讓給她們也無妨。」明月笑著回答。

「明月，不管怎麼說，這也是一種榮譽。妳一直是品學兼優的學生，董事長和老夫人嘴裏不講，心裏可真喜歡。一旦妳的名次落在她們後面，老夫人和董事長問起來，我這個老書僮又怎麼交代？」素素耽心地說。

「阿姨，您放心！我先向奶奶和爸爸說明好了。」明月安慰素素。

「明月，你們五兄妹，以妳的成績最好。尤其是董事長，他早年失學，有你們子女給他爭光，正好彌補他的缺陷，妳到手的狀元讓給別人，真不知道他們作何感想？」

「阿姨，那明年聯考我考一個狀元好了。」明月笑嘻嘻地說。

「妳不知道聯考有多難？」素素歎口氣說：「能夠考取已經是萬幸了！考取分組狀元也要壓倒兩三萬人，聯考狀元更得壓倒十來萬人，談何容易？」

「阿姨，您是我的守護神。」明月笑著拍拍素素：「只要您陪考，我想不會那麼難。」

素素又高興又無可奈何地一笑，兩眼望著明月的臉上，看她的臉色白裏泛紅，彷彿一彈就破；兩眼黑白分明，明如秋水；個子長得比她還高一、兩公分，真是亭亭玉立。如果不是一身綠色制服，掩蓋了一身曲線，那真是一位大美人兒！最近學校推她參加全島高中英語講演比賽，她又拿了第一名。素素真不知道明月是什麼腦筋？她終於搖搖頭笑說：

「明月，憑良心說，妳不是一個用功的學生。我勸妳讀書，您總是不聽，還說沒有書好讀的，結果也證明我是瞎操心！但站在我的立場上，我又不能不操心。」

「我的好阿姨，您坐在後面吧，我來開車好了。」明月將後車門打開，笑著請素素進去。素素卻雙手把她推進車裏，拍拍她說：「妳放乖一點兒，現在是交通尖峰時間，萬一妳出了半點紕漏，我就吃不了兜著走了！」

明月坐在後座好笑。素素坐上駕駛座，關好車門，又回頭看看她說：「今天晚上董事長和妳媽要回山莊吃晚飯，剛才妳講的那件事，該不該對他們說明一下，妳自己斟酌好了。我要專心開車，可不能分神。」

明月不再講話，以免素素分心。她反而閉目靜坐，這是她在佛堂裏陪老太太念經打坐養成的習慣，沒有事時她就閉上眼睛，這不但可以養神，更可以恢復疲勞，增進體力和腦力，考試也有不少幫助。她遇上難題時，只要一閉上眼睛，不多久問題自然迎刃而解。先前李蔻蔻和石冰冰要她讓出頭名，根本不是問題，自上學以來，她一直是頭名，一點也不稀奇，倒是究竟要讓她們多少分才恰到好處？可不容易把握。

素素開車的技術很好，加上她一向小心謹慎，車子在柏油路上輕快地行駛，明月坐在後座十分舒服，她竟不知不覺地進入夢鄉了。

她看見一座未見過的高山，山峰直入雲霄，半山以上都是白雪皚皚，不見飛鳥，也不見走獸。而且山勢雄偉，峰峰相連，白雪耀眼，令人不敢逼視。在主峰下面臨近雪線之處，她看見一個洞穴，四周積雪盈尺，洞中卻有一位瘦小的女性盤腿而坐，深深入定。起初她還能看出黃色的袈裟、黑色的頭髮，東方面孔，隨後全身放射出金色毫光，如細雨濛濛，與洞外皚皚白雪，交相輝映。她不知道這是甚麼山？只有佛經中的須彌山差可比擬；也不知道在洞中禪定的是什麼人？一般人在這種嚴寒的情況下，必死無疑。隨後那細雨濛濛般的金色毫光，又擴大為一片金光，籠罩著整個洞口。她知道釋迦牟尼佛頭放百寶無畏光明，面放種種光，光耀如千百個太陽。阿彌陀佛又稱無量光佛，光照十方國土，無所障礙。李蔻蔻、石冰冰說她的第一名是有什麼邪門，其實她什麼邪門都沒有，她想要是自己也能身放金光，照十方國土，那就好了。

車子在十字路口遇到紅燈，突然停住，車身自然微微一震，明月醒了過來。素素也回過頭來看看她，笑問：

「剛才妳睡著了？」

「不過打了一個盹兒。」明月揉揉眼睛回答。她還在想剛才那個夢境。看那女的頭髮，似乎是在洞裏長起來的，因為一般女人的頭髮不會那麼短，比丘尼的頭髮也沒有那麼長，可能她在洞內已經幾個月了？那她又是怎麼活下來的呢？

綠燈亮了，素素又開車向前。快上山了，明月看到山上的翠綠樹下，紅色的花朵，她就高興起來，這和夢中白雪皚皚的高山完全不同，那種巍峨的高山，除了冰雪之外，看不到別的生物，令人敬畏。眼前這種小山，生意盎然，四季常春，令人喜悅。

素素將車子開到山莊門口，隨手按了一下電鈕，大門就開了。車子一進門，明月就先下車，老「來喜」趕來歡迎，明月摸摸牠的頭，覺得牠是老了。狗的壽命比人的更短，來喜還算是最健康長壽的了，也許這和牠吃素有關係。

門口左右兩棵玉蘭樹長到二層樓高了，五月間開了滿樹碗大的白花，此地稱這種花為木蓮，和白蘭花樹是大不相同的，明月很喜歡這種玉蘭花，她愛搭著梯子上樹去摘那含苞待放的花苞，放在小花器裏用水養著，供在觀世音菩薩座前，散發一陣陣香氣，也放幾朵在老太太、素素和自己的房間裏。父母湊巧來住時，她也會放兩朵在他們的房間裏。現在雖然不開花，可是玉蘭樹肥大的葉片卻帶來陰涼，「來喜」歡喜躺在樹下休息，她偶爾也在樹下坐坐，別有田園情趣。

她正準備進屋時，林如海的車子進來了，他們夫妻兩人一道下車，明月和「來喜」也一道上前迎接。莊文玲和明月的感情愈來愈好，兩人幾乎一般高。莊文玲不出老，兩人看起來更像姊妹。她們相擁著走進屋，林如海在後面看著，眉開眼笑。他臉上還沒有黑斑、皺紋，步履輕盈，這也許和他經常爬山、運動有關。

老太太已經下樓，看見兒子、媳婦、孫女兒一道進來，尤其是莊文玲和明月像姊妹般地擁著進來，她心裏更有說不出的高興。

他們都不上樓，明月將書包掛在樓梯扶手的圓柱上，大家都圍著餐桌坐下來，吃晚飯是他們團聚聊天的最好時間。明月上學、素素開車陪著上學，老太太白天一個人在樓上，也難免寂寞。明月放學回來她就特別高興，尤其是林如海夫婦也一道回山莊的日子。

林如海很關心明月考大學的事，他倒不耽心她能否錄取？他想知道她想選那一組？目標是那一個學校？因此，他試探地問她：

「明月，明年暑假妳就要考大學了，究竟選那一組，妳決定了沒有？」

「以她的成績，不論她選那一組都沒有問題。」莊文玲接嘴：「就看她個人的志趣如何？」

「爸爸，您一直實行計畫教育，我不知道您到底想我選什麼組？」明月反問。

「妳四個哥哥是男生，我要他們學工、學商，那是為了『正大』的前途著想。妳不一樣，我讓妳自己選擇，好不好？」林如海說。

「謝謝爸爸！」林明月笑說：「那我學文好了。」

「那和妳媽是走同一條路了？」林如海說。

「文也有外文和漢文的分別，不一定是走同一條路。」莊文玲說。

「現在是洋文吃香，明月的洋文很不錯，到底是從土還是從洋？這也有個分別。」林如海對莊文玲說。

「以她的成績，自然會考上外文系，中文系的分數要低很多。」莊文玲是過來人，她十分清楚。她就是以乙組探花的分數進X大中文系的。因為她喜歡中國文學。

「我不是學工、學商、搞政治的料，」明月說：「如果爸爸同意我，我就選乙組好了，到時候再看錄取的成績，決定從土從洋。」

「那妳就在這方面多做點準備好了。」林如海對明月說。

「其實也沒有什麼好準備的。」明月輕鬆地一笑：「上課聽聽講就夠了。」

「聯考競爭得很厲害，妳可不要大意失荊州啊！」林如海提醒她。「聽妳哥哥說，乙組的功課多半要靠死記死背的？」

「董事長，明月的記性好得很，這一點我這個老書僮倒不替她耽心，只是有一件事，我不知道該不該對董事長講？」素素說時先看了明月一眼。

「到底是什麼事兒該不該講？」林如海很敏感，他問素素，又特別看了明月一眼。

素素故意看看明月，半天不作聲，大家不知道是什麼事？都望著明月，明月這才對素素說：

「阿姨，這又不是什麼大不了的事兒，您說好了。」

素素這才將李蔻蔻、石冰冰要明月將這一年的第一名讓給她們的事說了出來。

「荒唐！那有第一名是讓出來的？」林如海泛泛地說，並未責怪明月。

老太太卻笑著對明月說：

「妳那兩位同學怎麼會出這種怪招兒？」

「奶奶，也許她們是為了面子！也許是為了獎學金？反正我也不想過問。讓就讓，第一名也沒什麼了不起。」

「妳說的倒輕鬆，別人三更燈火五更雞，也未必爭得到第一名呢？」林如海說。

「爸爸，君子成人之美。她們兩人既然需要，我頂多不過損失一點虛名，又不影響我參加聯考的實力，何樂而不為呢？」明月坦然地說。

林如海望著莊文玲一笑，沒有作聲。老太太笑著摸摸明月的頭，明月天真地對她說：

「奶奶，放學回家時，我在車上打了一個盹兒，做了一個夢，有點奇怪？」

「妳現在正是做夢的年齡，有什麼好奇怪的？」老太太淡然一笑。

「奶奶，這個夢可不是辦家家酒，坐花轎的夢啊！您要不要聽？」明月故意逗老太太。

「我一個人在山莊裏也聽不到什麼鮮事兒，妳就說給奶奶聽聽，解解悶兒好了。」老太太笑說。

於是她將那個夢境說了出來。素素連忙問明月：

「妳先前在車上怎麼不告訴我？」

「阿姨，我怕妳開車分神，所以不敢講。」明月說：「也不知道這個夢是什麼兆頭？」

「如果真有其人其事，那就很不簡單，應該是個好兆頭。」老太太說：「只怕是一場春夢？那就和辦家家酒差不多了。」

「奶奶，我記得很清楚，不是一般雞零狗碎的亂夢。」明月說。

「那就和修行有關，也許妳的因緣快成熟了？」老太太想起印空的預言。

「一個人在那種高山修行，不凍死也會餓死。」林如海說。

「那比當年印空師父在菩提寺修行難多了。」老太太說。

「高山上的空氣好、沒有污染，沒有人打擾，說不定更好修行呢？」明月說。

「對，明月的話很有道理。」莊文玲說：「古人說：『天下名山僧佔多。』這就表示修行人選擇深山修行不無道理。菩提寺也是在山上的，雖然不高，比市區卻清靜多了。」

「不過在高山上一切都不方便，吃的喝的問題都不好解決，也是美中不足之處。」林如海說。

「修行人可不像我們俗人一樣，他們生活愈簡單愈好，欲望愈低愈好，這樣得道愈快。」莊文玲說。

「妳的看法很對！」老太太對媳婦說：「我修了這麼多年還沒有得道，說不定是生活太舒服了？」老太太說。

「媽，其實您老人家和我們兩人還是大不相同的，您不貪圖享受，沒有什麼欲望，只是生活條件比一般修行人好而已，但這並不妨礙修行。至於得道遲早，我想原因很多。譬喻說：有的人是累世修行，今生再修；有的人本來就是佛、菩薩轉世度人的；有的人是既來享受福報又來修行的。這都和得道遲早有關。媽，不知道我這個看法對不對？」莊文玲說。

老太太連連點頭，她對這個媳婦是愈來愈滿意了。她看了明月一眼才說：

「我看明月一旦因緣成熟，遇上印空師父講的那位再世佛，一定很快得道。不會像我這樣駱駝穿針眼，難上加難。」

「媽，其實您已經大開悟了，只是您自己並不覺得，也許您對自己要求太高？」

「對，娘就是對自己要求太高！」林如海拊掌一笑：「我就感覺得出來，我每次和娘談話，娘總是高我幾招，那種智慧我一輩子也趕不上。」

「你別給我戴高帽子！」老太太笑著白了兒子一眼：「哄死了人不償命，娘還想多活幾天呢！」

林如海大笑起來，大家跟著笑了，明月笑得更開心，她笑著摸摸老太太的臉說：

「奶奶，您會活一千歲！」

「乖乖，妳怎也學妳老子一樣哄我？」

大家又笑了起來，明月搖搖老太太說：

「奶奶，您忘記了您告訴過我的中印度寶掌和尚的故事了？」

老太太故意裝糊塗，反問明月：

「奶奶幾時告訴過妳什麼寶掌玉掌和尚的故事的？」

「奶奶，您不認帳，我可不糊塗，我清清楚楚記得您講過的話，您再不認帳，我就搬出您的寶貝《指月錄》翻來給大家看好了！」明月一口咬住老太太不放，老太太無奈地笑說：「真想不到，您這丫頭居然徒弟打起師父來了？」

大家又笑了起來，林如海笑得更開心。素素拉拉明月說：

「妳可不能賣關子，阿姨還是門外漢，快講給阿姨聽聽？」

「阿姨，我怕奶奶考我，我要是講漏了，講錯了，那怎麼辦？」明月先向素素賣一個關子，又故意看看老太太。

老太太用手指著明月笑說：

「這丫頭愈大愈精靈了！你們看著好了，要是她講漏了一個字，講錯了半句，看我怎麼罰她？」

明月又拉拉素素說：

「阿姨，我說了奶奶會考我的，我又不是電腦，怎麼能一字不錯呢？那我只好不講了！」

素素看她那狡黠淘氣的樣子，又好氣又好笑，也嘟著嘴對她說：

「我把妳像鳳凰蛋似的捧到比我還高，現在妳反而敲起我的竹槓來了？」

大家聽素素這麼說，就像熱鍋炒豆子似的爆笑起來，明月伏在老太太的肩上嗤嗤地笑，老太太將她摟進懷裏來，拂拂她黑得發亮的頭髮對林如海夫婦說：

「這丫頭真的愈來愈精靈了！是不是我寵壞了她？」

「娘，她一生下來就是您的心肝寶貝，我這個老子只好靠邊站，喝涼水，八竿子也打不到她，我怎麼說好？」

老太太和明月笑成一團，老太太笑得差點兒喘不過氣來，笑聲未落，又右手指著林如海說：

「你們父女兩人，是不是串通了來整我？讓我成了豬八戒照鏡子，兩面都不是人？」

「娘，您這又冤枉兒子了！」林如海叫屈地說：「明月還賴在您懷裏，請大家看看，是她串通您老人家，還是您老人家串通她？反正我隔著大圓桌還是八竿子打不到。」

老太太故意將明月摟緊一點，又低頭在明月耳邊說：

「妳老子兩個星期都沒有來山莊看我們祖孫兩人，我們涼水都不給他喝，讓他去喝西北風好了！」

老太太裝著講悄悄話的樣子，可是每一句話每一個字都讓大家聽得清清楚楚，而且緩急輕重節奏分明，素素已經笑得伸不直腰，莊文玲笑得講不出話來，林如海卻高舉雙手，笑著對老太太說：

「娘，您老人家有觀世音菩薩和師公在後面撐腰，日夜增添智慧，兒子連看報的時間都沒有，只好投降了！」

老太太將明月扶起來，囑咐她說：

「妳現在可以將我講給您聽的寶掌和尚的故事，再講給妳老子聽，也好讓他長長見識，多點福報。」

「奶奶，我要是講錯了您可不能罰我呀！」明月掠掠頭髮說。

老太太笑著搖搖頭，明月這才慢吞吞地說：

「如是我聞……」

「妳怎麼添油加醋？那有這一句？」老太太立刻截住。

「佛經開頭都是這麼說的。」明月回答：「這故事本來是聽您說的，可不是我自己作文章呀！」

「好，好，好！隨妳怎麼說。」老太太笑笑：「我知道你們父女兩個都不是省油的燈！」

老太太的話又把大家逗笑了。明月也笑著說：

「看來我這個二手傳播是沒有票房價值了！」

明月這句話也逗得大家一笑。她卻將手輕輕一揚說：

「請別笑，我要開講了……寶掌和尚是中印度人，華夏周威烈十二年丁卯出生，生時左掌握拳，七歲削髮受戒為僧，左掌才放開，因名寶掌和尚。魏晉兩朝期間，東遊中土，入蜀參拜普賢菩薩，留大慈寺，經常不食，誦般若等經一千多卷。有人以詩歌詠此事：

勞勞玉齒寒，似迸巖泉急。

有時中夜坐，階泉神鬼泣。

有一天，他對大家說：我願住娑婆世界一千年，現在已六百六十歲了。所以有人以千歲稱他。」

莊文玲突然插嘴說：

「彭祖也不過八百歲，那有能活到一千歲的人？明月，妳有沒有記錯？」

「媽，我記得很清楚，沒有錯。」明月肯定地回答。又接著說下去：「後來他遊五臺山，再南到衡嶽、黃梅、匡廬，隨後到建業，會達摩時已經是梁朝了，他向達摩請教頓悟無生法忍。梁武帝很重視他受戒的年資這麼久，請他為內廷供奉，不久他又去東吳，還說了一首偈：

梁城遇導師，參禪了心地。
飄零二浙遊，更盡佳山水。

莊文玲不知道這個故事，她很注意聽，聽到這首偈，她不禁插嘴：

「這和尚倒雅興不淺！大概印度沒有吳越兩地的好山好水？」

「你怎麼知道吳越的山水風景好？」林如海問她。

「我讀過孟浩然的〈自洛之越〉那首五言律詩，其中有兩句：『山水尋吳越，風塵厭洛京。』可見吳越山水之美。我也聽過孟真如教授親口講述吳越的山水情形，真的令人神往。」

「媽，您是去遊山玩水，還是聽我講故事？」明月提醒莊文玲。

「妳講，妳講，我洗耳恭聽。」莊文玲向明月一笑。

明月又接著講下去：

「於是他遍遊兩浙名山，再駐錫浦江的寶巖，與朗禪師友善，他遣白狗送信，朗禪師則以猴子傳書。因此，有人題朗禪師壁聯一副：『白犬銜書至，青猨洗鉢回』。顯慶二年元旦，他手塑一像，至初九方成。他對門人慧雲說：『你看此像像誰？』慧雲說：『與和尚無異。』他即洗澡更衣，盤腿而坐，對慧雲說：『我住世已一千七十二年，今天辭世。你聽我一偈：

本來無生死，今亦示死生。
吾得去住心，他生復來此。』

寶掌和尚從周威烈丁卯年至唐高宗顯慶二年，正好一千七十二年，他在中土就四百多年了。」

「一個人居然能活這麼久，真是聞所未聞。」林如海說。

「出家人大多長壽。」莊文玲說：「當代虛雲和尚也活了一百二十歲。」

「這樣說來，娘也該長壽了？」林如海說。

「所以我說奶奶會活一千歲，可不是信口雌黃呀！」明月理直氣壯起來。

「剛才妳像鸚鵡一樣，將我講給妳聽的故事照樣講了出來，我就很高興了。」老太太對明月說：「不過我倒不想活那麼久。」

「奶奶，那是為什麼？」明月連忙問。

「活得那麼久，我一個人都不認識，誰來養我？」老太太雙眉一皺說。「我又到那兒去謀一隻好鸚鵡重複我講的故事？」

明月先啞然失笑，隨後又揉揉老太太說：

「奶奶，您最後還是把我當開心果兒？這樣您更會長生不老。」

「我更不想長生不老。」老太太摟著明月說：「能夠把時間卡住不動，停在現在最好。」

「奶奶，那怎麼可能？」明月突然抬起頭來，搖了幾搖說。

「所以奶奶才修行，修到極樂世界去，那邊一晝夜，抵我們山莊四百年，像阿彌陀佛無量壽一樣，那不更好？」

「奶奶，原來您還有這麼大的貪心？」明月睜大眼睛笑問。

「奶奶怎麼會像你這樣沒有志氣？」老太太調侃明月：「活一千歲算什麼？」

林如海、莊文玲夫婦開心地笑了起來，林如海對明月說：

「明月，妳要知道薑還是老的辣！妳該跟奶奶好好地學學！」

「爸，奶奶過的橋比我走的路還多，她又修了這麼多年，讀了那麼多佛經，我怎麼趕得上她呢？」明月望著林如海說。

「妳少坐車，多走路，那不就趕上了？」老太太逗明月說。

「奶奶，您說反話！我坐車都怕趕不上您，走路那就永遠趕不上了！」

「妳要知道，奶奶走路時，不但路邊的樹木花草看個清清楚楚，連腳下的螞蟻也不忽略，妳坐在汽車裏，能看得到嗎？」

明月沒有想到老太太會有這一招，她又啞然失笑。不禁雙手搖了老太太兩下說：

「奶奶，您真的一點不老！一點不老！」

「我昨天就掉了一顆大牙，妳還說我不老？」老太太故意白了她一眼。

「奶奶，您少騙我，我怎麼沒有看見？」明月反問。

「那顆大牙就是怕妳看見，所以它不掉了！」

大家被她們祖孫兩人惹得哈哈大笑。莊文玲忍住笑對老太太說：

「媽，您和明月這一問一答，比我念四年大學有益多了！看來讀死書是沒有什麼大用的。」

「也不能這樣講。」老太太搖頭一笑：「如果妳不上四年大學，再念研究所，怎麼能考上正大公司當祕書呢？」

「媽，您這樣說也未必對？」莊文玲指指林如海說：「他一天大學也沒有上過，他還是我的頭家呢！」

老太太也不禁失笑，隨後又解嘲地說：

「如海還上過六年小學，我只讀過五年私塾呢！」

「媽，其實不然！」莊文玲解釋說：「您讀的四書是聖賢書，是大學問，我在大學四年，只偶爾讀到一點點，幸好還修了孟真如教授兩個學分的《老子》，兩個學分的禪宗課。不然真是由我玩四年了。再說，您修行這麼多年，又念了那麼多佛經，這也不是什麼哲學博士比得上的！」

「文玲，妳說的不打緊，幸好沒有外人聽見，以後千萬不可再說這種話。剛才我不過是逗著明月開開心，因為你們兩夫妻公忙，回到山莊應該輕鬆、輕鬆，我們關起門來講幾句悄悄話，沒大沒小，不會傷風敗俗，又不賣門票，這叫做窮開心，我老太婆那有博士那麼大的學問？說真的，我只怕你們忙得忘記上山來，我也會發悶。我總不能偷偷地下山去卡拉OK或什麼KTV，蹦蹦跳跳、摟摟抱抱是不是？」

老太太一說完，明月就笑倒在她懷裏，莊文玲、林如海也笑得東倒西歪。林如海好不容易止住笑對老太太說：

「娘，您老人家要猴子也不是這樣耍法？兒子的頭髮也快白了！」

「山高壓不住太陽，只要娘在的日子，你總是孩子。」老太太氣定神閒地說。

「奶奶，那我不是永遠長不大了？」明月笑著抗議。

「妳這樣大最好。」老太太向她笑笑。

「奶奶，為什麼？」

「以前妳太小，我心裏有很多話，不能雞同鴨講。現在的妳，說大不大，說小不小，奶奶可以和妳說悄悄話，也可以打啞謎。妳要是再長大，就會去交男朋友，談什麼亂愛，把奶奶丟在山上，那奶奶怎麼辦？」

老太太剛說完，明月就雙手抓著她搖了幾搖，邊搖邊說：

「奶奶，您是怎麼搞的？我一放學回來，您就尋我開心？」

「妳再搖我就去極樂世界了！」老太太笑著說。

大家又笑了起來。明月連忙住手，仔細看看老太太，發現她的精神還好得很，便說：

「奶奶，您別嚇唬我，我會乖乖地陪妳在山莊過一輩子的。」

# 第十二章 老票友自由自在
# 新戲迷如醉如癡

他們這頓晚飯吃得特別愉快。看過夜間新聞以後，林如海忽然想起有一次看電視轉播的京戲很好看好聽，他本來不懂京戲，也很少看，那次看過以後，他印象很好，他知道老趙是個戲迷，但老趙有自己的房間，自己的電視，自己的音響，他有最新、最好的錄影帶、錄音帶，這是他唯一的嗜好，唯一的享受，他很少其他開支，在這方面卻不惜花錢。但他怕吵了老太太，不敢在客廳這座大電視機上放，不管是聽錄音帶或是看錄影帶，他總是關起房門，壓底音量，獨自欣賞。有一次素素發現了這個祕密，這時明月也上了國中，她便帶著明月一道去看，老趙還特別將房門敞開，明月覺得音量太小，請他將音量開大一點。老趙對她說：

「聲音大了會吵了老夫人。」

明月便將房門關上。老趙看了素素一眼，笑著對明月說：

「明月，這個門不能關的。」他隨即將房門拉開。

「趙伯伯，你不是常常關著的嗎？」明月奇怪地問。「門關好了聲音就不會傳出去的。」

「妳還小，妳不知道：牆有縫，壁有耳。」老趙對明月說，又向素素笑笑。「我一個人關在裏面，就什麼都跑不出去了。」

明月從來沒有聽過這麼好聽的音樂，這麼好聽的唱腔，聲音雖然小了一些，她也靜下來聽。老趙很內行，邊看還邊講解給她和素素聽。素素很快著了迷。已往她只看過歌仔戲，這一比較，果然不同，連明月也看得聽得入神。一卷錄影帶放完之後，她們兩人意猶未盡。老趙卻笑著對明月說：

「明月，細水長流，妳還小得很，只要妳有興趣，以後看的日子還多著呢，就怕妳也變成了洋迷信，那我老趙只好把門關得更緊，自個兒消受了！」

「趙叔叔，其實我也很喜歡這種戲，可惜我不大懂。」素素說。

「慢慢來，胖子不是一口吃大的。」老趙笑著對她說：「我是在娘胎裏就和家父家母一道聽戲的。說來妳也許不信，舍下還有自己的戲臺呢！遇到大喜慶的日子，會請幾位名角兒來湊個熱鬧，皆大歡喜。」

素素真想不到，他自己家裏有戲臺？又請名角兒來唱戲，那該要多大的開支呀！現在請一位唱流行歌的名歌星唱幾支歌，作一場秀，就得好幾十萬呀，比她兩年的工資還多啦！

看過這次京戲錄影帶之後，素素很想再看，但她要陪明月上學，照顧老太太，沒有多少時間，加上老趙很有分寸，她也不便單獨去看，除非明月吵著要去，又報告過老太太，否則她是絕不會去看的。因此，雖然同在一個屋簷下，她也只和明月去看過兩次。

現在林如海忽然想看京戲，又要她通知老趙選最好看的錄影帶拿到客廳來放，不但素素心裏高興，明月同樣高興，她便和素素一道來找老趙，老趙正關著房門看《女起解》。老趙開門一看見她們就笑臉相迎說：

「怎麼？妳們不陪老太太和董事長，想來湊我的熱鬧？」

「趙叔叔，不是湊你的熱鬧，是董事長臨時起意，想看京戲，請您選兩卷好錄影帶，拿到客廳去放放。」

「這倒是鮮事兒。」老趙高興地一笑：「董事長也想看京戲？」

「趙伯伯，您正好去推銷一下，京戲實在很好。」明月說。

「明月，現在是西風壓倒東風，我算老幾？那有能力推銷這種國粹？」老趙一面翻錄影帶，一面回答明月。

「我爸是一時興起，他並不懂好在那兒？」明月說：「我媽反而有點真人不露相，她懂的似乎不少，您不正好推銷？」

「明月，如果妳父母能站出來為京戲講幾句話，或是公演時去買幾張票捧捧場，經報紙那麼一登，那效果可就大了！」老趙說。

「他們又不是行家，那會有什麼效果？」明月搖搖頭。

「明月，妳還太年輕，這年頭外行當家，行家不管用。董事長只要一出頭，那些外行自然會把他捧成行家了！如果他需要我這個票友，我再助他一臂之力，保險他會成為行家中的行家。」

「趙伯伯，您別開玩笑了！我爸辦工廠，搞生產，的確是行家。京戲這檔事兒，我敢肯定他不如我媽。」

「你媽出面那不更好？」老趙一笑：「她是董事長夫人，又是文學博士，要是她一出面，誰敢說個不字兒？」

「趙叔叔，我看您還是先挑兩卷好錄影帶給他們兩位看看，要是看上了癮，下一步棋就好走了。」素素說。

「素素，剛才是明月挑起這個話頭的，我才順著竹竿兒往上爬，湊湊她的興。我那有那麼大的野心？還想再登臺票戲不成？」老趙自我解嘲地說。

他已經選出《坐宮》和《女起解》兩卷錄影帶，不但戲好，主要是演員好。他興沖沖地陪她們兩位趕到前面客廳來。林如海兩夫婦很高興，老夫人一直沒有看過京戲，她不知道是怎麼一回事兒？

老趙先將兩卷錄影帶送到林如海手上，盒內附有戲詞，戲詞上的別字雖然不少，但他將故事內容和別字一併告訴他。然後又特別向老太太解說一番。莊文玲不用解釋。林如海叫他播放，他才將錄影帶塞進錄放影機。按鈕之前，他笑著對林如海他們說：

「我老家不叫看戲，叫聽戲。大家都不出聲，閉著眼睛，屏聲靜息地聽。仔細欣賞那種韻味兒，真的到了那個節骨眼兒上，才喊出一聲：「好！」或是鼓鼓掌，隨後又是鴉雀無聲，沒有亂吼亂叫的。如果叫「好」不叫在節骨眼兒上，坐在旁邊的人一定知道他是個大外行，少不了一頓白眼。」

「趙伯伯，我們都是大外行，那怎麼辦？」明月笑問。

「多看多聽幾次，慢慢就變成內行了。」老趙說：「像妳這麼聰明的人，要是生在我那種年頭兒，那種地方，必然是位大行家、大戲迷了！說不定還會成為名票呢！」

老趙知道林如海急著要看戲，他隨即按鈕，影像、聲音都出來了。他轉身坐在明月身邊，靜靜欣賞。大家把他當做權威，他不作聲，大家也屏聲靜氣。

先放的錄影帶是《四郎探母》，飾四郎公主的男女演員是夫妻檔，默契好，旗鼓相當，又十分賣力。樂隊的配合又絲絲入扣，真可以說是珠聯璧合、天衣無縫。林如海他們雖然是外行，可是情緒自然隨著劇情、演員的動作、唱腔走，何況現場觀眾的叫好聲、鼓掌聲，正好成了他們的良師。他們事前又看過故事說明和唱詞，也就明白多了。

《坐宮》一放完，明月就笑著向老趙抗議。

「趙伯伯，這麼好看好聽的戲，您一個人關起門來獨享，也不讓我看看，您實在太狠心了！」

「看京戲容易入迷。」老趙笑著回答：「我怕影響妳的功課，不能不狠下心來。」

「其實迷上京戲，比去ＫＴＶ亂吼亂叫，蛇鼠一窩，要好得太多了！」莊文玲說。

「我的感覺和妳一樣。」林如海對莊文玲說：「我以前實在不懂，可惜錯過了很多看戲的機會。」

「董事長，這倒不必後悔。」老趙說：「京戲好壞，全在演員，同樣一齣戲，不同的演員演唱，有天壤之別。這對夫妻檔是當今最頂尖的角兒，要是別人來唱《坐宮》，那就大不一樣了。」

「怎麼會有那麼大的差別？」林如海問。

「董事長，吃這行飯可不容易。」老趙一笑。

「那是什麼原因呢？」林如海遇事認真，不禁追問。

「從前有兩句話說：『三年可以出一位狀元，十年也難出一個戲子。』董事長，您從這兩句話裏，就不難想見了。」

「我念研究所時，曾隨教元曲的教授去參觀過一所劇校，看過學生練工、吊嗓、排戲，的確很辛苦。尤其是天賦條件的差異，更是決定個人成敗的關鍵。不像從前考進士，現在考聯考，今年不行，下次可以再考。唱戲可不一樣，條件不好，就永遠出不了頭。」莊文玲說。

老趙連連點頭，隨即補充說：

「現在劇校的訓練比從前的科班又鬆多了，所以也出不了人才。」

「那剛才唱《坐宮》的這兩位又怎麼這樣好呢？」素素問。

「妳不知道，他們都不是本土的。」老趙說：「他們受過科班那種嚴格的訓練，又加上新式教育，和他們本身的優異條件，所以我們才能看到這樣的好戲。」

「他們的嗓子怎麼那樣好？又運用得那麼妙？公主下場時唱的『出關』兩字那種腔調、韻味兒真是妙極了！我的確沒有聽過。」莊文玲說。

「老實說，我自娘胎起也沒有聽過。」老趙提高嗓門說：「連梅老闆也唱不出來。」

「老趙，你講這些話那真是對牛彈琴了。」林如海笑說：「我想問你，你自己現在還唱不唱？」

「董事長，我來公司之後就沒有票過戲了。偶爾自己關著房門哼哼，還怕吵了老夫人。」

「老趙，真的委屈你了！」老太太說：「我看這種戲倒是很不錯的，以後董事長上山時，你就放給他聽聽好了。」

「娘，您不怕我吵了您？」林如海說。

「我倒怕你不上山來呢！幸好老趙還有這麼好的錄影帶。老趙，麻煩你再放一卷給董事長聽聽好了。」老太太的話使林如海啼笑皆非，他摸摸頭對老太太說：「娘，我才兩個星期沒有來向您請安，您老人家就不自在，那我以後天天來好了。」

「你要是天天來，我又怕耽誤了你的大事，你不賺錢，我在山上只好喝露水了。」

明月聽老太太這樣說，噗哧一笑說：

「奶奶，您這不是故意給爸出難題目？」

「妳爹和妳一樣，他是考不倒的。」

林如海笑了起來。示意老趙放錄影帶。

老趙放《女起解》，一句：「苦呀！」就驚心動魄，盪氣迴腸。大家聚精會神地注意螢光幕上，明月更是專心，這對她又完全是新鮮事兒，無論服裝、刑枷，以及蘇三的一舉一動，也都是她前所未見。她心想怎麼會有這樣美麗而又可憐的女犯人呢？她唱的又那麼好聽，和《坐宮》的公主舉止也不一樣，她很同情她，更覺得自己太幸福了。老太太知道這是一個冤獄，青樓女子的悲劇，過去如此，現在又何嘗不是一樣？甚至更慘。做人很苦，做女人更苦。素素要不是兒子如海幫助她，可能更糟。

林如海看了錄影帶之後，很高興，他一點也沒有受劇情的影響，他知道這是戲，但是這種戲的娛樂價值和藝術價值都很高，他笑著對老趙說：

「老趙，我真服了你！你是真懂得生活，一個人自由自在，不患得患失，無憂無慮，我看你是連皇帝都不想當了！」

老趙哈哈一笑，連忙拱拱手說：

「董事長，我這是禿子跟著月亮走，沾董事長的光，托董事長的福。」

「老趙，有些人有福也不會享，你是真會享福。我是勞碌命，我想跟你換個位子，恐怕你也不幹？」

「董事長，你真會說笑話兒！」老趙笑了起來：「我老趙生成八合米的命，要是坐上您的位子，我會頭暈，天旋地轉，那有當個伙頭軍輕鬆自在？」

「老趙，知足常樂。」老太太心情也輕鬆起來，笑著對老趙說：「你沒有一點貪心，好好修行，一定容易解脫。」

「老夫人，這又得托您老人家的福了！如果日後真能遇上那位再世佛，請您和明月美言幾句，我一定皈依。」老趙說。

「趙伯伯，恐怕你就不能看京戲了？」明月說。

「為什麼？」老趙反問明月。

「因為你是京戲迷。」明月笑說：「學佛在悟不能迷，六祖惠能說，悟時人是佛，迷時佛是人呀！」

「那怎麼辦？」老趙望望明月，又望望老太太。

「老趙，這是兩碼子事。」老太太安慰他，「你愛京戲是興趣，是消遣，不是執迷不悟的迷。像你這樣沒有名利心的人，比別人開悟得會更快。明月是開你的玩笑，不要當真。」

老趙吁了一氣，望著明月說：

「明月，妳怎麼尋我這個門外漢開心？下次我可不放錄影帶給妳看了。」

「趙伯伯，您現在是快樂神仙，以後就是阿彌陀佛了！」明月笑說。

「明月，有妳這兩句話就行。」老趙一面對明月說，一面又望望老太太：「我覺得如來佛最自由自在，人也要活得自在。老夫人，您說對不對？」

「對，對，對！」老太太連連點頭：「老趙，你是真開悟了！心無罣礙就是佛、菩薩，心有罣礙就不能解脫，所以才不停地輪迴。」

「媽，您們兩位幾句話談出大學問來了。」莊文玲對老太太說：「這就是禪，生活就是禪。佛法就在世間，不在天邊。」

「媽，您也開悟了！」明月對莊文玲說：「您的學問好大呀！」

「看來這兩齣戲沒有白看，可惜只有我這塊石頭還沒有開悟。」林如海湊趣地說。

「爸，您多來山莊住住，說不定那天一覺醒來就開悟了！」明月對林如海說。

「明月，爸是勞碌命，爸沒有妳這麼好的福氣，怎麼能天天住在山莊享清福呢？」林如海自嘲地說。

「哥哥都大了，不是可以接你的腳了嗎？」明月想想四位哥哥都在公司工作，應該可以放心了。

「爸爸現在是老母雞帶小雞，哥哥還嫩得很，怎麼撐得起『正大』這塊招牌呢？」

「妳爸是虎老雄心在。」莊文玲對明月說：「他還有滿腦子的計畫呢！」

「其實董事長還年輕，他比我還小兩歲，身體又好，每個星期六來山莊住一夜，輕鬆一下就行了。」老趙笑著插嘴：「人太早退休反而不好。」

「老趙，你說的不錯，很多吃公家飯的主管，六十五歲退休下來，沒有事兒好幹，很快就向閻王爺報到了！」林如海說：「我們工商界的大頭家，七八十歲還幹得挺起勁，反而老來俏，比起他們來我還是小老弟呢！」

明月聽了好笑，又打量他一眼說：

「爸，您真是春不老！我不過是勸您早點兒享福，我可不想篡位呀！」

明月這樣說大家都好笑，老太太更笑瞇瞇地說：

「我說了只要我這身老骨頭在，他總是孩子。他怎麼好意思告老退休呢？」

「娘，工商界的頭家就有這點好處：成敗全由自己負責，誰也管不著。人這樣活著才有一點意思。娘，您說是不是？」林如海望著母親說。

「你說的是不錯，不過這也由命不由人。」老太太說。「我們應該知福惜福才是。」

「娘，兒子知道創業艱難，更不會忘本，所以兒子比別的大頭家更操心、更小心謹慎。兒子何嘗不想多陪陪您老人家？幸好明月跟著您長大，天天在您身邊，也算替兒子盡了一點孝。」林如海對老太太說，又望望明月：「明月，爸爸不怕你篡位，就怕你四位哥哥挑不起這麼重的擔子，將我辛辛苦苦創下的這份基業毀於一旦，那你也住不成這個山莊了！你知不知道？」

「爸，我知道我是享您的福，我會孝順您的。」明月笑說：

「爸倒不必你孝順，你全心孝順奶奶好了。」林如海說。

明月望著老太太笑笑，又走過去咬著老太太的耳朵說：

「奶奶，您說我孝不孝順？」

老太太故意裝聾，大聲說：

「奶奶老了！耳朵聽不見了！你嘀咕些什麼？」

明月搖了老太太幾下，又笑說：

「奶奶，我要是罵您，您一定聽見了?」

「你好大的膽！你敢罵奶奶?」老太太白了她一眼。

明月笑了起來，大家被她們祖孫兩人逗笑了。林如海笑問：

「明月，你和奶奶打什麼啞謎?」

「爸，不告訴您，您明白了就沒有什麼意思了?」明月又摟著老太太咬咬她的耳朵說：「奶奶，您說是不是?」

老太太笑著點點頭。林如海望著母親一笑：

「娘，看來孫女兒比我們這個兒子親多了！兒子以後可以不必來了?」

「你人不來可以，油、鹽、柴、米可要送來，一樣也不能少。」老太太也笑著回答。

大家又被老太太逗笑了，明月笑著對老太太說：

「奶奶，您不必耽心，爸要是不送油、鹽、柴、米過來，我就去里長辦公室申報一級貧戶好了。」

明月的話又逗得大家噗哧一笑。林如海笑著搖搖頭說：

「娘，明月給您老人家調教得青出於藍了！看來我這個老子是更落伍了。」

「你問問素素，我何曾教她這一套?」老太太望著兒子笑指素素說：「是她自己看佛經悟出來的。」

「娘，我才不相信、佛經裏會有這一套?」林如海搖頭一笑。

「你沒有看過佛經，你怎麼知道會沒有？」老太太反問。

「娘，看來您是要我看佛經了？」

「看不看在你，我可不勉強。」老太太說：「不過我得先告訴你，佛經裏可沒有黃金屋，佛經裏多的是大智慧。」

「娘，您這是學諸葛亮的欲擒故縱了？」

「我才不學諸葛亮呢！」老太太把頭一搖：「我連劉備都不要當。」

林如海拊掌一笑，頭一點說：

「娘，您真好志氣，兒子服了您！」

「學佛本來是大丈夫的事，心中那有帝王將相？」老太太淡然一笑。

「娘，這樣說來，兒子也不過是小丈夫了？」林如海不禁好笑。

「你可以暫時不計較大丈夫、小丈夫，正正當當做人，正正當當做事，『直心是道場』，學佛也要看看因緣是不是成熟？我不勉強你作大丈夫。」

林如海摸摸頭，有點啼笑皆非地說：

「娘，我原先還以為明月青出於藍，看來薑還是老的辣。您老人家還有觀世音菩薩和師公撐腰，又有許多佛經作法寶，兒子就是坐太空船也追不上您老人家了！」

林如海的話也逗得大家發笑。老太太看看時間不早，明天清早四點還要起來拜佛、念經、打坐，便笑著對大家說：

「董事長兩個星期沒有來，今天晚上是陰天打孩子，閒著也是閒著，大家同樂一下。明天是星期天，我一切照常，你們自便好了。現在睡覺。」

上樓以後，素素和明月還興奮得睡不著覺。明月更是精力旺盛，她賴在素素房裏不走，笑著對素素說：

「阿姨，真想不到今天晚上趙伯伯兩卷京戲錄影帶，扯出許多心裏話來，可惜，只有您沒有講話。」

「老太太是福慧雙修；董事長是人情練達；妳是一個小精靈、大天才；趙伯伯見多識廣、爐火純青；我笨嘴笨舌，算么不紅，算六不黑，我能講什麼？」素素不禁好笑。

「阿姨，您是我的保姆兼保鏢，奶奶、爸爸都把我交給您，您才是真正的幕後大英雄。慈恩山莊要是少了妳，太陽、月亮都出不來。」明月像京戲裏面的「流水」一樣，輕快地說出這幾句話來。

素素驚奇地望著她，如霧裏看花似地說：

「明月，我真猜不透，妳的腦袋到底比我多長了幾根筋？」

「阿姨，您說笑話兒，我還不是和您一樣？怎麼會多出幾根筋呢？」

「怎麼妳的想法和我不一樣？妳講的話我也講不出來？」

「爸爸、奶奶的想法也和我不一樣，他們講的話我也講不出來。這有什麼好奇怪的？不過是年齡不同、輩分不一樣罷了。」

「我就是到了老夫人那樣的年齡，我也講不出她那種話來！」

「不但您講不出來，我看我爸也講不出來。」

「您說的不錯！」素素點點頭。「自妳抱在我懷裏時起，我就一直聽他們母子兩人談話，妳爸爸總是說不過妳奶奶，到現在還是一樣，我心裏常常好笑。其實妳爸爸不是省油的燈，他赤手空拳，學歷又比別人差，現在反而成了不倒翁，這談何容易？」

「我也很佩服我爸爸，不過我更佩服我奶奶！」明月滿臉含笑說。

「我看妳更是妳奶奶、爸爸的兩位一體。再也沒有人趕得上妳了。」素素說話時兩眼還在打量明月。

「阿姨，您何必往我臉上貼金？」明月搖搖頭說。「我是不會走我爸那條路的，自然也不會有他的成就。奶奶修行幾十年如一日，那種定力可不容易。尤其是她剛才說的她才不會學諸葛亮，她連劉備都不想當，心中那有帝王將相這幾句話，真是綿裏藏針，比項羽的『力拔山兮氣蓋世』不知高明多少？誰也看不出奶奶那樣嫻靜溫文的老太太，會有這麼大的氣勢。」

「我追隨老夫人這麼多年，也是第一次聽到她老人家講這種話。」素素說。

「阿姨，您知道奶奶那股氣勢、力量是從那兒來的嗎？」明月笑問。

「她又沒有吃什麼雞精、人蔘大補丸，我怎麼知道她的氣勢、力量是從那兒來的呢？」素素不禁好笑。

「阿姨，您不是也會背《般若波羅蜜多心經》嗎？」明月問。

「不錯，我背了十幾年了。」素素點點頭。

「《心經》不是一開頭就說『行深般若波羅蜜多時，照見五蘊皆空』嗎？」

素素又點點頭。

「五蘊是什麼？」明月又問。

「色、受、想、行、識。」素素連忙回答。

「色是什麼？」明月問。

「我沒有唸過物理，妳念過物理，妳說色是物質，受想行識非物質。」素素回答。

「既然『五蘊皆空，無眼、耳、鼻、舌、身、意……無智亦無得……菩提薩埵，依般若波羅蜜多故，心無罣礙，無罣礙故，無有恐怖，遠離顛倒夢想，究竟涅槃。』那還有什麼諸葛亮、劉備、帝王將相呢？奶奶的氣勢、力量就是從這上面來的。」

素素如夢方醒，拍拍明月說：

「妳怎麼不早和我講？不然我也早明白了！」

「阿姨，如果奶奶不講那幾句話，剛才您又不提起，我也不會想到《心經》的。」明月向她一笑。

「看來死念死背經典是不行的，我一直沒有開悟，妳是早開悟了。老太太更早開悟了，這就是佛和眾生的差別。連趙伯伯也比我強。」素素坦率地說。

「阿姨，我們不能小看了趙伯伯。」明月提醒素素：「趙伯伯做人、做事、說話都很圓通。

觀世音菩薩就是得了圓通法門的，所以才有不可思議的力量。」

「明月，妳是真有來歷的，和我這個凡夫肉體不一樣。」素素感慨地說：「即使那位再世佛不來度妳，妳也會得道的。」

「阿姨，那可不一樣。」明月搖搖頭：「六祖惠能雖然早開悟了，還是得五祖弘忍傳法，學佛不可有憍慢心。」

素素連忙把明月摟進懷裏，流著淚說：

「妳出生後我就一手把妳帶大，以後反而要妳拉我一把了，不然恐怕我還是難免輪迴的。」

「阿姨，我們的緣份真不淺，自然會魚幫水、水幫魚的。」

「好，我們現在睡覺，四點鐘起來陪老夫人一道念經禮佛，明天是星期天，天一亮，我們就要同趙伯伯一起練太極拳。」素素將明月送進她自己的房間，她再關門睡覺。她覺得明月真是一日千里，她是怎樣也趕不上的，但陪著她也是一種福報。她內心得到一種安慰，一上床她很快就睡著了。

她每天清早都準時起床，準時同明月去佛堂。今天進佛堂時老趙和「來喜」幾乎和她們同時到達。老太太穿著海青正在上香，他們站在老太太的後面，「來喜」還是伏在老趙的身邊，牠老了，顯得更安靜。

他們跟著老太太念了一遍《阿彌陀經》，天已亮了。平時他們要陪老太太打坐一會，今天他們要一起練太極拳。

太極拳是老趙教的，老趙的父親是文武全才，他們旗人貴族都重視武術，老趙自六歲開始就學楊派太極拳。這種拳既可強身，也可以陶冶性情、培養武德，更通造化，重視陰陽調和。創太極拳的張三豐是一位高道，武功很高。

明月八歲才開始跟老趙學太極拳。老太太和林如海都知道這種拳和跆拳、少林、柔道都不一樣，練時不會受傷，學好了也不會好勇鬥狠，現在很多老年人、女人都在學。加上老趙的身體好、平易近人、和藹可親，外人完全看不出來他是一位會拳術的人，他從來不和別人計較爭吵，所以放心明月跟他學，素素是陪著公子趕考一道學。

老趙先教她們練了一個多月的拉筋鬆腿的基本功。明月因為年紀小，身體本來柔軟，兩個星期就達到了頭一低便能貼緊小腿，左右彎腰、兩腿分開，也能貼住小腿，走路、跑、跳，更有身輕如燕的感覺，她高興得很。一直到現在，她在學校體育課中，跳高、跳遠、一百公尺、兩百公尺，穩居第一。平時她不練習，體育老師要她代表學校參加運動會，她也總是讓給別人，她不想拿什麼獎牌，那些拿獎牌的選手，在體育課中都是她的腿下敗將。體育老師頗不諒解，她一點也不在乎。而那些想拿獎牌出鋒頭的學生都很感激她。有一次體育老師找她個別談話時問她：

「妳為什麼唾手可得的獎牌都不要，到底是什麼道理？」

「體育的目的不過是要身體好，老師，您看我像不像病夫？何必要去拿什麼獎牌？」她淡然一笑。

老師以為她精神有問題，可是她的功課也比別人好，生活得非常快樂，又知道她是林如海的掌珠，對她也就無可如何！她在體育場上也逍遙自在。但和老趙、素素三人打太極拳時她從未缺席。現在她已經是十年老手了。三人當中以她的架勢最美，動作輕盈，柔若無骨，連老趙也自歎不如。素素現在雖然也打得很好，還是不如她。她在十年打拳當中，深深體會到了吐納之妙，打通任督二脈之功，這對她靜坐也有很大的幫助，素素也感覺得出來。

林如海夫婦一道出來準備去晨泳，看他們三人在大玉蘭樹下做軟身運動，明月的頭可以夾在兩腿之間，他們大為驚奇，以前他們沒有看過。林如海走過來問：

「明月，我看妳可以去馬戲團表演了！妳是怎麼練的？」

「爸，我八歲就開始練，很自然，沒有什麼了不起，連阿姨也能辦到。」

「真的嗎？」林如海有些不信，看看素素，笑說：「素素，麻煩妳做給我看看？」

「董事長，我是陪著公子趕考的，我比明月差遠了！」素素笑著回答：「您們兩位看了可別見笑？」

「那怎麼會呢？我高興都來不及。」林如海說。

素素低頭彎腰，頭立刻貼緊小腿，又塞了一半進去，林如海立刻鼓掌，莊文玲笑著對素素說：

「妳的年齡比我還大，真虧了妳！」

「其實也沒有什麼了不起。」素素掠掠頭髮一笑：「只要天天練就行，趙叔叔是六十多歲的人了，還不是和我們一樣？」

「老趙，您真是慈恩山莊一寶，您看我可不可以八十歲學吹鼓手？」林如海問老趙。

「可以。」老趙點點頭：「不過時間要拉長不少，俗話說：『拳不離手，曲不離口。』董事長太忙，如果停下一兩個月，筋肉就僵硬了，又得從頭開始，恐怕董事長吃不了這種苦頭？」

林如海摸摸頭，自嘲地一笑：

「那我只好等退休以後再學了！」

「董事長，游泳也不錯，那您們兩位就游游泳好了。」老趙替他打圓場。

明月故意望著父親笑，林如海不知道她葫蘆裏賣什麼藥，不禁問：

「明月，妳笑什麼？」

「爸，我學太極拳一個子兒也不花，健康好得很！您蓋這個游泳池，一個月難得來游泳兩次，符不符合經濟效益？您算過了沒有？」

林如海兩眼一瞪，又自嘲地一笑：

「當初我蓋這個游泳池，還不是為你們兄妹著想？妳哥哥和我雖然少來，夏天讓它調節調節空氣、散散熱也是好的。」

明月笑了起來，又調侃林如海說：

「爸，您愛登山倒是一個不錯的主意，這和我打太極拳一樣，都是不要本錢的生意。」

「妳這丫頭！清早起來就拿老爸開心，以後爸不來了。」林如海笑著走向游泳池。

「爸，奶奶昨兒晚上不是講了，您人不來可以，油、鹽、柴、米可要送來，一樣也不能少！」明月故意提高嗓門說。

林如海回頭望了女兒一眼，大笑起來，挽著莊文玲走向游泳池去。

# 第十三章　說太極祖孫逗趣　看老小兒子開心

老趙、素素、明月三人練過拳，出了一身大汗，各自洗了一個澡，十分舒暢，這種感覺是沒有運動、沒有出大汗的人體會不到的。

老趙洗過澡之後，隨即準備早點，他們四人的早點一向是照老太太的意思安排的。材料是薏仁粉、黑芝麻粉、小麥胚芽、麥片、酵母粉、杏仁粉、枸杞子、紅棗、脫脂奶粉。枸杞子、紅棗先洗乾淨，加水煮開以後，沖泡即成。這種早點營養豐富均衡。薏仁含鍺，可以防癌。枸杞子明目補腎。紅棗補氣養肝。酵母粉多鈣，防骨質疏鬆。杏仁粉潤肺止咳。小麥胚芽富維他命E，黑芝麻、麥片、脫脂奶粉等混合起來，都是有益健康，又不會發胖的食品，另外再吃些蕃茄或芭樂，這是每天都吃的水果，既便宜，維他命C也最多。

林如海、莊文玲兩人游泳過後，不再洗澡。他們平日的早餐是公司餐廳準備的西式火腿、煎蛋、吐司、鮮奶；或中式的稀飯、炒蛋、燒餅、油條、花生米。來山莊時他們就和大家吃同樣的早點。

老太太做完早課之後，也下來吃早餐。她神清氣爽，印堂明潤，臉上沒有皺紋，全身沒有一點老態。林如海看她下來，連忙走到樓梯口迎接。明月、素素也趕了過去。莊文玲站起來恭候。

「你們都運動過了?」老太太問了一句。

「娘，我今天才發現明月還真有點兒功夫呢!」林如海笑著扶老太太過來。

「是軟功還是硬功?」老太太笑問。

「看來好像是軟骨頭?」林如海故意望了明月一眼，抿著嘴說。

大家嗤的一笑，明月笑著反駁：

「奶奶，爸爸是個大外行，沒有什麼軟功、硬功，更沒有什麼軟骨頭、硬骨頭，趙伯伯教我的太極拳是內功拳。」

聽明月這麼一說，老太太和林如海都忍不住笑。

「明月的太極拳練得是很不錯。」莊文玲說：「比在公園裏看到的那些太極拳高多了。」

「大概是名師出高徒?」老太太說：「這得歸功於老趙了。」

「老夫人，真想不到，明月也有學武的天分。」老趙說。

「老趙，你有沒有留一手?」老太太笑問。

「老夫人，像明月這樣的人才，打著燈籠火把也找不到，我怎麼會藏私?」老趙笑瞇瞇地回答。

「一旦她練就了一身好武藝，你不怕她徒弟打倒師父？」

「老夫人，您放心，明月不是欺師滅祖的人，我和您老人家的想法可不一樣呢。」老趙望著老太太意味深長地說。

老太太收起笑容，傾著身子問：

「老趙，你跑的碼頭多，我真想聽聽你的高見？」

「老夫人，現在的社會比十年前亂，我真希望徒弟高過師父。當年我開始教明月和素素時，還沒有想到這上面來，剛才您老人家一句玩笑話，突然提醒我了。我希望明月和素素的武藝愈高愈好。不但可以保家護院，也可以防身。」

「對了！」林如海馬上接嘴：「老趙，我也覺得你一個人勢孤力單，如果她們不能自保，反而成了你的包袱，先前看到她們兩人的身手，我就放心多了。」

「董事長，的確如此。」老趙點點頭說：「但是我一直不便啟齒。現在來喜老了，我也不再年輕，明月雖然是金枝玉葉兒的小姐，但她靜如處女，動如脫兔，以她現在的身手來看，一個普通男人，還真不是她的對手。再加上素素，老夫人就可以安心念佛了。」

老太太和林如海聽了非常開心，老太太更對老趙說：

「老趙，這樣說來真要謝謝你了！我一直把明月當做小乖乖，熱的怕燙了她，冷的怕冰了她，想不到轉眼間她就長大了！」

「老夫人，我一直沒有告訴您老人家。」素素也高興地說：「明月不但功課好，在學校裏跳高、跳遠、一百公尺、兩百公尺她總是包辦第一。她有一雙彈簧腿，爆發力又特別強。體育老師每次要她代表學校參加大大小小的校外運動會，她都讓給別人，不然金牌都要抱好多回來了。」

「這樣很好！」老太太也高興地說：「運動不過是為了健康，不必在乎金牌。」

「奶奶，萬一有強盜、小偷闖進山莊來，我該怎麼辦？」明月突然給老太太出難題。

老太太笑著白了她一眼，兩手一攤說：

「我老了，手無縛雞之力，跑也跑不動，打也打不過男人家，我人一個，命一條，嚇都把我嚇死了，我正想問問妳，我該怎麼辦呢？」

明月笑了起來，大家更好笑。林如海摸摸嘴巴笑著對明月說：

「誰叫妳泰山頭上動土呢！萬一真有強盜、小偷闖進來，那妳就看著辦好了！」

「爸，那就請您出個主意，您總不能隔岸觀火吧？」明月望著父親說。

「我的事情多如牛毛，我才不操這個心。」林如海淡淡地說。

「好吧，船到橋頭自然直。」明月裝做無所謂地說：「強盜、小偷有他們的開門計，我也有我的跳牆法。反正我比奶奶跑得快，那時候我就顧不得奶奶了！」

老太太聽了明月的話，差點笑倒，林如海連忙扶住她，老太太笑出了眼淚，用手指著明月說：

「真想不到妳這丫頭，最後還是咬了奶奶一口！」

明月伏在莊文玲的肩上笑，沒有看老太太。老太太止住笑，對老趙說：

「老趙，麻煩你把這丫頭的功夫廢掉，讓她和我一樣跑不動，跳不起來，看她作不作怪？」

老趙也好笑，故意對老太太說：

「老夫人，明月是我老趙打著燈籠火把找來的，我怎麼忍心把她的功夫廢掉？」

「好，你不忍心，那就陪我出去散散步，讓我先瞄瞄清楚，什麼地方可以逃掉？免得被強盜甕中捉鱉。」

老趙笑著站了起來，大家都笑著來扶老太太，陪她出去散步。明月趕過去，雙手攙著她，老太太反問：

「丫頭，妳怎麼不逃？」

「奶奶，不到那種節骨眼兒，我怎麼會逃？」明月笑著回答。把老太太攙得更緊。

老太太歪著頭對扶著她右邊的林如海說：

「你怎麼生下這麼一個小淘氣神？」

「娘，您老人家怎麼做那個明月入懷、讓人摸不著頭腦的夢呢？」

「那我今天晚上重新做一個簡單的夢好了。」

「奶奶，夢太多了睡不甜，還是不做夢的好。」明月在老太太耳邊輕輕地說。「至人無夢。」

外面秋高氣爽，空氣十分清新，吸進鼻孔有一股清涼的感覺。老太太剛從屋內出來，感覺更加敏銳，頭腦更加清醒。她附在明月的耳邊輕輕地說：

「我好想飛。」

明月笑了起來，調侃她說：

「奶奶，您比我還年輕！」

「我當然比妳年輕。」老太太點點頭。

「奶奶，您該不是說夢話吧？」

「我走得好好的，何曾睡著？」老太太推開她和兒子的手，挺直腰自個兒走著。

「奶奶，您雖然沒有睡著，您的話卻是夢話。」

「妳沒有看到報上一個大老倌說：『人生七十才開始』嗎？」

「奶奶，看是看過，學校時事測驗也考過，不過我還不到十八歲，我怎麼體會得出來話中的玄機呢？」

「那我現在告訴妳！我今天還不到八十五歲，人生七十才開始，我才十四、五歲，不是比妳還年輕多了？」

「奶奶，您也不害臊？」明月用食指在臉上畫了兩下說。

「我害什麼臊？」老太太白了明月一眼：「那句話也不是我說的。」

「奶奶，那句話要是您說的，報上就不會登出來了。」明月望著老太太笑笑。

「照妳這樣說來，我不是要鼓勵妳爹辦一份報嗎？」老太太反問。

「奶奶，這倒是個好主意！」明月兩腳輕輕一跳，跳起尺把高：「要是爹辦了報，不但妳的話可以常常見報，我的作文也有地方發表，真是一舉兩得！」

「我可不幹！」林如海故意冷冷地說：「我出錢辦報，給妳發表作文，成本太高！金山銀山也會被妳拖垮！」

大家一直好笑，林如海這話一出口，明月首先大笑起來，隨後又解嘲地說：

「爸到底比我聰明！不做賠本的生意。」

「該賠的我賠，不該賠的決不賠。」林如海對女兒說：「如果日後妳學業有成，真有志氣，想做點有意義的事，我會支持。拿錢給妳辦家家酒，我才不幹。」

「爸，各人的價值判斷不一樣，什麼事情有意義？什麼事情沒有意義？沒有標準答案。真到了那種節骨眼兒，難保您不跳票？」明月說。

「現在妳八字還沒有一撇，我也不講空話。以後走著瞧好了。」林如海看了明月一眼，向前走了一大步。

老太太聽了他們父女兩人的話，心中好笑，望望藍天白雲說：

「還是兒子好，救了我的駕，解了我的圍，也保住了我的老臉皮，只怕有一位臉上掛不住？」

明月忍不住笑了起來，輕輕推了老太太一下，老太太故意向前一竄，明月又眼明手快地及時將她拉住。老太太一手撫著胸口說：

「真差一點兒就陰溝裏翻船，嚇死我了！」

「奶奶，您存心看我的笑話，又故意嚇我，您的腳步穩如泰山，我知道您不會跌倒的。」

「妳既知道我不會跌倒，怎麼又拉我一把呢？」老太太反問。

「奶奶，真沒有辦法，這也許叫做骨肉連心吧？我怎麼忍心看著您老人家跌倒呢？今天雖是萬里晴空，我也怕天雷打啦！」明月雙手攙緊老太太說。

「看來妳早晨練太極拳還真練出了一點兒功夫來，我是不怕強盜、小偷了。」老太太笑說。

「奶奶，現在的強盜、小偷都藏刀帶槍的，我赤手空拳，也不是他們的對手。」明月故意膽怯地說。

「妳不會隨手抓起椅子、凳子，或是棍子、棒子什麼的應應急？」老太太說。

「奶奶，事到臨頭，嚇都嚇傻了！手裏的東西都會嚇掉，還會去抓什麼椅子、凳子的？您想的太美了！」明月一笑。

「我不相信我的孫女兒這麼沒有出息？」老太太搖搖頭。

「奶奶，您這又太抬舉我了！」明月望著老太太說。

「我不是抬舉妳，我已經試過妳好久了！」老太太說。

「奶奶，您一直把我當猴子耍？」

「妳以為奶奶只會天天念阿彌陀佛？」

「奶奶，那您還會什麼？」明月笑問。

「不告訴妳。」老太太學著小女孩子的口氣說。

明月笑了起來，大家也好笑，老太太笑問老趙：

「老趙，聽說少林寺的和尚武功很好是不是？」

「真是名聞天下，一點不假。」老趙趨前回答。

「你知道他們為什麼要練武嗎？」老太太問。

「我想一方面是為了健身，一方面是為了自衛。因為那地方並不太平。」老趙說。

「那達摩祖師也不是束手就縛的出家人了？」明月說。

「聽說他一葦渡江，更非一般人的武功可比，那怎麼會束手就縛呢？」老趙對明月笑笑。

「你讀過《六祖壇經》，應該知道張行昌奉命行刺六祖惠能的故事？」老太太問明月。

「記得。」明月點點頭：「張行昌想加害六祖，六祖早已預知，反而伸長脖子讓他砍，他砍了三刀，六祖毫髮無傷，張行昌駭暈過去，便悔過出家，成為六祖的弟子志徹和尚。」

老趙聽了大為驚奇地說：

「那比什麼金鐘罩、鐵布衫高多了！」

「凡是得道的出家人，都修成了金剛之體，所以六祖和我師父印空一樣，都是全身舍利，稱為肉身菩薩。」老太太說：「可惜我還沒有得道，不然我就用不著明月當保鏢了。」

「奶奶，達摩祖師和六祖惠能的那種功夫才是真功夫，我這種三腳貓兒管什麼用？」明月搖頭一笑。

「俗話說：『兵來將擋，水來土掩。』現在強盜、小偷也沒有飛簷走壁的本領，妳的彈簧腿、繡花拳，總比奶奶強，是不是？」老太太望著明月說。

「奶奶，您別再尋我開心好不好？要是真到了那個節骨眼兒，我也會變成拼命三郎！」明月先是告饒，隨後又柳眉一揚說。

老太太看在眼裏，愛在心裏。老趙和素素都說：

「老夫人，您老人家別耽心，還有我們兩個人。」

「我不耽心。」老太太對老趙、素素說：「要是真到了那個節骨眼兒，我正好入定。」

「奶奶，您真有那麼大的定力？」明月不相信，笑著反問。

「因為我怕看著妳被強盜、小偷打得哭哭啼啼，不定也得定。」

明月搖了老太太兩下，老太太紋風不動，明月又喜又驚地說：

「奶奶，您使了什麼定身法？」

「我什麼辦法也沒有！」老太太向明月淡然一笑。「我只是老早想到妳會有這一招。」

明月摟著老太太大笑起來，老趙、素素也好笑。林如海和莊文玲本來走在前面十多公尺遠，也回過頭來望望明月和老太太，林如海笑說：

「娘和明月這一老一少，真是有緣。」

「她們兩人也使山莊成了人間極樂淨土。」莊文玲說。

「娘真是一人有福，牽帶一屋。」林如海說：「當年我要是沒有這個老娘，那有今天？」

「我看她老人家真有點兒返老還童，智慧也愈來愈高了。」

「古人不是說：『大人者不失其赤子之心也』嗎？」林如海問莊文玲。

莊文玲點點頭，接著說：

「大智慧再加上赤子之心，那就是菩薩道了。」

他們看見老太太領頭走向空心菜、地瓜園，也跟著過去。林如海說：

「娘到今天還念念不忘地瓜葉子、空心菜，每次到山莊來，更使我兢兢業業，不敢懈怠。」

「言教不如身教，這就是她老人家高明的地方。」莊文玲說。

「娘從來不急言厲色教訓我，她總是拐彎抹角兒講得我口服心服。」

「我看她對明月也是用這種方法。」

「一點不錯！」林如海連忙點頭：「明月雖有七孔玲瓏心，也跳不過老娘如來佛的手掌心。」

「明月將來可能青出於藍。」

「奇怪，四個兒子雖然不錯，可就是趕不上明月。」

「明月的來歷不一樣，怎能一概而論？」

「妳說的也是。明月不是凡夫俗子，正大公司將來還是要靠四個兒子。」

「你看清楚了就好，就怕你拉著黃牛當馬騎。」

林如海攙著莊文玲，悄悄走近老太太身邊。

老太太正興高采烈地指點著空心菜、地瓜葉，葉上的露水晶瑩可愛，葉子也長得格外肥嫩。

是他們餐桌上必備的蔬菜，卻上不了一般家境稍好的人家的飯桌。

老太太發現兒子、媳婦站在身邊，不禁笑著對林如海說：

「你看，這比我當年在山邊種的不知道肥嫩多少？」

「娘，那時您既沒肥料，又缺水，它們怎麼長得好？」林如海想想當年，也虧了娘能種出這度命的東西來。他又彎下腰去翻翻地瓜葉問老趙：「老趙，地下有沒有長地瓜？」

「董事長，我們是吃葉子，所以我多澆水，多施肥料，葉子才長得又快又好。如果是吃地瓜為主，就要少澆水，而且要將藤子割掉一些，以免吸收肥料，妨礙地瓜生長。現在要看董事長是吃葉子還是吃地瓜？」

「完全看娘的意思，我只是隨意問問。」林如海站起來說。

「不管是葉子和地瓜，都是窮人吃的，現在有錢的人多了，吃的人更少。」素素說：「我小時候也是以地瓜當飯吃。」

「說句罪過的話，在我老家，地瓜藤子葉子全給豬吃牛吃，我家連地瓜都不吃，只吃白麵大米，現在我才知道，地瓜全部都很營養。」老趙說。

「我在娘家吃地瓜都怕人家笑話，別說吃葉子了。」莊文玲笑說：「現在我們山莊，就是以地瓜當飯吃，也沒有人敢笑話了。」

「別人還會說我們是營養學家，以地瓜當補品呢！」明月笑嘻嘻地說。「要是我那一天帶個地瓜便當去學校吃，準會上報的。」

「明月，妳可千萬別出爸的洋相。」林如海笑著對女兒說：「妳想上報，我可是躲都來不及。」

「爸，我何曾想上報？」明月叫屈地說：「現在風氣就是這樣嘛！」

「不管別人怎樣！妳可別跟著風向球轉。」林如海說。

「爸，我要是跟著風向球轉，我就報名參加選美了！金牌也早就抱了好多塊回來。」明月說。

「素素，明月是不是吹牛？」林如海笑問。

「董事長，不是吹牛。」素素搖搖頭：「她不參加選美倒沒有什麼關係，連唾手可得的金牌她都不要，您說可不可惜？」

「那有什麼好可惜的？」林如海一笑：「只要她身體好，她想要金牌我就打幾個純金的給她也可以。」

「爸，我倒不希罕。」明月嘴角一撇。

「好！我女兒有志氣。」林如海向明月豎起大拇指。

樹上的白頭翁叫得非常熱鬧，旭日還沒有曬到慈恩山莊來，地上的綠草如茵，院子裏的幾棵桂花樹的清香一陣陣飄了過來。紅、黃、白和一種黑色的玫瑰都帶著露水開著，葡萄架上的巨峰葡萄，一串串垂掛著，處處看來賞心悅目，美不勝收。林如海牽著老太太說：

「娘，您老人家不要老看著地瓜葉、空心菜，還有更好看的東西，您不妨跟我到處走走？」

「癩痢頭的兒子也是自己的好！空心菜、地瓜葉是娘的命根子，我對它們有特別情感。」老太太一面走一面說。

走到一棵桂花樹旁，林如海停了下來，樹上桂花盛開，清香撲鼻，老太太也很喜歡這種清香，她還將鼻子湊過去聞聞，讚歎地說：

「這種清香香得正派，使人不生邪念，和素心蘭一樣是君子之香。」

「娘，所以我當初種了五棵，現在每棵樹都有一丈多高，花開滿樹，夠您老人家聞的了！」林如海說。

明月和素素看草地上落了不少花，都乾乾淨淨，她們兩人扯下身上的手絹，捧了不少起來，用手絹包好。老趙連忙進屋去拿了兩隻乾淨的大湯碗過來，把落花拂進碗裏，五棵桂花樹的落花，足足盛了兩大碗。

「回去再揀乾淨一些，正好供佛。」老太太說。

「奶奶，我這一包花放在您房間裏，好不好？」明月說。

「總算妳有一丁點兒孝心。」老太太笑著白了她一眼。

「奶奶，正好讓您老人家想想我這位君子。」明月將手絹送近老太太的鼻子。

老太太故意將她的手輕輕推開說：

「我怕妳的手絹不大乾淨。」

「奶奶，您別冤枉好人？」明月叫屈：「我早晨剛換的手絹，怎麼會不乾淨呢？」

「說不定上面還有奶水臭和鼻涕。」老太太皺皺眉說。

「奶奶，我又不是吃奶的毛孩子，那會吐奶流鼻涕？」

「在我看起來還是毛孩子。」

明月連忙站到老太太身邊，用手一比，笑說：

「奶奶，我還比您高兩三公分呢！」

「奶奶老了，身體縮了，在您這種年齡，奶奶比妳還高呢！」

「我又沒有看見，說不定是您老人家吹牛呢？」

「我年輕時還不知道妳在那個世界當毛毛蟲呢？」老太太向明月一笑。

「奶奶，您怎麼不說我是天上的天仙呢？」明月湊近老太太的面前說。

「那有妳這個醜八怪的天仙？」老太太皺皺眉、搖搖頭。

「那我明天就去報名參加選美好了！」明月眉一揚，又對素素說：「阿姨，明天您先開車送我到選美會報名，我不拿個世界小姐也要拿個環球小姐回來，您是我的監護人，也替我爭口氣。」

「我又不會洋文，我不夠格。」素素搖搖頭說。

「阿姨，您不會洋文沒有關係，我還可以應付。」

老太太看她那種說話的神氣，不禁笑了起來，連林如海也忍不住笑。

「爸，您笑什麼？」明月故意問他。「我可沒有吹牛！恐怕奶奶才真吹牛。」

「奶奶也沒有吹牛。」林如海笑著回答。

「如果奶奶真比我高，那她為什麼不去選美？」

「那時還沒有這玩藝兒，我選什麼美？」老太太白了她一眼

「怎麼說，我也不相信奶奶比我高！人那有會縮的？」

「妳真不知天高地厚！妳看妳爹的個子就該知道了。」老太太指指林如海說。

「爸還不到一八〇，怎能算高？」

「他年輕時一八二。」

「我怎麼沒有看到？」明月眨眨眼睛說。

「他四十四歲才生妳，那時也不知道妳在那間牆角落裏當癩蛤蟆呢？」

「說不定那時我還是一位白馬王子呢！」明月笑說。

「妳臭美，盡往好處想。」老太太說著自己也笑了起來。

「奶奶，人往高處走，誰願向壞處想？」明月反問：「毛毛蟲最後也會變成花蝴蝶，您說是不是？」

老太太一時語塞。明月又指著那些在玫瑰花間飛舞的黃的、黑的、白的，翅膀上都有各種斑點、花紋的美麗蝴蝶給老太太看，同時說：

「就算我前輩子是毛毛蟲，現在也是蝴蝶了，這有什麼好奇怪的？」

「如果妳前輩子是癩蛤蟆呢？」老太太問。

「現在正好是天仙了。」

「我可沒有看見癩蛤蟆變天仙的。」老太太說著又問素素：「妳看見天仙沒有？」

素素不知怎麼回答，過了一會才說：

「老夫人，您過的橋比我們走的路還多，您就說看見天仙我們也不會要您舉證的。」

「好，素素，我就賣妳這個人情。」老太太順水推舟，隨後又說：「不過妳陪她上學時，可不能跟著她指鹿為馬呀！」

「奶奶，我的視力好得很，兩眼都是一點八，我不是色盲，黑白分明，怎麼會指鹿為馬呢？您大概站累了？我扶您到那個大遮陽傘下休息一下，看看游泳池的水，水和藍天的顏色一樣美呢！」明月一邊說，一手指著游泳池邊的大遮陽傘說。

「我倒想看看妳游泳行不行？」老太太望著明月說：「這年頭光會打太極拳還不夠。妳老子花了那麼多銀子蓋游泳池，可不是為奶奶我這個旱鴨子蓋的。」

「奶奶，您應該買門票看，爸才能收回成本。」明月笑說。

「如果妳有人家在奧運會奪金牌的實力，我就要妳老子將游泳池開放，我當收票員都可以。」老太太說。

「奶奶，您的算盤比我的電腦還精！」明月好笑。

「妳還不知道妳老子在妳身上投資了多少呢？」老太太望望明月說。

明月立刻望望林如海，過了半天才說：

「爸，你一生投資沒有失敗，在我身上的投資恐怕會血本無歸？」

林如海摸摸明月的頭，開心的一笑：

「明月，爸做任何一筆投資，事先都要精打細算，在妳身上的投資，爸是不打算回收的。」

明月的一張笑臉，忽然眼淚盈盈，過了一會才說：

「爸，我真不知道怎樣說好呢？」

「無聲勝有聲，妳一個字兒不說最好。」林如海又摸摸她的頭，她緊緊靠在林如海的胸前。

老太太看著臉上在笑，眼中卻閃動著淚光。

游泳池中的水藍得閃亮，天空萬里無雲，一片湛藍，藍得比鑽石還亮。晨暉照上慈恩山莊，樹木花草帶露的葉子上也閃閃發亮，連空心菜、地瓜葉子也閃閃發亮。

# 第十四章　龍宮洞內驚噩夢　比丘尼再現金身

明月為了讓李蔻蔻、石冰冰達到保送X大的心願，月考時總是將自己的分數壓低，但很難恰到好處變成第三名。她們兩人也不能完全確保頭一名。因此，三年級上學期，明月有兩次第四名，兩次第三名。李蔻蔻拿了兩次頭名，兩次第二名，石冰冰只拿到一次第一名，兩次第二名，期末考那一次的第一名卻被第四名的黑馬王文娟拿去了。

王文娟和明月的感情很好，她發現明月三次都落後李蔻蔻和石冰冰，她有點奇怪，有一次她們兩人在一起時她悄悄問明月：

「這學期你怎麼落到李蔻蔻和石冰冰的後面去了？」

「她們用功，我沒有用功嘛。」明月淡淡回答。

「妳一向都沒有用功，還不是一直考頭名？」

「說不定是她們的運氣好？我的運氣背。」明月笑說。

「我真想不透，妳有兩次還落在我的後面。那些試題妳都會，我就不全會。」

「也許是我一時粗心大意？老師扣了分。」

「妳是最細心的，班上沒有一個人有妳細心。我們同學這麼年，誰不清楚妳的長處？」

「也不能這麼講，古人說：『智者千慮，必有一失；愚者千慮，必有一得。』何況我不是智者？」

「明月，妳謙虛得使我有點不敢相信？」王文娟歪著頭打量明月。「事不過三，妳怎麼會連續三次大意失荊州？」

「文娟，你知道我一向不在意名次，過去拿第一名，也是順其自然，不是用功競爭來的。」明月向王文娟解釋。

「這我相信。」王文娟點點頭：「可是別人不像妳一樣，能爭到的一定爭。」

「正當的競爭也沒有什麼不好。」明月說：「孔子也說：『君子無所爭，必也射乎』。」

「以前我知道爭不過妳，所以我從不想拿第一名。既然妳這麼說，第一名又三次落在別人手裏，那這次期末考我得加把勁，說不定也會出現一次奇蹟？」王文娟試探地說。

「妳的功課一直很好，人也聰明，只要努力，自然沒有什麼辦不到的。」明月對她的印象很好，她不是那種爭強好勝的女生，而且還能替別人著想。

「如果期末考妳也不在乎第一名，那我就作一次黑馬好了。」

明月既樂見她馬到成功，又怕真的成為事實，李蔻蔻、石冰冰，是否甘心？但她又不便告訴王文娟自己放棄第一名的內情。她更不能要求王文娟也和自己一樣退讓。以她的天分和實力來看，她是可以超過李蔻蔻和石冰冰的，因為王文娟的心腸比較軟，往往念在多年同學之情，她不願為了那一分兩分的差距，去壓倒她們，但是現在她們兩人已連拿三個月考的一、二名，她拿一次該沒什麼關係？何況她的家境並不好，如果能保送上X大或是拿獎學金，更是家人的希望，所以她才對明月透露她想當黑馬的心意。想不到她真的得到期末考的第一名。而且領先李蔻蔻、石冰冰兩人總分四、五分。她們兩人非常不高興，還一道向明月抱怨。

「王文娟真不識相，妳好意讓出第一名，半路卻殺出她這個程咬金！」李蔻蔻埋怨說。

「妳們三位的功課本來不相上下，相差不過一兩分之間，有時還只有零點幾，可以說是一時瑜亮。何況她不知道第一名是我讓的。」明月說。

「王文娟怎麼那麼笨？看不出來！」石冰冰說：「我們怎麼爭得過妳？」

「王文娟是個直心腸的人，她不會懷疑別人。」明月說。

「她這一攪和，不是把我們的計畫搞砸了？」石冰冰說。

「下學期你們再加把勁，行不行？」明月問。

「妳說了我們是一時瑜亮，她要是真拚起來，我們未必勝得過她？」李蔻蔻說。

「那怎麼辦呢？又不好要她放水？」明月說。

「我們兩人是不好講，除非妳點醒她？」石冰冰說。

「都是好同學，我實在不便啟齒。」明月有些為難。「過兩天就放寒假，我請妳們郊遊，我們看著辦好不好？」

她們兩人相互看了一眼，有些猶豫，最後還是石冰冰說：

「這種事只能我們三人知道，一定要瞞著她。郊遊可以，不妨套套她的口氣，向她探探虛實。」

明月覺得石冰冰心機很深，不像王文娟那麼坦誠。放寒假之後，她沒有再提郊遊的事。一天吃過晚飯之後，她突然接到石冰冰的電話：

「明月，妳不是說過寒假時請我們郊遊嗎？怎麼忘記了？」

她只好說最近事忙，天氣不好。石冰冰接著說：

「中午我看過氣象報告，明天是個風和日麗的郊遊好天氣，我們去龍宮洞玩玩好不好？」

明月沒有去過龍宮洞，只在報上看到一些報導說龍宮洞宜於尋幽探勝，驚險刺激，洞的那邊還有一塊勝地，勝過陶淵明筆下的桃花源，照相野餐最好，是青年人的大好去處。明月歡喜陶淵明的〈桃花源記〉，認為那真是人間仙境，和慈恩山莊又不一樣，只好答應她，不過她還是問石冰冰：

「人約好了沒有？」

「約好了！」

「我們三個？」

「自然還有王文娟。」

隨後明月又問在那裏集合?幾點出發?等等問題，石冰冰都一一告訴她。最後還加了一句：

「妳買好點心水果帶來就行了。」

明月接到石冰冰這個電話之後，心裏並不踏實，反而有點怪怪的。連睡覺也不大安穩，天亮之前，她做了一個夢：

明月和王文娟、李蔻蔻，在石冰冰的帶領之下，坐著產業道路的小巴士開到龍宮洞口，隨著各校放了寒假的大中學男女學生進入龍宮洞，洞內有霓虹燈，各種鐘乳石在燈光照耀之下，更顯得多彩多姿，千奇百怪，美不勝收。石乳、石筍、石幔、石獅，高三十米的金鐘寶塔，能容上千人的宮殿。洞中還有幾條伏流，不知多深，也不知流向何方?有一條淺溪可坐小船通往洞外的「桃花源」。洞中有一處最險的地方用鐵欄杆圍著，可容一人魚貫而過，長三十多公尺，下臨伏流，深不見底，水面也很幽暗，路面濕滑，曾有人滑落水中，不見屍骨。

過了這段險路，她們坐淺溪中的小船，到達「桃花源」。此地四季長春，地上綠草如茵，桃樹成林，綠柳成蔭，海棠、芭蕉相映成趣。畫眉鳥、黃鶯、鶺鴒、白頭翁、八哥、喜鵲……在林間飛來飛去，鳴聲悅耳，很多年輕人在草地上打滾，相互追逐；有的坐在草地上野餐，聊天、唱歌。陽光照在谷地上更加溫暖，無風、無雲，藍天看起來比慈恩山莊的上空更美。

她們野餐吃飽喝足之後，自然談起人生大夢，和即將到來的考大學願望。李寇寇、石冰冰、王文娟三人都以X大為目標，而且志在必得。

「妳的功課好，那還有什麼問題？」石冰冰聽了王文娟的話，奉承地說。

「妳們兩位不是更好？」王文娟謙虛地說。

「可是妳已經後來居上了！」李蔻蔻說。

「那只是瞎貓碰著死老鼠，不足為憑。」王文娟說：「不像妳們兩位，一直領先我。」

「文娟，我倒要請教妳：妳的功課怎麼突然大好起來？」石冰冰望著她說。

「馬上要考大學了，自然要多用功一些。」王文娟回答。

「妳是不是想保送？要拿獎學金？」石冰冰又問。

「本來我沒有這個野心，不過我的家境不好，我父母要我特別用功，希望減輕他們的負擔。」

「妳真是個孝順女兒。」李蔻蔻說。

「如果我有明月那麼好的家境，我就不必三更燈火五更雞了。」王文娟望望明月，十分羨慕。

「像明月那麼好的家境的，我們全校也沒有第二個。」石冰冰說。

「明月功課那麼好的，更少之又少。」王文娟說：「可惜不知怎麼的？這學期她的成績忽然退步了？」

「文娟，人無千日好，花無百日紅，這也是很自然的事。」明月故意淡淡地說。

「妳活得還是一樣自在，沒有一點壓力，這就更令人羨慕了。」王文娟說。

「我是得過且過，今天不想明天的事。」明月說。

「妳可以這樣過，我們就不行了。」石冰冰和李蔻蔻幾乎同時說。

「不論什麼事兒，退一步想也就海闊天空了。」明月笑說。

「我的大小姐！妳說得輕鬆，可是幾人能夠做到？」石冰冰兩眼盯著明月說。

「我倒要問問妳，妳第一志願是那一所大學？」李蔻蔻問。

「現在還說不上來，要等聯考成績公佈之後再看。」明月說。

「妳還有什麼問題，X大還不是手到擒來？」石冰冰說。

「我是選系不選校，選老師不選系的。」

「明月，妳可以唱高調，我們就不能這麼唱了。」石冰冰世故地說。

「我不是唱高調。」明月搖搖頭。「在大學『由你玩四年』很容易，要真想學點東西，第一是要有貨真價實的好老師，第二還得自己用功，否則是白玩四年。」

「現在這個社會只看招牌，只重文憑，誰知道妳肚子裏裝了多少貨色？」石冰冰說。

「但是自己騙不了自己。」明月說。

「我的大小姐，我們離開學校就得找飯碗，不能畢業就失業，不像你爸爸有那麼大的公司，你又是他的掌上明珠，日後自然少不了妳一份，何況是吃飯的工作？」石冰冰說。

「妳說的是不錯，但我不這麼想。」明月對石冰冰說：「說不定最後我揮揮手，一笑而去。」

「我的大小姐！你愈說愈神了！」石冰冰叫了起來：「除非妳不食人間煙火？」

明月不想再說下去，再說下去她們更不懂。她只向石冰冰、李蔻蔻笑笑：

「那妳們只當作耳邊風好了。」

她們兩人奇怪地望望明月。隨後石冰冰又問王文娟：

「文娟，妳看呢？」

「我很羨慕明月那麼灑脫。不過我也辦不到，我像妳們一樣，也要食人間煙火，所以不得不打拚。」王文娟老實說。

李蔻蔻、石冰冰都睜大眼睛望著王文娟，王文娟有點奇怪，笑問她們兩人：

「我這樣說有什麼不對嗎？」

「沒有，沒有。」石冰冰搖搖頭一笑：「不過說老實話，我們在學校的成績，幾乎可以決定聯考的成績。」

「也不能這麼說。」王文娟十分審慎：「強中更有強中手，何況命題的老師未必是本校的，此外還有男生和我們競爭呢！」

「男生能跟我們競爭的也很少。」石冰冰信心十足地說：「每年聯考我們學長都名列前茅，今年的英語演講比賽，明月還不是打敗了許多男生？」

「話是不錯，只怕我們這一屆畢業生未必十拿九穩？」

「我們這一屆並不比上幾屆差，是妳信心不足。」石冰冰說：「我還是認為聯考的對手還是我們自己的同學，明月，妳說對不對？」

「也對也不對。」明月知道石冰冰的企圖心很強，想降低一點緊張的氣氛。

「明月，妳這話就模稜兩可了！」石冰冰望著明月說。

「不模稜兩可，其間還有差別。」明月說。

「有什麼差別？」李蔻蔻問。

「如果我們對自己的同學有信心，擠下去的也是別校的學生，不是我們。所以我們不必擔心，妳們兩位更不必擔心，落榜的絕對不是妳們。」明月解釋。

「我也是這樣想。」王文娟說。

「這不是錄取的問題。」石冰冰搖搖頭。「如果我們這一班有一半考不上第一志願X大，也就算輸了！」

「我可不這樣想，」明月也搖搖頭。「也許我即使考取了X大，我也會放棄？」

「那妳不是瘋了？」石冰冰望著明月說。

「我一點不瘋。」明月笑笑：「我說了我是選系不選校，選老師不選系的，我不會跟著別人跑。」

石冰冰沒有話說，李蔻蔻也不作聲。她們還暗自高興：少了一個最大的對手。王文娟卻對明月說：

「明月，我很贊成妳這種求學的態度，不過我沒有妳這麼大的勇氣，我必須特別用功，才能考取X大，爭取好的名次。」

明月不好說什麼，卻暗自擔心石冰冰、李蔻蔻會把她當作最強的對手。

她們看見有人起身回去，怕走遲了交通擁擠，也跟在人群後面循原路進洞，坐船，沿著彎彎曲曲的岩石路走回去。李蔻蔻走在前面，王文娟第二、石冰冰第三，明月第四。她們前後都有人，洞裏濕氣重，路滑，走到一個最危險的拐彎處，石冰冰突然雙膝向前一跪，明月以為她滑倒了，連忙伸手拉住她，想不到王文娟驚呼一聲掉下去了，幸好左手還抓住了鐵欄杆，她想伸手救王文娟，又隔著石冰冰，手搆不到王文娟，正在她焦急萬分千鈞一髮之際，她突然看見一位身穿黃色袈裟的比丘尼的金光身影一閃，將王文娟托了上來，王文娟跪在地上哭了。明月定神一看，比丘尼不見了，石冰冰卻站著有點發呆。王文娟哭著站了起來，明月連忙囑咐她：

「文娟！小心！小心！」

明月一驚而醒。她覺得這個夢好怪？那位穿黃色袈裟的比丘尼，十分像她上一次夢見在高山上雪洞中入定的那位比丘尼。不知道這是什麼預兆？

天快亮了，她連忙漱洗。不管這個夢是什麼預兆？她決定以發燒感冒的藉口取消這次郊遊。

首先要打電話通知王文娟不要參加。

素素和老太太都知道她要郊遊，所以也不等她一道早課。天一亮她就先撥電話給王文娟，王文娟正好起來，接到她的電話，她對王文娟說：

「文娟，我昨夜突然發燒，今天的郊遊不能去了！」

「妳有沒有通知冰冰和蔻蔻？」王文娟問。

「我先通知妳，再通知她們。」

「真沒有想到妳會突然發燒臨時取消，我們很久沒有一道郊遊了！」

「文娟，聯考之後，我就可以領到駕照，我會開著車子帶妳到處玩，不必急在今天。」

「也好，考取之後可以放心玩。」

「妳現在好好用功，不過校內考試不必太認真。」

「為什麼？」王文娟不解地問。

「我們不必和自己的同學爭，我們應該和所有參加聯考的人競爭，考個聯考狀元、榜眼、探花，才有意義，才見真本領。」

「妳可以，我沒有那麼大的野心。」

「妳行，你把目標放在聯考就行。」

「校內的成績也不能不顧？」

「妳只要維持過去的成績就夠了！我的成績退步我都不在乎，說不定以後我還會退到五六名呢？」

「這對妳的面子不大好看？」

「沒有關係，聯考時我會一次爭回來。」

「明月，我真想不透，妳是怎麼搞的？」

「文娟，不是有人說過：『大丈夫爭千秋，不爭一時』嗎？」

「明月，我們是女生，不是什麼大丈夫呀！」

「文娟，大丈夫是指志氣，不是指性別，妳不要小看了自己！居禮夫人不是女的嗎？花木蘭不是女的嗎？」

「那我們算什麼呢？」王文娟好笑。

「妳要作什麼就是什麼。只要有志氣，誰也不能限制，就做一次大丈夫又何妨？」

「明月，說真的，我真看不透妳！」

「我是透明的，妳怎麼看不透？」明月笑了起來。

「明月，有時妳什麼都不在乎，連班上的第一名妳都不要，連妳父親那麼大的公司，妳都說可以揮揮手一笑而去，現在又要考聯考狀元、榜眼、探花，還要趕我這隻鴨子上架，妳說我怎麼猜得透妳葫蘆裏到底賣的什麼藥？」

明月笑了起來，最後囑咐王文娟說：

「聯考以後，我會陪妳到處玩，今天的郊遊就取消了，很抱歉！」

「明月，妳精神這麼好，怎麼像發燒？」王文娟突然懷疑起來。

「我是強打精神和妳說話的，我怕把感冒傳給妳呀！」

王文娟也笑了起來，嬌嗔地說：

「妳大清早起來，就尋我開心！」

「好同學嘛！不尋妳開心，我的感冒怎麼會好？」

王文娟笑著把電話掛斷。明月隨即打了一通電話給石冰冰，三言兩語講完了，而且請她轉告李蔻蔻。

素素作完早課從佛堂出來，看明月還沒有走，便走進她房裏問她：

「妳不是要去郊遊嗎？怎麼還不走？」

「阿姨，不去了。」明月回答。

「和人家約好了的，怎麼又不去呢？」素素有點責怪她。

「阿姨，我們還在辦家家酒，沒有什麼了不起的。」

「妳們馬上要上大學了，怎麼還能辦家家酒呢？」

「阿姨，辦家家酒倒有意思，人長大了才沒有意思。」

「妳不要一清早就和我談禪好不好？」素素白了她一眼。

「阿姨，禪就是生活，生活就是禪。沒有生活，那有什麼禪？沒有眾生，那有什麼佛？」明月擁著素素說。

素素兩眼瞪著她，半天才說：

「明月，說妳瘋，妳一點不瘋；說妳傻，妳一點不傻；可是妳這些沒頭沒腦的話兒，又使我如霧裏看花。」

「阿姨，霧裏看花才美。」明月笑著親親素素。「那才叫做：『色不異空，空不異色；色即是空，空即是色。』」

「明月，妳這下使我開竅了！」素素用力搖搖明月：「我念《心經》念了這麼久，一直捉摸不定，現在彷彿摸到一點邊兒？」

「阿姨，摸到的不是，摸不到的才是。」明月笑說。

「明月，妳又把我搞糊塗了！」素素白她一眼。

「阿姨，我怎麼又把您搞糊塗了？」明月向她笑笑：「世尊不是一再說『若以色見我，以聲求我，是人行邪道，不能見如來』嗎？您怎麼能摸他？」

素素也被明月逗笑了。禁不住摟著明月說：

「明月，阿姨那有妳這種腦筋？我的腦筋是轉不過來的。」

「阿姨，轉不過來慢慢轉，總有一天會轉過來的。」明月拍拍她說。「鐵杵也會磨成繡花針，不必急。」

「明月，怎麼能不急？妳已經長得這麼大了，我跟著老夫人念佛也這麼久了，還沒有開竅，你說我怎麼不急？」

「阿姨，有時您開悟了，您自己並不覺得。您和從前是不是一樣？您想過沒有？」

「我是沒有想過，旁觀者清，不知妳的看法如何？」

「您看著我長大，現在的我和當初抱在您手中的我，自然差別很大。我看您還是一樣大，既沒有長高，也沒有變樣。可是在肉眼分辨不出來的地方，我感覺到您是和以前不一樣了。」

「怎麼不一樣？」

「您說您還沒有開竅，就是已經開竅了。急著想早點開竅，就像種子一樣已經在土裏發芽，想探出頭來了。這就表示您跟奶奶共同生活，一道念佛，不是白念的。」

「可是佛經文字很難懂，我總是捉摸不定？」

「六祖惠能不識字，可是不論什麼經，別人一念出來他就能講解，他說諸佛妙理，不在文字。妳也不要受了文字障，妳直接從生活上去體會，反而更快。」

「六祖是再世佛，我那有他那種慧根？」素素向明月苦笑：「連妳也和我們不一樣。同樣的事，妳能講出來的我們都講不出來，妳的頭腦彷彿總比我們多長出幾根筋？」

「阿姨，您說笑話，要是我的腦筋真多出幾根，我願意分給您。」明月摟著素素說。

正巧老太太從佛堂走了出來，聽見明月的話，走近窗口問她：

「明月，妳說了去郊遊，怎麼現在還不走？」

「奶奶，我不去了。」明月連忙走出來，攙著老太太。

「怎麼妳說話不算話？」老太太望著明月的臉上說。

「奶奶，不是我說話不算話，只是出了蹊蹺。」

「什麼蹊蹺？」老太太問。

明月將老太太拉進房裏，扶著她坐下，然後才說：

「奶奶，本來我不想講，所以我沒有告訴阿姨，既然您也追問，那我就不得不講了。不過這是夢話，千萬不能傳出這個山莊？不然人家會說我有神經病呢！」

「好！」老太太點點頭：「不但不能傳出這個山莊，也不能傳出這個房間！」

明月這才將那個夢說了出來。

老太太不懷疑那個夢，因為她就有做夢的經驗，明月以前還夢見過印空師父化身來看她，留下偈語的事。但她不明白明月取消郊遊的關鍵在那裏？

「明月，我贊成妳取消郊遊，玩也要玩得愉快，不能樂極生悲，不過我不明白那關鍵所在？」

「奶奶，我有點懷疑石冰冰突然雙膝一跪，王文娟就掉了下去，蹊蹺可能就出在這裏。」

「大家都是好同學，妳不必多心。」老太太說。

「奶奶，我真希望我看走了眼，不過我以為那不是一個吉兆，所以我不能不取消，留得青山在，以後玩的機會很多，您說是不是？」

「是，是，是。」老太太連連點頭：「不過有點奇怪，那位比丘尼怎麼又突然出現在妳夢裏？而且救了王文娟？」

「奶奶，這我就猜不透了。」明月說。

「會不會是師父說的那位再世佛呢？」老太太捉摸地說。

「奶奶，我現在還沒有滿十八歲，時間沒到，因緣還沒有成熟呀！」

「那也只好騎著驢子看唱本，走著瞧了。」老太太笑說。

# 第十五章 孟真如真人露相 林明月當下拜師

寒假期間，林如海和莊文玲每個周末都來山莊陪老太太和明月，共享天倫之樂，也和明月交換聯考升大學的意見。莊文玲是過來人，她的意見更受重視。一天吃過晚飯之後，他們祖孫三代，正式談起這個問題。林如海對四個兒子是計畫教育，對唯一的女兒明月，則完全開放，讓她自由選擇，他先說明自己的立場：

「明月，只有半年妳就要考大學了，我先告訴妳：一切由妳自己作主，愛上什麼大學？愛讀什麼系？完全由妳自己選擇。妳也不必考慮畢業後的出路問題，爸爸不靠妳賺錢。如果妳歡喜工作，公司的大門是敞開的。如果妳歡喜讀書、研究，國內、國外大學研究所也隨妳挑選，一切費用，爸爸不會計較，妳看怎樣？」

「爸，你真有這麼好？」明月笑問。

「爸幾時對妳不好？」林如海也笑著反問。

「不是對我不好，是您對四位哥哥的教育有些霸道。」明月笑嘻嘻地說。

「對妳四位哥哥爸不能不霸道一點兒，」林如海一點不生氣，反而笑容滿面地說：「現在證明我的霸道是對的，他們不但學有專長，在公司裏也能各展所長，各安其位，我不必為了接班問題操心，我這個家族企業，比那一家都穩，所以對妳就特別民主了。」

「爸，您不怕我假民主之名，逼您交棒，篡您的位？」明月坐到林如海的旁邊笑問。

「知女莫若父，爸就是用登臺拜將的隆重儀式，請妳坐我那個位子，妳也不肯坐。」

「爸，你不要看走了眼，真到了那個節骨眼兒您又反悔？」

「爸一言既出，駟馬難追。」林如海十分篤定。

「爸，為什麼您這樣篤定？」

「因為爸是個俗人，坐在那個座位上處理的事全是俗事，沒有半件雅的。妳不但是個雅人，而且還想雅到不食人間煙火，就是送妳幾百萬鈔票，請妳數一數，妳也會嫌麻煩，逃都來不及，還想坐我那個扎屁股的位子？」

明月聽了大笑起來，搖了他兩下說：

「爸，您是怎麼看出來的？」

「我從小看到大，妳尾巴一翹，爸就知道妳要拉屎撒尿了！」

明月伏在林如海膝頭上笑得兩肩直抖，大家都笑得前撞後仰，老太太笑得說不出話來，過了一會才對明月說：

「丫頭，今天妳可碰著釘子了？」

「奶奶，是不是您給爸打的小報告？」明月直起腰來反問。

「奶奶才不做那種鬼事呢！」

「不然爸怎麼會摸到我的底牌？」

「爸如果沒有這點能耐，公司裏那麼多員工，爸怎麼擺得四平八穩？」林如海也自負地說。

「明月，妳要知道，妳爸是十三歲起就單打獨鬥起來的。」老太太指著兒子對孫女兒說：

「那像妳一出世就在慈恩山莊長到這麼大，風不吹，雨不打，比悉達多太子還要安逸？」

「奶奶，您這樣說來，我日後不是沒有一點用處的放屁蟲了？」明月故作惶恐地說。

「那就要看妳學什麼了？」林如海說。

「爸，您不是說完全由我自己選擇嗎？」

林如海點點頭，明月望著他說：

「爸，我也得先說明，我想學的東西恐怕賺不到鈔票？」

「這倒沒有關係，只要成材，學什麼都行。」

「您不給我戴緊箍咒兒就好！我已經和同學說過，我是選系不選校，選老師不選系的，我要學的是自己真正歡喜的東西，不是混文憑，玩四年而已。」

「這也算有志氣。」林如海說。

「依妳的成績，上X大沒有問題。」莊文玲說。

「如果學外文，不論學得多好，也搞不過外國人。以文學來講，外國文學怎麼會有中國文學這麼多取用不盡的寶藏呢？」明月說。

「明月，妳要知道現在是西風令，外文比中文吃香。」林如海提醒她。

「爸，我又不愁吃、喝，管它吃不吃香？」

「妳的看法我很贊成。」莊文玲對明月說。「當年我是可以念外文系的，也是這個原因，我才念中文。」

「媽，那您英文怎麼這樣呱呱叫呢？」明月問。

「那都是我自修的。」莊文玲笑說：「其實英文沒有什麼了不起，如果不搞文學創作，一般應用文不必費太多功夫。」

「說話呢？」明月問。

「那就得膽大臉皮厚，敢開口了。以妳的程度，可以應付，何況現在的錄音帶、會話教材很多，妳自己在課外用點功就行了。我的英文就是自己加工的。」莊文玲向明月解釋：「至於文學創作嘛，我還沒有看過一位外文系出身的人，能以原文創作，在外國文壇占一席之地呢！頂多是回來教教外文，唬唬自己人而已！」

「媽，我不想唬自己人，我只想能走進自己的寶庫，多學點祖先留下來的絕活兒。不知道X大有沒有這樣的好老師？」

「在我讀大三、大四和研究所的時候，還有一位孟真如老師，是我們同學公認的好老師，可惜後來他轉到Y大去教書了。」莊文玲說。

「他怎麼從飯鍋裏跳到粥鍋裏去了呢？」明月問。

「我好像提過，因為他不是X大出身的所謂雜牌教授，被擠出去了。」

「接他的課的老師是不是比他強呢？」

「那怎麼能比？」莊文玲搖搖頭。

「這太沒有道理了！」

「唯一的道理就是他非本校研究所出身的嫡系。」

「媽，您清不清楚孟教授的來歷？」

「我讀中學時就在報章雜誌上看過他不少的作品和介紹文字，說他有幾個國外榮譽文學博士學位，一般作家、教授像他那樣學術、創作兩門抱的少之又少。」

「為什麼？」明月問。

「因為搞創作的人很少作研究工作，作研究工作的人又不能創作，他可是兩面俱到，但他不搞人事關係，上課時他很認真，很愛護學生，一下課他提起皮包就走，連教授休息室都很少停留。他是外來的老教授，也是最後一位被擠走的教授。」

「他有沒有抗議？」

「他是學佛修道的人，他怎麼會抗議？」

「媽，您怎麼知道他學佛修道呢？」

「有一次我和兩位好同學去他家中拜訪他，發現他書架上佛道兩家的經典很多，文學書籍只有一些中文古典文學作品，和他自己的幾十本著作，要是堆起來比他自己還高，當代的作品反而很少。外文書籍有一套《大英百科全書》，此外就是幾十部外文傳記書籍，上面都有他的傳記，不翻閱我還不知道，因為他從未在課堂上提起。」

「媽，我再問您，您到底是怎麼知道他學佛修道的呢？」

「這是他和我們閒聊時談起的，在他家裏他完全把學生當做朋友、子女一般，海闊天空，什麼都談。他和佛家、道家都很有緣，而且他還是陶淵明的小同鄉呢。」

「媽，這就不簡單了！」明月突然高興起來，她歡喜陶淵明的詩，能背〈桃花源記〉，做夢還到過桃花源呢！

「不但如此，他幼年、少年時就在廬山讀書，時常去黃龍寺玩，還皈依過黃龍寺的性如禪師，也皈依過東林寺的道仁禪師。」莊文玲說：「妳知不知道宋朝黃山谷就是皈依黃龍寺的晦堂禪師的？」

「不知道，」明月搖搖頭：「不過奶奶告訴過我，太師公印空是出身東林寺的？」

「廬山是天下名山，名剎古寺不少，除了黃龍寺、東林寺之外，還有山南的歸宗寺、秀峰寺（也叫開先寺）。秀峰寺以東還有萬杉寺、棲賢寺，孟老師也常去這些寺院。山上還有一位崑崙仙宗的傳人玄妙真入，也收了他做弟子。」

「想不到孟教授有這麼多的好因緣？」明月笑說。

「而且他不是形式上的皈依，他的師父都傳法給他，黃龍寺的性如禪師是禪宗，東林寺道仁禪師是禪淨雙修，玄妙真人是崑崙仙宗傳人，都是難得的明師。」

「媽，這會不會太複雜了？」

「很多大修行人都不簡單。像明朝憨山大師，他本來是習舉子業的，就像我們今天參加聯考一樣，後來他出家了，又充軍二十年，最後還是得道成肉身菩薩了，他也是禪淨雙修的，和印空太師公一樣。」

「那孟教授和印空太師公可能有些淵源？」

「說不定？不過孟教授比太師公年輕多了。」

「孟教授有這麼多的好因緣，難怪他是一個好老師。」

「我先前忘記講，他還精通《麻衣》、《柳莊》、《子平》，參加過抗倭侵略戰爭，學過新聞當過戰地記者，也受過正式軍官的嚴格教育，而這在表面上是怎樣都看不出來的。」

「媽，我原先以為只有趙伯伯是真人不露相的，這樣說來，孟教授更是真人不露相了？」

「可不是？一般人，甚至連他的作家朋友也只以為他和他們一樣是一位作家，卻不知道他自幼受儒家教育，在佛道兩家思想方面又有獨到的心得，踏實的修行。而我們學生只知道他是教授，或是將他看成教書匠。直到他離開X大後，我們才真正體會到失去了一位良師。」

「現在的老師怎樣？」明月急著問。

「現在的老師都是和我同班或是前後一、兩屆的同學，都有博士、碩士學位，有的還是洋博士呢！」

「洋博士怎能任中文系的教授？」林如海奇怪的問。

「他們是去國外鍍了兩層金的外白內黃的博士。」

「那也是洋不洋，土不土的，並不地道。」林如海說。

「可是他們像來亨雞、貴賓狗一樣吃香！」莊文玲笑說。

「那他們怎麼能教《老》、《莊》，教《金剛經》、《六祖壇經》？又怎麼能教唐詩、宋詞呢？」明月問。

「照本宣科嘛！」莊文玲一笑：「他們招牌硬，連我的同班同學都升到正教授了，可是連平仄還搞不清楚呢！」

「那又怎麼教學生作詩填詞呢？」明月好笑。

「他們有他們的跳牆法。」

「怎麼跳得過去？」明月笑了起來。

「他們講欣賞、講理論。」

「沒有蛋，那有雞？」林如海說。

「沒有創作，那有理論？」明月說。

「他們用外國人那套方法唬學生。學生看中文老師會講洋文，還崇拜得很呢！」莊文玲說。

明月格格地笑了，老太太念了一聲：「阿彌陀佛！」明月隨後又問莊文玲：

「媽，那些士博士總該會作詩填詞吧？」

「四兩棉花，別『談』。」莊文玲笑笑：「我的同班同學我還不清楚？能打打油就了不起了！」

「媽，那我怎麼辦嘛？」明月焦急地問。

莊文玲沈吟了一下說：

「那天我們一道去看看孟真如老師好不好？」

「不知道他肯不肯見我這個高中生呢？」明月問。

「這妳放心，孟老師平易近人，他不問妳是高中生、大學生，或是博士，他要看妳是不是那塊料？」

「媽，初次見面他怎麼看得出來？」

「孟老師可真是慧眼識人，任何人的性向、善惡，他一落眼就能看出來。」

「那我不去了。」明月搖搖頭說。

「為什麼不去？」

「萬一我不是那塊料，那怎麼辦？」

「那也有一個辦法，妳先寫一篇文章交給我，我給妳寄給他看，他說是那塊料就去，不是那塊料就不去，好不好？」

「那也得有個題目才行？」

「孟老師歡喜學生自由發揮，連博士論文他也只是交代一個範圍，告訴學生該看那些書，而且要學生言人之所未言，不可人云亦云。」

「這是不准人抄書，這不更難了？」明月好笑。

「對別人也許更難，在妳不是正對胃口嗎？」莊文玲笑說。

明月答應試試，莊文玲限定她三天交卷。林如海說：

「像孟真如教授這樣的人，也只有在他那個時代，那種環境才能產生！」

「的確如此。」莊文玲點點頭。「尤其是他生長的地理環境和家庭背景，是與眾不同的。」

「我們不知他故鄉的情況，更不瞭解他的家庭背景，妳知道嗎？」林如海問。

「我從地理上知道，廬山是北臨長江，南瀕鄱陽湖，是名山勝水的魚米之鄉。從文學作品中，我知道陶淵明生在那裏，黃山谷也生在屬地，李白住過廬山，白居易當過江州司馬，唐、宋、明、清的大詩人都留下了不少好作品，這對孟教授自然會有影響。」

「還有其他原因嗎？」林如海問。

「孟教授也曾告訴我：『六祖惠能求見五祖弘忍的黃梅東山寺，和廬山東林寺隔江遙遙相望。五祖授六祖衣缽後，連夜送他由小池口過江逃亡的路線，就是他常走的道路，而且他兩位姑母都先後出家當比丘尼。』」莊文玲補充說。

老太太一直沒有作聲，這時才說：

「看來孟教授是有大因緣的。」

「媽，孟教授還告訴我，他這條命是撿來的。」莊文玲對老太太說：「他曾經七進七出鬼門關。在最危險時他往往死裏逃生而毫髮無傷，他有三次絕處逢生，他覺得如果不是觀世音菩薩及時相救，絕無生理。所以他一生不忮不求，常懷感恩之心，這些年來更嚴守五戒，精進修行。」

「娘，那一次我聽過他的講演之後，就覺得他和一般教授不一樣，他不但一點不虛偽、不驕矜，而且十分正直，不說假話。」林如海對母親說。

「釋迦牟尼佛、維摩詰居士和六祖惠能都說：『直心是道場，直心是淨土。』修行人應該具備這種好品性。俗話說：『正直為神。』很有道理。」老太太說。

「如果明月能做他的學生，也是她的造化。」林如海說。

「如果以明月的成績來看，她考取X大不成問題，但是X大現在沒有孟真如那樣的老師，別的學校也沒有。」莊文玲說：「現在我擔心的是，怕孟老師不教了。」

「為什麼？」林如海問。

「因為現在的學生不尊師重道，他自己也志在研究、寫作、修行，他有飯吃，有屋住，可以不必教書了。」莊文玲回答。

「只要他肯教明月，我可以用公司的其他名義禮聘他，待遇不會比教授少。」林如海說。

「孟教授的生活單純得很，物質需求很少，他需要的是自由自在的生活，如果他真的不教書了，那明月上大學的事還得費點周章，所以我才想帶明月先去看看他，確定一下。」

「這樣很好！免得事到臨頭拿不定主意。」林如海點點頭。

明月照莊文玲的吩咐寫了一篇〈我的選擇〉，說明她求學的理想，選系不選校，選老師不選系，全文兩千五百字，送給莊文玲，莊文玲看了很滿意，特別寫了一封信寄給孟真如教授看看，然後再同明月去看他。

孟真如接到莊文玲的信和明月的作文之後的第三天，打了一個電話給莊文玲，約她們去他家當面談談。

明月很高興，她笑著對莊文玲說：

「媽，還是您的面子大，總算孟教授沒有把我當掉。」

「是妳的理想高，有所為有所不為，再加上文字也很不錯，和別的來亨雞不一樣，所以孟老師才見妳。」莊文玲笑說。

「媽，您怎麼把我看成來亨雞？」明月笑著抗議。

「妳們這一代人都是嬌生慣養的，怎麼不是來亨雞？」莊文玲笑問：「難道是豺狼虎豹不成？」

「豺狼是有，虎豹那樣威猛的野獸倒很少見。」明月笑著回答：「不過我兩樣都不是。」

「所以我說妳是來亨雞嘛！」莊文玲不禁笑了起來。

明月摟著她搖了幾搖，隨後又伸直腰說：

「媽，妳也別把我看得那麼嬌嫩，等到學校開運動會時，請您抽空去看看，您才知道我是怎樣吃住別人的？」

「妳是用口咬，還是拳打腳踢？」莊文玲笑問。

「媽，我又不學跆拳道，我怎麼會動粗？」明月好笑：「我是憑速度、彈性和技巧勝過別人的，而且勝得人家心服口服。」

「妳的太極拳倒可以亮亮相，學校運動會有沒有這種項目？」

明月搖搖頭。隨後又問莊文玲：

「媽，我第一次去看孟教授，送些什麼禮物好？」

「孟老師不抽煙、不喝酒，連茶也不喝，妳看送什麼禮物好？」莊文玲反問她。

「這倒難了！」明月想想送禮不外煙、酒、茶葉之類的東西，孟教授都用不著，那送什麼好呢？過了一會才說：「送些糕餅、點心、水果可不可以？」

「糕餅點心少不了蛋，也難免豬油，他一概不吃，也不吃甜食，只有水果勉強可以送。」莊文玲說。

「孟教授守戒這麼嚴，在生活上不是不大方便？」明月說。

「他不但是守戒嚴，也是為了健康，他已經很多年不應酬了，他的飲食習慣和奶奶差不多，所以他的身體也很好。」莊文玲說到這裏突然想起一件事來：「哦，我想起來了，他說幼年時他家裏來了一位避難的少林拳師，教了他半年少林拳，後來那位崑崙仙宗傳人玄妙真人又教了他太極拳，那位道人才真是一位高手，能登萍渡水，飛簷走壁，還能化身。孟教授跟他學了三年，可惜後來他在抗倭戰爭的歲月中完全荒疏了，以後也沒有時間再練，不過每逢假日、星期天一定登山，練太極拳基本功，所以他的柔軟度還是不錯，妳們的那種柔軟程度他還能做到。」

「媽，您怎麼知道？」

「我說了當年去他家裏時他把我們學生當做朋友、子女一般。我們知道他吃素，擔心他的健康，他隨便做幾個動作給我們看看，我們才放心，他和老趙同年。」

「媽，孟教授真是個奇人了！」

「一點不奇！他比我們還平常得多，看來完全是一介平民，不過他一向儀容整潔，舉止自然端方而已，很少人知道他有那麼多榮譽，那麼多著作。更不知道他在佛道修行方面都遇到明師。」

「媽，這就夠我學了！」明月輕輕歎口氣說。

「也許媽的緣份不夠，媽沒有學到的，正好由妳來補足。」莊文玲說到興頭上來了，又接著問明月：「妳不是歡喜陶淵明的詩嗎？」

明月點點頭，莊文玲便說：

「我看過孟老師夾在散文中發表的兩首七言律詩，一闋〈長相思〉詞，我一直沒有忘記，妳要不要我念給妳聽聽？」

明月隨即抓起一支原子筆，拿到一片紙，連忙對莊文玲說：

「媽，您念，我記。」

莊文玲隨即抑揚頓挫地念了一首〈幽居〉：

千丈紅塵百萬家，癡人不自想榮華。
浩然有意棄軒冕，摩詰存心掃落花；
昨晚流星飛北斗，今朝磨墨且塗鴉。
春來更覺生涯好，午夜頻頻聽鼓蛙。

明月抄到最後一句叫了起來：

「媽，這簡直是神仙生活嘛！」

「明月，近體詩比古體詩難寫，尤其是律詩，才情功力缺一不可；思想境界更要靠學問和人生修養，那就不是止於技，而是入於道了。妳到底慧根不淺，體會得出來。」莊文玲也聽過孟真如的唐宋詩詞課。詩詞的理論和創作技巧、思想境界，孟真如都言人之所未言，莊文玲心領神會，只是自己不敢寫，加之研究所出來後就做林如海的秘書，文牘、應酬很多，自然很少閒情逸致。

明月抄完這一首，又催莊文玲念第二首。莊文玲說這是一首〈立春〉七律，她念，明月抄：

冬去春來歲月更，但添華髮未添丁。
前門拒虎曾披甲，後院閒牆不用兵；

百尺浪高浮大海，千山雲湧上天坪。
無人無我無恩怨，揮手雲天步步輕。

明月抄完後立即放下筆，望著莊文玲說：

「媽，這是孟教授的夫子自道，他一生經歷感慨都在其中，最後兩句禪味很深。」

「妳念過很多佛經，所以妳才能體會出來。」莊文玲欣慰地說。

「媽，『無人無我無恩怨』這一句，將《金剛經》、《心經》、《六祖壇經》的精神一語道破了，我懂，但是我寫不出來，奶奶也寫不出來，恐怕現在的出家人也未必寫得出來，只有印空太師公那樣的高僧才寫得出來。」

「近體絕律詩要求很嚴，不依規矩，不能成方圓。」莊文玲向明月解釋：「我從大一到研究所，一共念了十年，雖然拿到博士學位，也向孟真如老師學過詩詞，選過他的老子和禪宗的課，規矩是懂了，但是寫不好，這和才情不高，哲學修養不足大有關係。現在一般的學生談何容易？」

「媽，那我也沒有希望了？」明月有些惶惑起來。

「明月，妳大有希望！」她高興地拍拍明月的肩膀。

「何以見得？」明月笑問。

「妳是個天才，又讀了那麼多佛經，根柢深得很，如果妳的緣份夠，只要孟老師給妳一指點，將來的成就真的不可限量。」

「媽，我怕您看走了眼？」明月天真地一笑。

「對妳我倒很有信心。」莊文玲雙手扶著明月的兩肩說：「從前有個時而僧，時而俗的蘇曼殊，就是一位天才詩人，他一出手就和別人不一樣，連孟真如老師也很推崇他，其實他的佛經可能還沒妳讀的多。」

「那怎麼會呢？」明月不信。

「我告訴妳原因：他父親是漢人，母親是扶桑人。他青少年時就像隻流浪狗，生活很不安定，怎能受正規教育？妳的條件比他好得太多了，所以我說妳是來亨雞。」

明月笑了起來。

第三天上午，莊文玲帶著明月和一籃奇異果，兩大筒脫脂高鈣奶粉，由素素開車，一道來拜訪孟真如。

孟真如就住在靈鷲山下，離慈恩山莊不遠，只是車子要繞一大圈。二十年前此地是草萊之區，一片荒涼，建商因地價便宜，又限定只能蓋兩層，所以蓋了三批一樓一底，獨門獨院的所謂「花園洋房」，面積不大，並沒有花園。孟真如看中了一塊畸零地上的兩戶雙拼的建築圖樣，後面小溪邊有一空地可以種種花木，開門見山，滿眼翠綠，空氣也比較好，他就和工地監工情商，以較高的價錢，將兩戶「保留戶」中的一戶讓給他，所以他才能安居下來。現在只有他們兩老居住。

她們的車子開到孟真如的門口，現在房子外面加了一道圍牆，以前莊文玲來請他演講時沒有圍牆。莊文玲一按電鈴，孟真如親自開門，將她們接了進去。莊文玲先介紹明月、素素和他認識，然後坐下。茶几上已經放好了三杯開水，和一大盤芭樂、一大盤楊桃，孟太太再送上一盤蓮霧。她的頭髮全白了。

莊文玲看孟真如的腰桿還是挺得很直，行動敏捷，聲音響亮，兩眼神采奕奕，只是瘦了一點，頭髮有點花白，看來和十多年前她來請他講演時沒有什麼改變。她高興地說：

「老師，您還是和十多年前一樣。」

「日子過得真快。歲月喚不回，我怎能青春不老呢？再過十多年，恐怕妳會不認識我了！」孟真如自嘲地說。

「老師，真抱歉！我沒有常來探望您。」

「現在大家都忙，妳沒有忘記我這個老師已經很難得了！」孟真如笑說。

「老師，其實我心裏一直惦記著您，只是身不由己。我成了明月父親的影子，很難抽身出來單獨行動，所以不能常來看您。」

「林董事長是個大忙人，這點我很瞭解。」孟真如一面對莊文玲說話，一面關照素素、明月吃水果。

隨後孟真如就領她們上樓。樓上的書房不到六坪，牆壁上都是固定的書架，書架中擠得滿滿的，比莊文玲上次來的時候多了很多大部頭的書，書桌靠窗，光線不錯，後院中的玉蘭樹已經高過兩層樓。莊文玲指著玉蘭樹對明月說：

「這棵樹比我們山莊大門口的玉蘭樹還高呢！」

孟真如卻指著明月笑說：

「她的年齡恐怕還沒有這棵樹大吧？」

「她快十八了。」莊文玲笑著代答。

「妳還小這棵樹兩歲。」孟真如笑指明月說。

「老師，她那篇作文怎樣？」莊文玲笑問。

「那不是高中生能寫得出來的。」孟真如在莊文玲的對面坐下，也要明月在莊文玲身旁坐下。

「就是研究所的學生也沒有她那種透徹的見解。」

「老師，您不要太誇獎她了！她暑假要考大學，現在正有點苦惱。」

「她應該能考取很好的學校，」孟真如肯定地說：「還有什麼苦惱？」

「老師，不是學校的問題，是老師的問題。」莊文玲說。

「好學校自然有好老師。」孟真如說。

「老師，您知道事實並非如此。」莊文玲說：「好學校是因為歷史久，設備好，資源多，纔成為聯考學生的第一志願，因此，最優秀的學生都擠進了那個窄門，倒不一定是老師把學校的招牌打響的。」

「我倒是第一次聽見妳這種高論。」孟真如一笑。

「老師，您別笑。」莊文玲說：「您也相信明月可以考上最有名的學校，但她要選的不是名校，而是貨真價實的好老師。」

孟真如笑了起來，望著明月說：

「那種貨真價實的好老師，現在打著燈籠火把也找不到了，妳會失望，還是上金字招牌的大學好。」

「孟老師，您別要猴子，今天我就找到了！」明月笑說。

孟真如一怔，又打量明月一眼，再問莊文玲：

「現在妳的母校情形怎樣？」

「現在清一色，我的同班同學都升正教授了。」

「後起之秀能上來也很好，當年妳怎麼不留校？」

「老師，我覺得學術、教育是不能搞清一色的，所以我走自己的路。」

「那她又怎麼不以妳的母校為第一志願呢？」孟真如指指明月說。

「她想學好詩詞，寫好詩詞，也想徹底瞭解《道德經》、《金剛經》、《六祖壇經》、道家和佛家思想。」

「這恐怕不是大學四年那幾個學分能辦到的？」

「老師，我知道。」莊文玲點點頭：「就是再加上研究所的時間也辦不到，現在最大的問題是：母校已經沒有您這樣的老師了。」

「我這個雜牌老師不會影響他們的金字招牌。」

「可是在學生來說卻是一個大損失。」

「現在的學生是文憑第一。」孟真如說：「並不在乎誰當老師。」

「孟老師，我可不是那樣的學生呀！」明月立刻接嘴。「我在乎得很呢！」

「那妳真是稀有動物了！」孟真如望望明月笑了起來。

莊文玲便將明月出生的故事和她已經讀了很多佛經告訴孟真如，孟真如連連點頭，隨後望著莊文玲的臉上說：

「那她一定是因大事因緣而來了？妳看我能作點什麼呢？」

「我想請問老師，您最近三兩年內該不會退休吧？」

「目前我還沒有這種打算，學校會不會續聘，那就不敢講了。」

「只要老師這三兩年內不退休，明月就決定到Y大來就讀，做老師的門下弟子。」

「我看不要因小失大。」孟真如搖搖頭。

「孟老師，我不靠文憑吃飯，您不必為我的出路擔心。」明月爽快地說。

「那就好辦。」孟真如望著明月一笑：「我告訴妳，在Y大我可以教到七十歲，不是我賴著不走，是我走不了。」

「老師，我也可以告訴您，他父親跟我說過，只要您肯教明月，即使您退休了，他也會以公司的名義敦聘您。」莊文玲連忙接嘴。

「多謝林董事長的好意，早幾年海外一家大學就請我去當講座教授，我不能去，他們的聘書還是照樣寄來，已經好幾年了。」孟真如笑說。「說真的，我倒想退休下來好好地寫幾部書。」

「老師身體很好，過幾年再寫也不遲。」莊文玲說。

「那就要看什麼時候因緣成熟了？」

莊文玲得知孟真如不退休的決定，十分高興，閒談了一會兒，便起身告辭，明月笑著對孟真如說：

「孟老師，聯考過後，我決定做您的學生了！」

明月一面說一面想跪下叩頭，孟真如身手比她更快，連忙阻止。同時笑問：

「妳這樣有把握嗎？」孟真如笑問。

「如探囊取物。」明月笑著將右手往口袋裏掏掏。

孟真如豎起大拇指笑了起來，又拍拍明月的肩說：

「妳了不起！頗有悉達多太子的口氣：『天上天下，唯我獨尊！』」

「明月不知天高地厚，請老師恕她年少輕狂。」莊文玲笑說。

「人生難得幾次輕狂！」孟真如哈哈一笑，輕輕關上大門。

她們離開孟真如的家，高興得很。一坐進車子，明月就笑著對莊文玲說：

「媽，今天我真像中了六合彩一樣開心。」

「妳的狗屎運氣真好。」莊文玲也笑著回答。

「明月講話那麼單刀直入，我真怕她得罪了孟教授。」素素一直沒有講話，開動了車子她才開口。

「阿姨，我看孟教授是大人不記小人過，所以我就放肆一點兒，不和他拐彎抹角。」明月笑說。

「我看妳是愈來愈膽大臉皮厚了。」素素回頭望了明月一眼。

「阿姨，我也是見人打卦。」明月得意地說：「也許孟教授也和我有緣？才不計較。」

「妳不要以為孟老師人很隨和，他教起書來可認真得很哦！」莊文玲說。

「媽，我做事也不馬虎，考試起來，一個英文字母我也不會拼錯。」明月說。

「做人做事應該有點分際。」莊文玲說。

「媽，怎麼分法？」明月問。

「做人應該多點兒人情味，做事應該絲毫不苟。」

「媽，我就是這個原則。」明月點點頭。

「好！」莊文玲也點點頭：「妳既然在孟老師面前誇下了海口，聯考前妳可得多用點兒功？」

「媽，考試前一天翻翻書也就夠了。」

「那就能考取狀元、榜眼、探花嗎？」

「媽，Ｙ大分數那要那麼高？」

「妳不是說過聯考時不會再謙讓李蔻蔻、石冰冰嗎？」素素說。

「阿姨，您以為她們會考得比我好嗎？」明月反問素素。

「最少她們會比妳用功。」素素回答。「王文娟也會比妳用功，她們都不是省油的燈。」

「我真希望她們能拼出高分。」明月說。

「那妳更不能大意失荊州了。」素素說。

明月望望莊文玲，莊文玲說：

「阿姨的話不錯。她一向陪著公子趕考，妳也不能丟她的人，如果妳能以最高分放棄X大而改讀Y大，就更能表現妳選系不選校，選老師不選系的重大意義了！」

「媽，您這樣說來我真不能大意了？」明月望望莊文玲笑說。

「不但如此，還有另一層意義。」莊文玲盯著明月說。

「什麼意義？」明月連忙問。

「妳想想看，孟老師要是收了一位聯考狀元或是榜眼、探花，不是比教那些聯考名次吊榜尾，又沒有一點文學、哲學細胞的學生要高興得多嗎？」

明月粲然一笑。莊文玲又說：

「妳知不知道？現在教唐詩的為什麼不會作詩？教宋詞的為什麼不會填詞？為什麼我說一代不如一代嗎？」

明月搖搖頭，莊文玲歎了一口氣說：

「那就是學生是吊榜尾的學生，十年八年之後他們又變成了老師，那些缺少文學細胞和哲學思想的人，自然只好照本宣科，人云亦云了，也自然一代不如一代了。」

「媽，我真沒有想到這一點呀！」

「妳怎麼會想到呢？妳又不是過來人。」莊文玲苦笑說：「可是我的感慨很深，我更體會得出來孟老師的悲哀！」

明月沈默起來。莊文玲又問她：

「妳知道孟老師為什麼會作詩填詞嗎？」

明月答不上來，莊文玲又說：

「因為孟老師那一代人，有文學細胞才學文學，有哲學細胞才學哲學，而且都是頂尖子人物，他們沒有功利思想，所以不同凡響！」

「媽，您這番話我從來沒有聽過呀！」明月說。

「媽是過來人，媽當年不留校教書，除了有些為孟老師不平外，更是怕誤人子弟。」

「媽，像您這樣的人現在也不多了。」

「媽也知道自己的文學細胞和哲學細胞不多，不宜於走創作的路。不過當當秘書，搞搞應用文，還可以應付。」莊文玲冷靜地說：「只有大聰明、大智慧的人，才能搞文學創作、哲學思考，和學佛學道。蠢材不能搞，半吊子也不能搞，蘇曼殊並沒有受過制式教育，更沒有碩士、博士學位，他的詩為什麼寫得那麼感人？因為他有那種與生俱來的天分！如果沒有那種天分，十個博士學位也不行！」

「媽，您先前說細胞現在又說天分，究竟是怎麼回事兒？」

「細胞是妳們這一代人的說法，天分是孟老師那一代人的說法，是一而二、二而一的。」

「媽，妳說博士不行，可是那些博士很吃香，到處都是他們引經據典的教人寫作、批評別人的文章。」

「妳不妨問問他們自己為什麼不創作？」

「媽，我還沒有上大學，我怎麼敢問？」

「不問也罷，將來妳自己寫好了。」

「媽，您說說看，我是不是那塊料？」明月拉拉莊文玲的袖子笑問。

「妳是一塊好料，不過那條路很長。學佛學道修行也是一樣。」

「媽，那還是花個三四年時間，弄個博士學位比較容易。」明月笑說。

「本來如此。」莊文玲點點頭。「媽就是這樣弄到一個博士的，當初我進公司時，妳爸還褒貶我呢！」

「爸怎麼會褒貶您？」明月好笑。

「妳別小看妳爸，他有他一套。」莊文玲笑說：「他要是和妳一樣幸運，他準會是一位了不起的大作家，那他更不在乎我這種博士了！」

「媽，我看到一本書上說：『第一流人才搞創作，第三流人才搞理論。』您的看法似乎不謀而合？」

「本來如此！」莊文玲理直氣壯地說：「沒有陶淵明、李白、杜甫、王維、白居易、李易安、朱淑真、陸放翁……這些大詩人，那有所謂的陶淵明專家、李杜專家？沒有曹雪芹，那有車載斗量的紅學家？妳看看他們那麼多人，寫出一首陶詩，一首李杜那樣的詩沒有？寫出一回《紅樓夢》那樣的小說沒有？」

「媽，也許我太年輕？還沒有看到。」

「媽是快五十歲的人了，我也沒有看到。」莊文玲正色地對明月說：「所以媽希望妳日後跟孟老師學，要學到他的創作精神，也能像他那樣說得到就寫得出來。」

「媽，孟老師是創作、理論兩門抱，談何容易？」

「其實孟老師不是兩門抱，他才是二而一、一而二的，因為他的理論出自他的創作，是他自己的心得，不是拾人牙慧，東抄西摘的東西。再說，他學佛學道，也同時修行實踐，不是為了教書才抱佛腳的。他是學好了，修行實踐了才說的，他教書其實是不得已而為之的。」

「媽，您瞭解孟老師這麼深，您真是他的好學生。」

「媽還不夠格做他的好學生。」莊文玲搖搖頭。

「媽，像您這樣的好學生，現在也是打著燈籠火把找不到的。」

「媽要真是他的好學生，早該走他那條路了，媽是真的沒有孟老師那種能耐，不是逃避，所以媽對妳有厚望焉。」

「媽，您不要給我戴緊箍咒。」明月笑著搖搖頭：「我怕我受不了！」

「妳有那種能耐，也可能有那種因緣？」

「媽，您不是說我是來亨雞嗎？」明月笑著頂上一句。

「來亨雞雖然變不成虎豹，但會生蛋，也可能變成鳳凰。」莊文玲也笑著回答。

素素專心開車，一直沒有插嘴，開進山莊她才停車說：

「剛才聽您們母女對話，我算是上了一堂好課。也不枉我這麼多年陪著公子趕考。」

「阿姨，以後要是我真成了孟老師的學生，我上課時您也去旁聽好了。」明月走出車子說。

「妳不是篤定成為他的學生了嗎？怎麼一回家口氣就鬆動了呢？」素素笑說。

「阿姨，在奶奶面前可不能說滿話。在孟老師面前我不打腫臉充胖子，我怕他把我看扁了。那今天您不是白跑一趟嗎？」明月笑說。

「不論是真情假意，妳這句話聽來倒怪窩心的！」素素也笑著把車子開進地下室。

明月正牽著莊文玲的手打算上樓時，莊文玲突然想起什麼似地拉住明月問：

「妳看清楚孟老師到底是怎樣的人沒有？」

「他五官端正，慈眉善目，兩耳垂珠，看來似仙似佛，快要不食人間煙火了。」

「妳已見其皮其肉，不過未見其骨。」莊文玲一笑。

「媽，我又不是X光，骨頭怎麼能看得見？」明月淘氣地說。

「其實孟老師是一個最重情感的人。」

「媽，您怎麼知道？」明月淘氣地望著莊文玲笑。

莊文玲白了明月一眼，隨後說：

「妳以為我有戀師情結？那天我和妳談起蘇曼殊的詩，談得正起勁，妳瘋瘋癲癲地大笑，就把孟老師的那闋〈長相思〉忘了念給妳聽。那闋詞比詩更短，更有味，妳要不要聽？」

「媽，您趕快念給我聽聽！」明月搖搖莊文玲說。莊文玲便輕輕地念了出來。她的聲音柔美，抑揚頓挫恰到好處：

憶江州，夢江州，夢見匡廬一片秋，長江日夜流。
桑枝柔，柳枝柔，甘棠湖水綠悠悠，相思到白頭。

明月聽後輕輕歎了口氣說：

「媽，我真沒有想到，孟教授還是個情深似海的人呢？」

「感情不豐富，不深厚的人，不能成為詩人，更不能成為詞人。」莊文玲說：「文學創作就是感情加才華的產品。作家加思想家，才能成為大文學家。大文學家加悲天憫人心，才會行大乘菩薩道。」

「媽，您在給作家和文學和聖人下定義是不是？」

「媽不敢下定義，這是媽學文學、看文學和哲學著作的一點心得，說出來給妳參考。」

「媽，我真希望明天就參加聯考。」

「妳更要好好用功，好好地考，也好給孟老師爭點面子。」

「媽，我自己的面子也要緊，我決不讓人家將我看成破銅爛鐵生！我才不信邪，我要拼一拼！」

明月頭一昂，拉著莊文玲登登登地跑上樓去。

# 第十六章　眾望所歸爭榮耀　語帶玄機揭啞謎

明月她們這一班是模範班，最後一個學期老師同學都很緊張，各科老師都希望聯考狀元出在她們這一班。老師都知道明月的實力最強，但這一年來的第一名，卻不是她，大家都百思不解？戴著金邊眼鏡，四十多歲的教務主任朱雯，特別約她談話，先誇獎了她一番，隨後才拐彎抹角地對她說：

「妳一直是本校的高材生，從初一起妳都包辦第一名，怎麼一到高三，妳的成績反而退步了？各科老師都感到很奇怪，他們希望我瞭解一下，妳是不是有什麼困難？我也好幫妳解決。」

「老師，我很好，我沒有什麼困難。」明月笑著搖搖頭。

「是呀！我看妳的家庭背景、經濟情況是最好的，妳個人的健康狀況也是最好的。我也想不出妳會有什麼困難？」朱雯向明月笑笑，又打量她一眼，輕輕地問：「妳是不是在談戀愛？」

明月笑了起來，邊笑邊說：

「老師，我們學校是尼姑庵，我和誰談戀愛？」

朱雯也向她笑笑，兩眼一直打量她，過了一會才說：

「那也不一定？比方說，外校也有好男生，也許也有妳看得上眼的？」

「老師，我很少參加校外活動，還沒有發現一位男生我看得上眼的。」

「我知道妳的條件好，眼界高，妳能看得上眼的男生是不多。」朱雯又打量她一眼說：「不過聽說現在流行同性戀，妳們的同學倒有不少是美人胎子？……」

朱雯還沒有說完，明月就笑了起來。她對朱雯說：

「老師，我不但聽說過，我也看過報紙、雜誌的報導，還登過『同志』肉麻的照片，真叫人噁心。」

「聽妳這樣講，我就放心了！」朱雯欣慰地一笑。

「老師，我們學校是有名的K書學校，校風一直很好，您怎麼會懷疑我會談戀愛？而且還以為我是同性戀？實在使我大惑不解？」明月心裏有些不快，不禁反問。

「明月，我不是懷疑妳。」朱雯連忙解釋：「我是關心妳，因為妳各方面的條件都好，不像別的同學只用功讀書，但是這一年來妳的名次顯然落後了，各科老師和我都不明白是什麼原因？因此，不得不和妳談談。」

「老師，名次落後，不一定代表功課退步？」明月說。

「明月，妳這種說法我就不大懂了？」朱雯望著明月一臉茫然。

「老師，有人重視名次，有人不大在乎。」

「那以前妳怎麼老是包辦第一名呢？」

「那也不是我故意爭的，我只是順其自然。」

「那這一年來妳又為什麼不順其自然呢？」

「老師，老是我拿第一，也不好意思。大家同學這麼多年，風水也要輪流轉。老師，您說是不是？」

「既然如此，那我就放心了！」朱雯開心地一笑：「不過今年聯考，各科老師都希望狀元出在本校，而且出在妳們這一班。」

「只要大家努力用功，那也不難。」明月說。

「不過有人告訴我，妳並不用功？」朱雯笑說。

「老師，我一向如此。」明月點點頭：「但我可不可以知道是誰向主任打的小報告？」

「妳要知道，大家都是為妳好。大家都認為只有妳有聯考狀元的本錢和實力，可是大家都覺得妳並不怎麼用功？如果妳一用功，那聯考狀元就非妳莫屬了。」

「老師，人外有人，天外有天，您不要太高估我了。」明月說。

「不是我高估妳，這是大家的共識。」朱雯湊近明月輕輕說：「妳能不能為學校用點功，爭取這個榮譽？」

明月當初答應李蔻蔻、石冰冰，讓出第一名時，心裏就有這個想法。莊文玲陪她去看孟真如回家時也囑咐她要為孟真如爭點面子。她自己也不想別人將她看成破銅爛鐵生，決定拚一拚。但是她心裏有數，她過目不忘，她並不需要像別人一樣那麼用功。如果准許跳級升學，她早上大學了，何必磨菇這麼多年？因此，她向朱雯點點頭說：

「老師，我會全力以赴，不過，這是我們兩人之間的默契，千萬不要傳出去。那對別的同學不好，對我也未必有利。」

朱雯高興地握住她的手，拍拍她的肩膀說：

「妳一答應我就吃了定心丸。日後放榜，我會向校長請獎，將妳列上榮譽榜。」

「老師，我不是為了什麼獎。」明月搖搖頭。「只要我能做到的，我盡量做就是了。」

「我知道妳不在乎獎金。如果妳父親高興，他為妳辦一所大學也不成問題。」朱雯一邊說一邊把明月送到辦公室門口，這是她對學生從未有過的禮遇。

明月沒有想到朱雯會為聯考狀元的事找她，而且最後無意中提到父親辦大學的事，她以前從來沒有想過。她覺得人生真有點奇妙？很多事都是自己想不到的，這只能歸之於佛家說的因緣了。朱雯是一位精明能幹的教務主任，學生不怕校長，反而有些怕她。她以前也沒有單獨找過明月。明月想：如果她不是這一年來名次落後，朱雯可能不會找她？

這天放學回家，莊文玲已先到山莊，因為聯考期近，她來山莊的次數也多了。她很關心明月的聯考，希望明月不要大意失荊州。

明月一回到山莊，看莊文玲先到，不禁將朱雯約她談話的事告訴莊文玲，莊文玲聽了也很高興地對明月說：

「妳看，大家都對妳寄予厚望，可不是我一個人如此！」

「媽，這樣看來，那我真非考個狀元不可了？」明月說。

「眾望所歸，妳不拿到也不行。」莊文玲說。

「媽，您該知道聯考狀元有多難？」明月反問。

「我知道難是難，可是比從前還是要容易一些。」

「何以見得？」

「現在考試的科目多，有些問答題，是非題是可以拿滿分的。這是死的，有標準答案，閱卷的人不能自由心證。從前只考作文，又看書法，這是沒有標準答案的，完全由主考官和皇帝老倌自由心證。他們歡喜誰就點誰為狀元。那真得靠幾分運氣。現在得多靠點實力。」莊文玲解釋：「妳的作文書法本來就好，記性更是無人能及，我看妳似乎是考試機器。」

明月笑了起來，摟著莊文玲說：

「媽，照您這樣說來，今年的狀元我豈不是手到擒來？」

「我看八九不離十。我耽心的是妳一時大意！」

「媽，有沒有什麼定心丸？一到那節骨眼兒，您買兩顆給我吃好不好？」

「不必！」莊文玲笑著搖搖頭。「那兩天我會親自去陪考，我就是妳的定心丸。」

「媽，您真好！」明月笑著在莊文玲臉上親了一下。

「媽也是去舊夢重溫。媽當年趕考可苦啦！」

「媽，怎麼個苦法？」

「不講也罷。」莊文玲搖搖頭。

「媽，您講一點點好了。」

「當年我考初中、高中、大學時，很多人都帶便當，有的還帶地瓜，要是誤了公車，坐不起三輪，還得兩條腿跑。跑得上氣不接下氣，那像妳這樣舒服？」

「媽，照您這樣說來，我應該考兩個狀元才是？」明月笑說。

「明月，阿姨為什麼只讀完初中就失學了？妳知不知道？」素素說。

「阿姨，您沒有講，我怎麼知道？」

「那時我連報名費都繳不起，地瓜也吃不飽，我怎麼去考？」素素說著不禁眼圈一紅：「其實我是喜歡讀書的，我的成績也在五、六名左右。我說這些話不是要妳同情，是想提醒妳，要珍惜妳的黃金歲月，抓住這個黃金時代。」

「謝謝您，阿姨！您對我的恩情是語言文字表達不出來的。所以我對您就像文殊菩薩說的：『無言無說，無示無識，離諸問答。』這也是我的不二法門。」明月擁著素素說。

「我很高興妳的學問是愈來愈大了！」素素欣慰地一笑，卻笑出了眼淚。「我知道很多老師也不如妳，但妳不得不陪著別人考大學，也不能不爭那個面子。教務主任希您為學校爭那個面子，妳媽也希望妳為孟教授爭那個面子。」

「阿姨，您一直送我上學，陪著我讀書，我也該為您爭那個面子。」明月握著素素的手說。

「阿姨雖然沒有妳這麼大的福報，但那比我自己考個狀元還要高興。」素素滿臉堆笑說。

「阿姨，我知道這些年來您在車子裏讀了不少書，一般大學生還趕不上您呢！」

「妳別往我臉上貼金。」素素不好意思地一笑：「我又不能同妳一道上課，只好在車子裏看書打發時間，又沒有誰發給我一張文憑，妳怎麼知道我抵得上大學生還是高中生？」

「阿姨，文憑不代表學問，您沒有拿到時覺得很寶貴，拿到以後才覺得沒有什麼稀奇，真正的學問才是無價之寶。」明月說。

「可是沒有文憑再大的學問也沒有人承認。」素素說。

「阿姨，我知道您看過《紅樓夢》，可是曹雪芹就不是科舉出身，他什麼功名都沒有，但是他寫出了不朽的《紅樓夢》。與他同時的進士、狀元，除了做官以外，什麼都沒有留下來，另外還有一位吳敬梓，也沒有什麼功名，但他寫了《儒林外史》。這兩部書沒有大學問是寫不出來的。所以文憑並不代表學問，您不要妄自菲薄。」

素素聽了明月這番話，覺得她一下子長大了，心中十分高興，但她不置可否，故意問莊文玲：

「我沒有明月的學問大，不知道她的話是真是假？請您評評看，她是不是故意哄我？」

莊文玲心裏認同明月的看法，但不便講出來，她也猜到素素是同樣的心理，只好說：

「事實是不錯，不過曹、吳兩位大家，生活都很潦倒。」

「媽也承認曹、吳兩位是大家那就夠了。人生幾十年，我才不管他們潦倒不潦倒？兩腿一伸，皇帝老倌和叫花子一樣平等。」明月笑說。

「好了，妳不要再發『謬論』了。」莊文玲笑著向明月搖搖手。

「媽，您語帶玄機。」明月望著莊文玲笑說：「您用的那個字是荒謬的『謬』？還是妙智慧的『妙』？」

「這是個啞謎，妳自己去猜好了，我是不會揭開謎底的。」莊文玲愛理不理地說。

素素看了好笑，明月便對素素說：

「阿姨，您旁觀者清，年到力到，您替我猜猜好不好？」

「我沒有妳媽那麼大的學問，我怎麼猜得到？」素素回答。

明月笑了起來，握著素素的手說：

「阿姨，我更沒有媽的學問大，您知道，筆畫多的字我認不得幾個，筆畫少的字倒認識一籮筐，媽一定是針對我的年齡說的，我想那是『少女』兩個字一左一右合起來的那個字，您說對不對？」

素素忍不住笑了起來。莊文玲笑著白了明月一眼：

「這麼大的人了，也不害臊？」

「媽，如果『少女』兩個字合起來的那個字我也不認識，我還去考什麼聯考狀元呢？」

「我再問妳，妳的教務主任除了希望妳為學校爭光外，還說別的沒有？」

「她還說如果爸爸一高興，給我辦一所大學也不成問題。」

「他沒有同我談過辦大學的事，他倒是想辦個醫院。」莊文玲說。

「爸怎麼會想到辦醫院呢？」明月有些不解。

「因為妳祖父年輕時害肺病，過世很早。奶奶年輕守寡，他們母子兩人吃了很多苦頭。他想減少一些孤兒寡婦、人間悲劇。」

「說真的，我幾乎不知道自己有祖父？」明月茫然一笑。

「所以妳父親對妳奶奶特別孝順。」莊文玲說。

明月也從來沒有見過母親，她對一手將她帶大的素素，有母女之情，莊文玲雖是後母，因為受過最好的教育，和自己的興趣接近，又很愛她，所以她一點也感覺不到缺少母愛，再加上奶奶視如掌珠，自幼在山莊長大，她也不知道人間還缺少什麼？如果不是大家希望她考聯考狀元，她覺得狀元也毫無意義。

但世間很多事真是難以想像。你想要的未必要得到，不想要的反而輕易得到。

這次聯考，各校高中應屆畢業生超過十萬人，再加上去年落榜重考的不在少數。而錄取率只有百分之三十一左右，有百分之六十九的考生注定落榜，所以很多考生都課外補習，補習班如雨後春筍，生意興隆，無錢補習的也三更燈火五更雞地在家裏用功，弄得一家有考生，全家都緊張兮兮。

明月卻若無其事，一切如常。素素、莊文玲都有些著急。考試前一天她們兩人逼她看書，她說白天在學校看了，沒有什麼好看的。她反而調侃她們說：

「這真是皇帝不急，急壞了太監。」

「好！妳拿書來，我就考考妳這位皇帝。」莊文玲要明月拿書給她，明月將一個大書包向她懷裏一塞，雲淡風輕地說：「媽，要考的全在裏面，隨便妳挑、妳問。要是有一題我答不上來，今天晚上我就K到天亮好不好？」

莊文玲一本本地挑，一本本地問，莊文玲挑那最難的題目，明月都不假思索地答了出來。她又挑那最冷僻的容易忽略的地方問明月，明月也對答如流。莊文玲現在的英文反而最拿手，文法她沒考倒明月，她用課本上沒有的流行英語口試，她也毫不含糊，而且發現明月發音很準，腔調更有韻味，莊文玲的數學本來不好，這些年已經還給老師了，她只好放棄，明月反而問她：

「媽，數學您怎麼不考？」

「媽早已還給老師了。」莊文玲無可奈何地一笑：「這一門妳好自為之。要拿高分，就靠數學，拿零分也在數學。」

「我相信也考不倒我。」明月自信地說：「雖然我對數學沒有什麼興趣，應付考試還不成問題。」

「妳不要太自信了！」莊文玲警告她：「自古驕兵必敗，哀兵必勝。」

「媽，這是兩碼子事，不是驕兵哀兵的問題。」明月輕鬆地說：「如果妳完全不會，就是哭死在考場也不會錄取。」

「看樣子妳是篤定了？」莊文玲又好氣又好笑。

「媽，您還沒有考作文呢？」明月故意提醒莊文玲：「這一門我最沒有把握，所以現在還不敢說篤定。」

莊文玲知道明月在說反話逗她，她白了明月一眼說：

「作文是個未知數，這要看妳的狗屎運氣。」

「媽，您看我的作文能打幾分？」明月笑問。

「要是孟老師閱卷，可能給妳九十分。」莊文玲說。

「媽，要是妳閱卷呢？」

「我給妳一個大鴨蛋！」

明月笑了起來，素素也好笑，莊文玲也忍不住笑了。

「媽，您太不公平！還是孟教授好。」

「不是媽不公平，作文本來就是這樣嘛！那有標準答案？」

「媽，也不能太離譜！」

「那妳就自己打分數好了？」

「媽，我打分數妳認不認帳？」明月湊近莊文玲的臉上問。

「認帳。」莊文玲點點頭。

明月兩手一揚，做了一個手勢說：

「一根油條，兩個大鴨蛋！」

「妳臭美！」莊文玲的手一打，明月就彎著腰捧腹大笑。素素看在眼裏也笑得說不出話來。

這天晚上明月反而睡了一個好覺。第二天清早起來，精神飽滿，心情愉快，一點也不像是參加聯考。

老趙早準備好了牛奶、素食品，比平日更加豐富，交給素素帶上車。莊文玲也一道陪考。明月對她說：

「媽，這也不是什麼大不了的事兒，何必興師動眾？您去上班好了。」

「這兩天妳父親准了我的特別假，我反而可以輕鬆一下。」莊文玲說：「我不去陪考，也放心不下。」

「媽，這就像平日上學一樣，有什麼不放心的？」

莊文玲隨即檢查明月的上衣口袋，看她的准考證、原子筆帶了沒有？發現一切應該隨身帶的東西明月都帶了，上車時發現她沒有帶書包，有些生氣地說：

「這種節骨眼兒上，妳怎麼能不帶書？」

明月指指腦袋笑對她說：

「媽，一切都裝在這裏面，臨時抱佛腳是不管用的。」

「我參加聯考時，有兩題就是入場前翻書碰上的，那兩題就使我的總分多了二十分，關係大得很，怎麼不管用？」

素素聽莊文玲這樣說，連忙去把書包拿到車上來。

她們到達考場時，很多家長同學都圍坐在樹蔭下，考生分秒必爭地在看書，家長用扇子替考生搧風，她們車子裏有冷氣，又停在一棵大樹下，坐在裏面不熱，鈴聲一響，明月才隨著大家進場。莊文玲帶了報紙、雜誌、書籍，在車上看，時間很容易打發。

很多陪考的家長都是坐在樹蔭下熬時間，他們彼此並不熟識，除了彼此打聽子女在校的成績之外，沒有多少話可談，一聽到人家子女的成績好，反而增加自己的憂心，實際上他們是競爭對手，莊文玲和素素不然，她們目標一致，話也談不完，也不耽心明月考不取。莊文玲反而對明月參加聯考抱屈。明月進入考場之後，素素就對她說：

「其實您今天可以不來陪考，我一個人足夠了！」

「我知道您照顧她很好，不過我來了她心裏會更踏實一些。」莊文玲說：「您別以為她功課好，什麼都懂，但還是未脫孩子氣，還需要安慰鼓勵。」

「我一手把她帶大，但是到現在我還不完全明白她？」

「我也搞不清楚。」莊文玲不禁好笑：「有時她像孩子一樣地淘氣，有時又突然展現超人的智慧，真像丈二金剛，令人摸不著頭腦。」

「我陪她上學這麼多年，就沒有看過她好好地念過一個鐘頭的書。別的學生多半抱著書本不放。可是考試結果，她總是名列前茅，連我也不能不暗自心服。」

「說實在的，她真不該跟著人家參加聯考，她上研究所也夠格。」

「那天我也聽見孟教授說過，研究所的學生也沒有她那種見解。」

「可是她還得在大學念四年，大學一年級等於高中複習，根本沒有孟教授的課，這一年也是白混。」

「有沒有辦法補救？」素素沒有上過大學，不瞭解課程。

「等放榜以後，我再去看看孟老師，請教他有沒有什麼變通辦法？不然浪費時間太多，實在可惜！」

「董事長知不知道這種情形？」

莊文玲搖搖頭，隨後又一笑：

「他就是知道了也使不上力，這和錢沒有一點關係。」

「董事長要是真能辦個大學也是好事！」

「他倒是一個肯做事的人，不過也得看看以後的因緣如何而定？」

「我看明月將來不會走他那條路，明月倒可以和您連手。」

「明月還是未知數。」莊文玲心有所感地說：「如果她入世，她的潛力很大，可做的事也很多；如果她出世，那就難講了。」

「如果明月入世，她會比董事長更能幹，造福更多的人；如果她出世，她會得到很高的果位，饒益眾生。」

「我也是這樣想，不管怎麼說，她是上根利器，不同凡品，不過現在還是她的學習階段，需要磨練，我們不能寵壞了她。」

「您真是個好母親！」素素贊歎地說：「這也是明月的福報。」

「她不是我生的，我更應該多給她一點愛心。」

「我也是一樣。我雖然沒有您這種福氣，我也把她當做自己的女兒看待。」

明月很快出了考場，比規定時間早了三、四十分鐘。莊文玲有點奇怪，明月一進車後座她就急著問：

「妳怎麼這麼早就出來？」

「考場很熱，答完了再不出來，我快要變成烤鴨了！」明月吁口氣說。

素素連忙遞給她一罐牛奶，她拔開瓶蓋咕嚕咕嚕地喝了下去。莊文玲這才問她考得怎樣？她笑著說：

「應該是一根油條加兩個大鴨蛋。」

「妳別太自滿了！」

「媽，巧得很！試題和您昨夜考我的幾乎一樣。媽，您真的神通廣大。」

「不要亂講！」莊文玲輕輕白她一眼：「我那有神通？反正是課本兒裏面的東西，出題的老師又能變出多少花樣？」

「所以我想那些入闈的老師們也跳不出我的手掌心。」明月笑嘻嘻地指指自己的腦袋說。

「所有的題庫都在這裏面。」

「妳平時在學校考試也是這樣嗎？」莊文玲問。

「您問阿姨好了。」明月指指素素。

莊文玲望望素素，素素點點頭。莊文玲又望著明月說：

「那明天我就不必來陪考了？」

「媽，我早說了您不必來嘛！您坐在車子裏多無聊呢？」

「明月，剛才我還和阿姨談過，放榜以後，我要再去請教孟老師，我覺得大學四年，尤其是一年級，對妳實在是浪費。看有沒有什麼法子？讓妳早些學點妳喜歡的東西？」

「媽，聽說大學規定必須修完那些學分，不然不能畢業，您有什麼法子改變那個規定？」

「我想請教孟老師，看看有什麼變通的方法，讓妳多學一些妳喜歡的東西？不然由妳玩四年，實在很可惜！」

「媽，您不必那麼費神，俗話說：『船到橋頭自然直。』《大學法》有《大學法》的規定，我也有我的跳牆法，反正我不會閒著，更不會浪費生命，既然到這個世界上來了，我會盡我的責任。」

莊文玲聽了明月這番話，覺得話中有玄機，不禁兩眼怔怔地望著她。過了一會才說：

「剛才這番話，似乎不是妳說的？」

明月笑了起來，反問莊文玲：

「媽，話明明是我說的，您怎麼說不是我說的呢？難道是阿姨說的不成？」

「我說不出來。」素素搖頭一笑。

第二節考試鈴又響了，莊文玲、素素都催明月趕快進場。明月不慌不忙，跟在別人後面進去。莊文玲看不見她，才回過頭來對素素說：

「我也愈來愈覺得明月是有來歷的了！」

「其實您也不必為她操心，只要順其自然就好了。」素素說。

「孟老師也說，明月是因大事因緣而來，現在看來是八九不離十了。」莊文玲說。

連續兩天考試，明月都是最先出場，最先回家。她像平時一樣，沒有感到任何壓力，也沒有一點得失之心，她約王文娟玩了三天，王文娟考得也很滿意，兩人玩得十分開心。

放榜前夕，別人忙著聽廣播，她若無其事。第二天清晨，別人忙著看報，趕去看榜，她還未起床。王文娟第一個打電話來向她道賀：

「明月，恭喜妳真的考了個聯考狀元。」

「這麼早妳就看了報？」明月問。

「昨兒晚上我就聽了收音機，因為時間太晚，又怕是同姓同名，不敢確定，所以沒有打電話告訴妳，怎麼妳沒有聽廣播？也沒有看報？」

「我還沒有起床呢！」明月笑著回答。

「妳真是穩如泰山！我就不能像妳那樣沈得住氣。」王文娟說。

「考都考過了，江山已定，何必再操心？」

「可是我就辦不到。」

「妳的成績也一定很好。」

「我不如妳，只是分組第一。」

「那我要請客，好好地替妳慶祝一下。」明月翻身起床，又問：「蔻蔻、冰冰考得怎樣？」

「她們也名列前茅，同組同校，她們念生化。」

「好！那就皆大歡喜了！」明月高興地說：「妳定個時間、地點，我請客。」

「見面再談，不必急。」王文娟笑著把電話掛斷了。但電話鈴隨即響起。明月一聽，是莊文玲打來的。

「明月，剛才是誰和妳講話？我一直打不進來！」

「是王文娟同學。」

「她都告訴妳了？」

「媽，您要不要再講一次？」明月笑問。

「妳又淘氣！」莊文玲笑罵。「妳說，妳要媽怎樣請客？」

「媽，現在不像從前，作興騎馬遊街；我又是女生，也不能當駙馬，您請什麼客？」

「妳要不要出國玩玩？媽陪妳去。」

「這個世界很小，我看也沒有什麼好玩的。」

「妳沒有出去過？怎麼知道？」莊文玲奇怪地問：「最少比我們這兒要大要好。」

「媽，那也不過是五十步與百步。」

「那妳是不想出去了？那我跟妳爸再商量一下，晚上回山莊決定好不好？」

「媽，聯考也像辦家家酒一樣，沒有什麼大不了的，不要費心了。」

電話掛斷之後，她連忙漱洗，趕到佛堂。老太太、素素、老趙三人已經做好早課，正在閒聊。這一陣子明月因為聯考，老太太特別優待她，不要她一起早課。他們還沒有看報，不知道明月考得怎樣？老太太看她進來，讓她先禮佛，再問她放榜的情形。明月告訴老太太，老太太先念了聲：「阿彌陀佛！」明月卻說：

「奶奶，這是同學和媽打電話告訴我的？我還沒有看報，是真是假？還得查證。」

「既然是妳媽打的，那就假不了。」老太太說：「我們家裏雖然只出個女狀元，也算祖墳冒了煙，奶奶臉上也有光彩，少不得也要獎一獎。」

「奶奶，您怎麼個獎法？」明月笑問。

「獎少了，奶奶不好意思，獎多了，奶奶拿不出來。妳開個價碼好不好？」

明月笑了起來，蹲在老太太膝前說：

「奶奶，這又不是做生意，您還好意思討價還價？」

「奶奶人窮志短，不敢打腫臉充胖子，只求個傷皮不傷骨就好。」

明月又笑了起來，雙手摟著老太太的膝蓋搖了幾搖：

「奶奶，我清早起來您就拿我開心，您也哭窮，那我不要討飯了？」

老太太轉問素素說：

「素素，妳看過開著『千里馬』討飯的沒有？」

「老夫人，開『千里馬』討飯的我是沒有看過，開『賓士』搶銀行的報紙上倒登過。」

「我既沒有『千里馬』，又不會開著『賓士』去搶銀行，妳看我該獎新科狀元一點什麼？」

「老夫人，您老人家不必操心，您交給我辦好了。」素素笑說。

「好，妳是我的財政大臣，妳心裏有數，只要不一下掏空了金庫就好！」

「老夫人，不瞞您說，您的金庫早空了！」素素笑說：「現在是寅吃卯糧。」

「這是怎麼回事兒？」老太太故意裝糊塗。

「一次非洲飢荒，一次希望工程，不但您的金庫掏空了，我也貼了老本呢！」素素笑說。

「我真老糊塗了！那這個新科狀元只好不獎了？」老太太哈哈一笑。

「奶奶，您是故意尋我開心，早知如此，我真該抱個大鴨蛋回來！」

「那也不是丟我的人。」老太太一笑：「反正我躲在山莊裏，不拋頭露面，真個是羲皇上人，寵辱不驚。」

明月笑著站了起來，對素素說：

「阿姨，奶奶既然耍賴，我也不替她捶膝蓋。您答應了替奶奶辦，這筆帳我就記在您頭上好了。」

電話鈴突然響了起來，明月連忙去接。是她的教務主任朱雯打來的，朱雯告訴她，已經和校

長說好了，要送她一座模範校友銀盾，做好以後，她會親自送來。明月連聲「謝謝、不敢當」，

老太太笑問是誰打來的？

「奶奶，說出來丟人，不能讓您知道。」明月賣個關子。

老太太也故意歎口氣說：

「唉！這年頭雪中送炭的人少，錦上添花的人多。不知道是那位馬屁精，拍上妳這位千里馬了？」

明月不禁噗哧一笑，把素素一拉，邊走邊說：

「阿姨，我到外面去告訴您，不讓奶奶聽到。」

老太太笑了起來，素素也忍不住笑，和明月手挽手一路笑著出來。

# 第十七章　靠邊真如自在久　跳牆明月學問多

孟真如看了報紙，知道明月真的成為聯考狀元，也很高興，打了電話向莊文玲道賀，莊文玲正想向他請教明月未來四年怎樣才不浪費時間？學得更多更好？要帶明月來看他，當面請教。孟真如雖然正在利用暑假寫作，但他還是願意抽出時間和她們談談。

第二天上午，莊文玲就帶明月來看他。他先誇獎了明月幾句，隨後又問她：

「妳真的願意放棄X大到Y大來嗎？」

明月笑著點點頭。

「妳這可是一個特殊的個案，最好先向兩校教務處接洽一下，免得註冊時另生枝節。」孟真如說。

「這邊教務處我沒有熟人，請老師關照一下，那邊我有好幾位同學，註冊組長還是同班同學，應該沒有什麼問題。」莊文玲說。

「依我看如果有問題是在那邊，不在這邊。」孟真如說。「妳千萬不能說是因為我的關係就讀Y大，那妳會得罪很多人。」

「這我知道。」莊文玲說：「我會用別的理由，等在這邊註冊以後，我還是會對他們說實話的。」

「不必，不必！」孟真如搖搖頭。「現在到處都在玩清一色自摸，妳何必徒然得罪人而又於事無補呢？」

「老師，我實在替您抱屈。」莊文玲說。

「像我這種人，在任何地方都是少數。我一輩子都是靠邊站，已經習慣了，活得自在就好。」孟真如坦然一笑。

「老師，我真沒有想到……」莊文玲一陣黯然，說不下去。

「這沒有什麼了不起。」孟真如向莊文玲笑笑：「我一向不往高處站、不向人多的地方擠、跌倒了自己爬起來。人家吃魚吃肉，我吃青菜豆腐。人家的車子愈坐愈小，我的車子愈坐愈大。我住在這山邊二十多年，乾脆坐我自己的11號兩輪車……」

孟真如還沒有說完，莊文玲突然笑了起來，又連忙用手絹蒙住臉，變成了暗泣。孟真如沒有作聲。明月摟住莊文玲，拍拍她說：

「媽，您怎麼搞的？」

莊文玲過了一會，擦乾了眼淚，才抬起頭來，兩眼紅紅地對明月說：

「妳太年輕，妳不瞭解。媽以前也不瞭解。今天我才瞭解一點點。我真慚愧，過去我太不瞭解老師了！我只看到老師明月清風的一面……」

「妳已經很瞭解我了！」孟真如對莊文玲笑笑：「師母嫁給我快五十年了，現在頭髮全白了，還說我是拗相公，總是飯鍋裏跳到粥鍋裏。當年抗倭大戰時，飯都吃不飽，一個月薪水買不到五斤豬肉，還想吃肉？現在四季豆、青江菜比豬肉還貴，又偏偏吃素。坐六望七的人了，明知文章不値錢，又沒有人要，還要戴起老花眼鏡，熬夜爬格子。不知所謂何來？真是活該！她連做夢都和我不一樣。」

「老師，怎麼不一樣？」莊文玲笑問。

「我夢見鳳凰，她夢見雞！」

明月忍不住笑了起來。孟真如卻對她說：

「妳太年輕，妳別笑得太早！我也不會老淚縱橫，我還是會和師母白頭偕老。」

莊文玲望著孟真如，哭笑不得，也不知道說什麼好？孟真如卻對她一笑說：

「對不起，我把話扯遠了！」

「老師，您這番話是在教室裏聽不到的！老子、釋迦牟尼佛也沒有講出來。」莊文玲說。

「他們是大聖人，他們講的話都是天經地義、宇宙間的妙理。我是凡人，只能講些市井俗事，村言村語，上不得杏壇，不然我的飯碗都保不住。」孟真如自嘲地說。

「老師，您說的是世間法。」明月突然插嘴。

孟真如一怔，望著她笑笑，過了一會才說：

「聽妳的口氣，妳倒讀過不少經典？」

「老師，我記得六祖惠能說過：『佛法在世間，不離世間覺。』您講的那些話，我也會記住。」明月說。

「經典上的話應該證悟，我的那些村言村語不能證。誰證誰倒楣。」孟真如對明月說：「尤其是妳，年紀輕輕的，不可以蹈我的覆轍。」

「老師，我是來學習的，不經一事，不長一智。光是課本上的那點兒知識，沒有什麼大用。」明月回答。

孟真如望望莊文玲，又指指明月說：

「我看她應該上研究所了，大學四年，是浪費時間。」

「老師，那怎麼辦得到？」莊文玲苦笑。

「等她註冊以後，我們再研究研究。」孟真如說：「文學方面妳可以先買《詩韻集成》、《詞林正韻》、《白香詞譜》這些工具書給她看看。妳同時教教她平仄，只要她懂得作詩填詞的規矩，我就使得上力。」

「老師在唐宋詩詞方面的著作最有系統，又最深入，明月更應該先讀，不知道現在書店裏還有沒有？」

「那一天我去看看，如果有，我會買來送她。」孟真如說。

「老師，您花了好多年工夫，才寫成三本書，版稅還不夠買書送人，我會要明月自己去買，再請您簽名，留作紀念。」莊文玲知道這種古典文學理論、鑑賞作品，一般書店都不肯出。孟真如的著作有大書店出版，已經十分難得，但那家書店只在自己的門市部賣，既不做廣告，又不分銷，版稅半年結算一次，向他要書的人倒不少，版稅還不夠他買書送人。他的書還算是最好銷的，有的教授的書半年還賣不到十本。

「我寫這類的書是百分之百的當義工。現在大家都向錢看，我不做就沒有人做，眼看這條根就要斷了，我看明月是唯一夠條件延續詩詞文學的煙火的學生。」

「老師，您是怎麼看出來的？」莊文玲問。

「學佛學文都要慧根，一般人學不好。」孟真如對莊文玲說：「妳看這個世紀以來，有幾位作家、詩人、詞人是文學系出身的？」

「上一兩代我不大清楚，我們這一代是一個也沒有，古典詩詞是絕了。」莊文玲說。

「我為什麼特別看重明月？就是看出她有慧根。再加上她不愁吃、不愁穿、不愁工作。以詩詞陶冶性情，當做消遣，這樣才會有成就。現在已經不是文窮而後工的時代了，詩詞文學必須才與財做為支柱，二者缺一不可，我只是窮湊合，其苦不足為外人道。」

「老師，說來慚愧！」莊文玲望著孟真如說：「我雖然不必為稻粱謀，可惜才情不足，十年文學是白學了，所以我也將希望寄託在明月身上。」

「妳們母女兩人可以相輔相成，我樂意替妳們打邊鼓。」

「老師，您教明月也等於教我，我又可以當回鍋學生了。」

「溫故知新，這樣也好。」孟真如高興地說：「其實妳的天分也不差，可惜脫離了原來的軌道。我雖然一直教書，可是愈教愈灰心。這些年來我就沒有發現一位可造之材，進進出出的全是混文憑而已。」

「因為依聯考的分數分發，這邊學生的素質自然差很多，可造之材當然少，也難怪老師灰心。」莊文玲說：「希望明月能起點示範作用。」

「我希望明月先有心理準備，不要被別人拖下水。」孟真如望望明月說：「畢竟妳跟同學在一起的時間多，跟我在一起的時間少。」

「老師，您放心，我也有我的跳牆法。」明月笑著回答。

「妳有什麼跳牆法？」孟真如笑問。

「只要您上課，不論是那一班級，我都會去旁聽。別的好老師上課，我也用同樣的辦法。我當個流動學生，這樣就不會受多大的影響了。」

「老師，這邊上課點不點名？」莊文玲問。

「不點名。」孟真如搖搖頭。

「那就好辦，明月不必玩四年了。」

莊文玲高興地告辭，和明月一道回到山莊。想不到好幾年未見面的X大副教授兼註冊組長的劉美惠突然打電話來向她道賀，歡迎明月到X大就讀。莊文玲有點奇怪，同名同姓的考生很多，她怎麼知道明月和她的母女關係？不禁問了一句：

「您是怎麼知道的？」

「明月的教務主任朱雯是我的中學同學，昨天我們中學同學聚餐，她親口告訴我的。林董事長的名氣大，誰不知他有個生有異稟的么女兒叫林明月呢？」

「我們很久未見，我們當面談談好不好？」莊文玲說。

「學校註冊之前，我不必天天上班。您是個大忙人，那有時間和我閒聊？」劉美惠說。她打電話到山莊兩次，都沒找到莊文玲，公司的電話問了兩次，接線生才告訴她。

「老同學嘛！難得聊聊，山上比較涼快，我接您上山來好不好？」莊文玲說。

於是她們約好時間見面，莊文玲放下電話之後，明月問她：

「媽，您和劉組長見了面，您怎麼講？」

「那就只好直話直說了。」莊文玲說。

「您不怕得罪老同學？」

「好在學校不是她開的，公家的事都是大鍋飯，少妳一個人，學校不會關門，何況想擠進那個窄門的人還多得很呢！明天妳帶著聯招會的成績單，我們先去Y大打個招呼好了。」

莊文玲一面說一面查Y大教務處的電話號碼，隨即撥了一個電話，說明原因，對方高興得很，請她過去談談。莊文玲掛斷電話之後，笑著對明月說：

「現在妳和妳爸一樣，變成大紅人了！」

「媽，這是不是也叫做『十載寒窗無人問，一舉成名天下知』呢？」明月笑問。

「妳可不是十載寒窗呀！從前的舉子那有妳這麼舒服？」莊文玲望著明月說：「至於說一舉成名天下知嘛，現在的傳播可比從前快，又是收音機，又是電視，又是報紙，知道的人自然更多了。還有更重要的一點是，如果我們早生一百年，進士、狀元那有我們女人的份？更別說出國留學了！」

「媽，這樣說來，那我們算是生得巧了！」明月笑嘻嘻地說。

「尤其是妳，更是得天獨厚！」莊文玲指著明月說：「妳是來享現成的福的！」

「媽，也許前生我們都是蓬門難婦，受夠了委屈，這一生才得到補償呢？」

「前生的事兒我不知道，那要看妳以後是否修成三身、五眼、六通了？」

「要是修到印空太師公那樣，也就不必去註冊了。」

「既然妳還沒有那種道行，明天上午我們還得先去Y大一趟。」

「媽，那真辛苦您了！」明月擁著莊文玲說。

「有妳這句話，媽跑斷了腿也值得！」莊文玲拂拂明月黑得放亮的頭髮，又在她額上親了一下。

第二天上午九點，她們一同來到Y大教務處，說明來意，教務長知道她們的身分，又看了明月的成績單之後，更是喜出望外，還說了許多推崇孟真如的話。莊文玲最後更說：

「我們母女全是衝著孟教授來的。教務長既然答應了，一到那天我們就來註冊。」

「妳們該不會臨時變卦吧！」教務長笑問。

「放心，我們說話算話。」莊文玲斬釘斷鐵地回答。

章教務長恭恭敬敬地將她們送到校門口，其他職員更以驚異的眼光目送她們上車離去。

明月在車中突然笑了起來。莊文玲問她為何發笑？明月回答：

「媽，剛才真是一箭雙鵰！您既保送我安全上壘，又給孟教授增加了好多附加價值，走這一趟值得！」

「孟老師一輩子靠邊站，認真教書、埋頭研究、著作，不求聞達，不計利害得失，我實在幫不上他的忙。既然逮住了這個機會，我又不費吹灰之力，輕輕敲一下邊鼓，也是應該的。」

「媽，明天劉組長到山莊來看您，您是不是也要敲一敲？」明月笑問。

「那我可要替孟老師出一口悶氣了！」莊文玲加重語氣說。

「孟老師可一點也不生氣呀！」

「妳太年輕，看不出來！」莊文玲黯然一笑：「孟教授是打落門牙和血吞的人。他的修養雖好，思想境界雖高，但他畢竟是有血有肉的人，而且他年輕時更是熱血沸騰，像他這樣的人，內心怎麼會沒有痛苦？」

「媽，您怎麼知道他年輕時熱血沸騰？」明月笑問。

「妳想想看，抗倭大戰時是要犧牲很多性命的，尤其是軍人。當年抗戰開始時，他就投筆從戎，接受正式軍官教育，這可不是兒戲。他七進七出鬼門關，能活到現在，是他的命大，不然這個世界早就沒有他了！妳有機會跟他學，也是妳的造化。」

「媽，那孟老師大概也是因大事因緣而來的吧？」

「我不知道什麼大事因緣、小事因緣？我只知道他是一個有血有肉的人。像他這樣的人，是注定了要付出更多的代價的！」

「媽，您真是他的好學生！」

「我還不夠格。年輕時我對他並不瞭解，現在年紀大了，才瞭解一點點。妳該知道，要瞭解孟老師這樣的人是很不容易的，他並不是半瓶醋。」

「媽，孟老師出了那麼多有份量的著作，又那麼受國際間重視，在本土反而不如那些靠一兩本只有中學生、阿巴桑喜歡的作者出名，真是怪事！」明月憤憤地說。

「一點不怪。」莊文玲搖搖頭。

「媽，怎麼不怪？」

「孟老師的書，不要說中學生、阿巴桑莫名其妙，其中的佛道兩家思想和詩詞著作，即使是他同時的人，也都摸不著邊呢。」

「媽，這是不是曲高和寡？」明月問。

「也可以這麼說。」莊文玲點點頭。「不過孟老師很清楚市場情形，但他不會降格以求，不會蹧踏自己去遷就市場，也不會像別人一樣到處推銷自己。別人為了達到目的可以不擇手段，他始終堅持原則，買他的書的人是真正的知音，不是看了就隨手丟的人，他的大部頭創作，銷路居然勝過輕、薄、短、小的作品，這就很不容易了！」

「媽，這是不是異數？」明月又問。

「不但孟老師的著作是異數，他活在這個時代也是異數。」莊文玲說：「妳的福氣比他好，不過做人方面應該學學孟老師。」

「媽，學孟老師會吃眼前虧的！」明月狡黠地一笑。

「妳叨天之幸，本錢足，吃得起虧。孟老師是屋漏偏逢連夜雨，他吃不起虧還是照吃，這就更難了！」

「媽，孟老師那一代人，是最不幸的人了！」

「妳能瞭解這一點就很不容易。」莊文玲誇獎明月一句：「所以他能撐到現在，不動不搖，真是一個異數。這該要付出多大的代價？只有他自己清楚了！」

「媽，做人實在很難，做一個有理想，有抱負的人更難！」明月也感慨起來。

「如果孟老師未學道學佛，他是不可能面對那麼多挑戰的。」莊文玲說。「他也不可能有那麼大的對抗否定的力量。」

「媽，您講對了！」明月雙手一拍說。「西方人說：『知識就是力量。』其實這是皮毛之見。超世界思想、超人生境界，才會產生超越這個世界的對抗否定的大力量。」

莊文玲怔怔地望著明月，覺得她這幾句話不同凡響。不禁向她一笑，拍拍她的肩說：

「明月，妳真的開悟了！」

「媽，六祖惠能說：『佛法在世間。』您不談孟老師的對抗否定的大力量，我還悟不出來呢！」明月天真地一笑。「孟老師能夠寵辱不驚，不計利害得失，證明他已經悟道、思想境界已經超越這個世界了。」

「這的確不大容易！俗話說：『名韁利鎖。』貪、瞋、癡不去，就跳不出來。尤其是文人，很難跳出名關。」莊文玲說。「正如妳父親，什麼事兒都可以商量，要他做賠本的生意，他絕不會幹。我同情孟老師，欽佩孟老師的，就是一般教授、文人看不開、看不透、捨不得的，他都能做到。」

她們回到山莊後，莊文玲先回房休息，明月去佛堂，老太太關心地探問去Y大的情形，明月高興地說：

「奶奶，一切ＯＫ，您放心好了。」

「妳怎麼在我面前放起洋屁來了？」老太太白了明月一眼。

明月摟著老太太笑說：

「奶奶，恕我初犯，以後不敢。」

「以後要是再犯，奶奶就不准妳進佛堂了。」老太太說。

「奶奶，觀世音菩薩什麼話都懂，他可沒有分別心呀！」

「他懂我可不懂，我還沒有修到他那種果位。您跟我講話，就得老實一點兒。要放洋屁，就到外面去放。」

明月笑了起來，素素對她說：

「當年董事長偶然說了一個『麥克』，就被老夫人修理得哭笑不得。今天老夫人對您已經夠客氣了。」

「可惜我沒有看到奶奶怎樣修理我爸？我想那一定很好玩。」明月笑說。

「雞同鴨講，有什麼好玩的？」老太太一笑。「妳要是跟奶奶講悄悄話，奶奶倒頂高興聽。」

「奶奶，我這麼大了，還有什麼悄悄話講？」

「妳大了，奶奶倒想返老還童，聽聽妳的悄悄話呢！」

「奶奶，等我想好以後，改天再講。」明月在老太太耳邊輕輕說。

「講悄悄話還有打草稿兒的？」老太太反問。

「奶奶，悄悄話是天籟，人大了，就講不出天上的話來，就是打好草稿，也講的是人話，不是天籟。」明月笑說。

「人話我還可以聽得進去，不講鬼話就好了。」

電話突然響了起來，明月趕過去接，是王文娟打來的。她問明月到底讀那個學校？明月告訴她已經決定讀Y大了。

「妳不覺得放棄X大有點可惜嗎？」王文娟說。

「那倒沒有什麼，可惜的是再也不能和妳同學了。」明月說。

「我更是這樣想。」王文娟說：「這幾天我就覺得好寂寞無聊。」

「要不要到我這兒來玩玩？或是妳想去什麼地方玩？我陪妳去也行。」

「我很想和妳聊聊，等我想好了地點以後再約妳。我媽正在叫我，再見。」

王文娟放下電話，明月有些好笑，老太太笑問：

「是不是有同學約妳辦家家酒？」

「也和辦家家酒差不多。」明月終於笑了起來。

「妳們這種年齡的人，就是瘋瘋癲癲。」老太太說。

「奶奶，您聽見了王文娟的話？」

「我沒有天耳通，可是我猜得到。」老太太篤定地說。

「奶奶，我告訴您好了。」明月走到老太太面前笑說：「王文娟說這幾天她好寂寞無聊，很想和我聊聊，想好了地點之後再約我。」

「我告訴妳，妳可別和她談什麼同性戀呀？」老太太說。

「奶奶，您想歪了！」明月搖了老太太幾下。「王文娟規規矩矩、正正派派，也許是她有什麼事兒要和我商量商量？她和我一樣，沒有姊姊妹妹，我是她的同學，她不找我聊聊，那不會憋死？」

「這樣說來，妳倒是個活觀世音了？」老太太望著明月笑。

「奶奶，我雖然不能像觀世音菩薩『千處祈求千處應』，可是也不能拒人千里呀！」

「那妳就邀她到山莊來住一兩天也可以呀！大熱天，何必去外面亂跑呢？」老太太說。

「奶奶，我是怕同學擾亂了您的清修生活，所以不敢隨便約她們到山莊來。如果您願意開放，我就約十個二十個來也不成問題。」

「妳可別得寸進尺！」老太太連忙堵住：「我還有條件沒有說出來呢！」

「奶奶，我還沒有邀人，您就提出條件，您還不是故意為難？」

「這叫做約法三章。免得妳香的、臭的、瘋的、癲的，都約到山莊來，那觀世音菩薩也會嚇跑。」

「奶奶，幸好我沒有邀！」明月大聲說：「現在的女生不擦胭脂水粉，也不作興噴香水。趕巴士、擠公車，往往一身臭汗，高興時大笑，失戀時或遇上什麼大不如意的事兒就會跳樓自殺，不瘋不癲也難。」

「照妳這樣說來，真的善門難開。山莊是開放不得，免得雞飛狗跳、亂七八糟！」

老太太一說完，明月就笑了起來。老太太又說：

「現在的女生如果真像妳說的那副德性，那妳四位哥哥豈不是都要打光棍了？」

「奶奶，我才不操那個心！」明月故意把背向著老太太。

「既然妳說的那位王文娟是規規矩矩、正正派派，那天妳就把她邀到山莊來，給我看看好不好？」老太太笑著將明月拉過來。

明月笑了起來，衝著老太太說：

「奶奶，您這真是司馬昭之心，您想挑個孫媳婦兒是不是？」

「妳可不能說穿？說穿了她不好意思來，我的老臉皮也掛不住。」老太太故意裝傻，逗得明月嗤的一笑。

「奶奶，我可不是三姑六婆。您設計好了圈套讓我鑽，我才不鑽。我可不管哥哥他們的終身大事。」

「妳四位哥哥都是光棍，妳也不給他們搭搭橋，牽牽線？」

「奶奶，俗話說：『要找煩惱，作媒作保。』我現在這樣自由自在多好？何必捉隻蝨子放在頭上抓？」

「妳總有許多歪理！」老太太白了明月一眼。

「奶奶，這不是歪理，這叫做『辯才無礙。』」明月向老太太一笑：「您不是很欽佩維摩詰的辯才無礙嗎？」

「妳要是有維摩詰那樣的『圓通無礙』，奶奶就高興了！」老太太笑說。

「奶奶，您別急，胖子不是一口吃大的。佛本來是人修成的，只要有大丈夫的志氣就行。」

老太太聽了明月的話暗自高興，嘴裏卻不講出來，反而將她一軍：

「歷來講大話的人多，成大事的人少！」

「奶奶，我何曾講過大話？」明月笑問。

老太太想想，也想不出來她講過什麼大話？她說要考聯考狀元，也考上了，這不算大話。老太太笑著對素素說：

「素素，妳替我想想看，明月講過什麼大話沒有？」

「老夫人，我陪明月上學以來，她說過的話都兌現了。既然兌現了，那就不算是大話。」素素說。「當年悉達多太子一生下地不是說過『天上天下，唯我獨尊』嗎？後來他果然成了釋迦牟尼佛，做三界導師呀！」

「素素，妳不能再長她的志氣！」老太太搖搖手：「釋迦牟尼佛苦修十六年才證道成佛，明月像文玲說的像隻來亨雞，那怎麼能比？」

明月笑了起來，向老太太抗議：

「奶奶，您也將我看成來亨雞，那太不公平了！」

「在這個世界上有什麼公平的？」老太太笑著回答：「六祖惠能那樣的好人，還有人要殺他，躲在獵人隊裏十五年，他可沒有抱怨呀！妳要是做不到，那就別想得道成佛了！」

「奶奶，各人來歷不同，因果就不一樣，那怎麼能相提並論呢？」

「妳忘記了釋迦牟尼佛說忍辱波羅蜜？他從前被歌利王割截身體，節節支解，不生瞋恨，離相寂滅的故事？」

「奶奶，因為佛五百世前就是忍辱仙人，也就是如來佛。我現在還是凡人，我怎麼做得到？」

「做不到就得好好修行。」老太太盯著明月說。

「奶奶，釋迦牟尼佛十九歲才開始修行，我現在才十八歲，您急什麼？」明月笑說。

「妳愈來愈會狡辯？」老太太笑著白了明月一眼。

「奶奶，這不是狡辯，這是引經據典。」明月輕輕撫摸著老太太的花白的頭髮說：「奶奶，看看您的頭髮，就知道您的道行愈來愈高了。」

「妳少給奶奶戴高帽子！」老太太又好氣又好笑。

「奶奶，這一陣子我忙著聯考，沒有時間陪您聊天，戴頂高帽子讓您開開心，總不犯法吧？」明月笑瞇瞇地說。

「妳這丫頭，真的愈來愈淘氣了！」

「奶奶，我要是再大一點兒，妳就沒有猴兒耍了。」

「難道妳會像孫悟空一樣，去大鬧天宮不成？」

「奶奶，我不會大鬧天宮。我只是想到悉達多太子十九歲出家，明年我就十九了，現在快走到十字路口了。印空太師公又早說過，我二十歲要遇上再世佛明師，如果我出家了，您那有猴兒耍呢？」

老太太的臉色頓時青一陣、白一陣；素素怔怔地講不出話來。明月又笑著對老太太說：

「奶奶，您看您，一聽說沒有猴兒耍就變成這樣子？那我還是不長大的好。」

「乖乖，妳剛才不是提到維摩詰嗎？」老太太拉著明月的手，望著她的臉上說。

明月點點頭，又反問一句：

「奶奶，您不也是很欽佩維摩詰嗎？」

「我是很欽佩他，連文殊菩薩也向他請教呢？」老太太連忙點點頭說。

「奶奶，那我日後是做比丘尼還是做白衣居士呢？」

「其實出家在家一樣修行。」老太太自打圓場：「要是後年真遇上那位再世佛明師，再看因緣而定好了，現在不急，現在不急，妳好好用功讀書就是。」

明月心裏好笑，覺得奶奶還是骨肉情深。她和素素一道出來，素素輕輕地說：

「妳怎麼突然和奶奶提起出家的事來？」

「阿姨，我不能不先試探一下，也好讓老人家有個心理準備。」

「妳看得出來，她實在捨不得妳離開她。」

「好在還有很多緩衝時間，到時候再看因緣，是否有更圓通的辦法？」

「要是能像妳這次選老師、換學校一樣順利圓滿就好。」

「阿姨，我看不但去貪、瞋、癡很難，捨字也很難做到。」

「不錯，這都是塵網。」素素點點頭。「一入紅塵，就很難解脫，就是佛、菩薩再世，也要痛苦掙扎，才能明心見性，恢復本來面目。自己解脫了，才能度人，如果一世不能解脫，再一輪迴，就不知道墮落到六道中的那一道了？想來實在可怕。」

「釋迦牟尼佛說人人都有佛性，其實我看很多人本來就是佛，一旦著迷就變成眾生，萬劫不復了。」

「像妳這樣有慧根的人實在不多，像我就不知道輪迴多久了？」素素說；「希望妳早日恢復本來面目。」

「所以在未遇到那位再世佛明師以前，我要好好地向孟老師學。」明月心有所感地說，隨後又拍拍素素：「阿姨，既然印空太師公說過，我們會成為同修，那您一定會一世解脫，不再輪迴了。」

「明月，但願這一世能托妳的福，能回極樂淨土！我不知道我過去錯失了多少機會？輪迴流轉了多少回？也許有人覺得這個世界也不錯，但我覺得它太可怕也太無聊了！」

「因為那些人已經忘記淨土有多好？所以才將這個穢土當作淨土了！」明月說。

「因為那些人也不相信有地獄。如果執迷不悟，貪、瞋、癡不去，任性造孽，下一步就到地獄了！真的愈想愈可怕！」素素一想起那次看到電視上的搶銀行的搶匪，很像她的前夫，便不寒而慄。

明月看她有些心神不寧，不禁探問：

「阿姨，您好像有什麼心事似的？」

素素笑著搖搖頭，又帶著三分無奈地說：

「明月，妳太年輕，也太幸運，有些事情還是不知道的好，我希望妳就這樣一帆風順，這一兩年內安心求學，遇到明師以後好好修行，早日得道，直回淨土最好。」

明月笑了起來，拍拍素素說：

「阿姨，您想得太美了！這世界那有那麼好的事兒？」

「我沒有，妳可能有。」素素雙手合十地說。